KB023318

나는 이렇게 살아왔다

나는 이렇게 살아왔다

김영도

수문출판사

이 글은 회고도 고발도 아니다.
오직 지난 날의 나와 내 주변의 삶의 실상을
그 일부나마 뒤늦게 보고할 뿐이다.

차례

이 글을 남기며

이 글은 사람들이 늙어서 흔히 남기는 이른바 자서전이 아니다. 내가 이 글을 쓰려고 한 지는 무척 오래 됐으며 그동안 여러 차례 붓을 들었다가 놓았다. 망설여지는 데가 있었다.

1945년 38선이 생기면서 북녘의 수백 만 주민이 남쪽으로 내려왔다. 그리고 5년 뒤 느닷없이 6·25 동란이 터졌다. 지난날 38선을 넘고 6·25 전화를 겪었다는 것은 그 시대를 살아 온 사람으로 다시없는 인생의 대 사건이요 소중한 체험이며 후세에 남겨야 하는 역사적 증언이다. 그런데 그러한 체험기가 우리에게는 거의 없었다.

8·15 광복 직후 「내가 넘은 38선」이라는 책이 나돈 적이 있었다. 일본의 한 가정주부의 기록으로 「흐르는 별은 살아있다」를 이렇게 옮겼던 것이다.

나는 평양에서 중학교를 나온 뒤 서울에서 공부하고 싶어 혼자 38선을 넘었다. 그러고 이어진 세월 속에 꿈에도 생각지 않았던 일들이 벌어졌다.

특히 6·25 전란에 휘말렸던 5년의 세월은 그 속에 압축된 시간으로 볼 때 80여 년의 생애보다 길었다.

나는 38선을 넘을 때 맨손이었고, 6·25로 다시 알몸이 됐으며, 그 후의 생활은 이 알몸에서 출발했다. 나는 흔히 말하는 '무에서 유'를 그대로 살아온 셈이다.

이 글은 내가 38선을 넘고 6·25를 겪은 기록이며, 또한 38선과 6·25로 파생된 황무지를 살아간 나의 자화상이다.

2006년 6·25 날에

金元禄

1. 스무 살 때까지

나는 어려서 열등생이었다

나는 늦은 인생을 출발했다. 이런 사람이 세상에 많겠지만 제대로 갈 길을 간 사람들을 볼 때 '나는 뒤떨어졌다'는 생각이 언제나 머리에서 떠나지 않았다. 그리고 그러한 사실이 하나의 콤플렉스로 나를 따라다녔다. 그러나 그렇다고 기가 죽은 일은 없었다.

내가 늦었다는 것은 간단히 말해서 보통학교 시절 놀기만 하고 공부를 하지 않아 제 때에 중학교에 올라가지 못했다는 이야기며, 그것이 재수도 아닌 3수로 지방 학교에 갔다가 원하던 학교로 전학했다는 이야기다.

그런데 이렇게 엎치락뒤치락 한 것은 그저 놀고 공부를 게을리 한 것뿐만 아니라 타고난 머리가 그리 좋지 않았다고 보아야 할 것 같다. 그렇다고 그것을 부모의 탓으로 돌린 적은 없었다.

셰익스피어가 인생은 한 막의 극이라고 했다지만 나는

내 인생의 각본을 쓰고 자기가 연출했으며 관객이 되었다. 그리고 여기에 조금도 후회하지 않았다.

물론 그래봤자 도리없는 일이지만 후회 자체가 자기 패배를 시인하는 셈이니 나는 언제나 지는 것이 싫었다. 도대체 인생에서 승자가 어디 있으며 패배 또한 무엇인가? 나는 그런 관점이나 사고가 싫었다.

사람은 누구나 성공하고 행복하기를 바란다. 그것은 당연한 이야긴데 요는 무엇이 성공이고 어떤 상태를 행복이라고 하는 것일까?

여기에는 보편적 기준이 없는 것은 아니나 그것도 어디까지나 상대적이다. 결국 사람은 자기 인생에서 보람을 느끼며 사는가, 그렇지 못하는가에 따라 성공이니 행복이니 말할 수 있다고 본다.

나는 보통학교에서 한반 70명 가운데 중간쯤의 성적으로 졸업했던 것 같다. 그러니 그 실력으로는 공부 잘하는 아이들이 간다는 상급 학교에 들어 갈 수가 없었다.

정확하지는 않으나 우리 반에서 공부 잘한다는, 즉 10등 안팎의 학생들이 거의 진학했는데 그들이 그렇게 올려다 보였다.

그 좋은 학교를 나오고 의사가 된 사촌 형이 이따금 집에 들르면 늘 같은 이야기를 했다. 공부 못하는 동생을 꾸짖는 일이 예사였는데, 그럴 때마다 형은 의사와 변호사의 집안 이야기를 했다.

형의 논리는 공부를 잘해야 의사나 변호사가 된다는 것이고 장래에 잘사는 길이라는 이야기 같았다.

그런데 이러한 형의 꾸지람은 나에게 조금도 자극이 되지 않았고 오히려 반감을 일으켰다. 그렇다고 이러한 반감으로 나는 삐뚤어지지 않았고 그저 자기 하고 싶은 대로 했다.

나는 마라톤을 한다며 동네 아이들을 불러다 시내를 여기저기 뛰어다녔고, 여름방학 같은 때에는 매일 새벽 먼 길을 뛰어가며 만수대 상수보통학교에서 하던 라디오 체조에 참가했다.

1930년대 후반의 이야기니 서울의 인구가 모르긴 해도 80만 정도고 평양이 50만이 채 안 되었다고 본다.

평양 시내의 큰 건물로는 종로 네거리에 홀로 우뚝 선 화신백화점 4층 건물뿐이었으니 도시의 규모는 알만하다. 그런 평양에서 서대문 밖으로 나가면 그 일대를 신양리와 서성리라고 했는데, 당시를 아는 사람은 그곳의 생활수준을 짐작할 수 있다.

집이 평양에서도 이런 변두리에 있었는데, 조금 나가면 북으로 압록강을 건너 만주로 이어지는 경의선 철길이 지나가고 그 저쪽으로 볼품없는 보통강이 흘렀다.

강 건너에는 벌써 넓은 보통벌이 펼쳐지고 나는 여기서

동네 아이들과 전쟁놀이에 해가 지는 줄 몰랐다. 그리고 보통벌에 나가지 못할 때는 집앞의 좁은 골목에 줄을 건너 매고 뛰어넘기를 했다. 그러니 무슨 공부를 했겠는가?

물론 집도 차분히 앉아 공부할 곳이 못되었다. 누추하고 비좁은 단칸방에서 부모와 누이들 그리고 동생까지 일곱 식구가 살고 있었으니 사실 작은 책상 하나 놓을 자리가 없었다.

그런데 이런 이야기도 하나의 구실이고 변명 밖에는 되지 않았다. 누나와 동생이 모두 그 좋은 학교에 다니고 있었으니까.

보통학교 6학년 때 이야기다. 가을철 운동회가 열렸는데, 나는 소위 장애물 경기에서 어쩌다 꼬리에 붙어 달리고 있었다. 처음에 크고 무거운 그물 밑을 기어나가고 부대 자루를 뒤집어쓰는 것 등을 하고나서 외나무다리를 떨어지지 않고 건너야하는 이런 경기였다.

어차피 꼬리니 나는 서두르지 않고 그 장애물들을 하나하나 넘어서고 보니 먼저 달려간 애들이 모두 서성거리고 있었다.

마지막에 남은 뛰어넘는 데서 걸린 것이다. 그 순간 나는 정신이 들었다. 저 정도의 높이뛰기라면 문제가 없었다.

집 앞의 골목길에서 지금까지 얼마나 많이 넘었는데… 나는 애들을 제치고 나가 그 자리에서 뛰어넘었다. 그래서 결국 꼴찌가 1등으로 들어가게 됐다.

나는 어렸을 때의 이 일을 평생 잊지 않고 살아왔다.

그것이 대단한 일도 아닌데 잊히지 않았다. 그리고 이렇게 뒤에 처졌다가 앞으로 달려가는 일이 그 뒤 내 인생에서 이따금 일어났던 것 같다. 요는 인생이란 이런 것이 아닌가 하고 나는 생각했다.

사람이 산다는 것은 그래서 재미있다. 뒤에 처진 자가 늘 뒤떨어져야 한다면 서글프고 힘이 빠지는데, 경우에 따라 앞뒤가 바뀌니 희망이 있고 용기가 난다고 본다. 살맛이 난다는 이야기다.

그래서 나는 남보다 늦은 자기 인생일지라도 굳이 의식하지 않고 언제나 앞만 보며 갈 길을 갔다. 그러다보니 생각지도 않았던 길이 나타나고 우연한 일들이 벌어졌다.

시대에는 반드시 시대상이 있으며 그것이 그 시대를 사는 사람들에게 영향을 준다. 요즘은 좀 덜한데 한때 KS마크라는 말이 우리 사회에 유행했다. 즉 경기고등학교와 서울대학교를 나온 사람을 말하는데, 그들이 사회의 우수한 인재라는 이야기였다. 말이야 틀리지 않다. 그런데 그렇지 못한 사람은 어떻다는 이야긴가?

옛날에는 서울의 경기고등보통학교와 평양의 평양고등보통학교를 우리나라의 2대 명문이라고 했다. 그리고 당시 보통학교에서 그야말로 우등생 아니면 이들 학교에 들어갈 수가 없었던 것도 사실이다.

물론 바로 들어가는 아이들과 재수해서 들어가는 아이들이 있기 마련이지만, 이것이 마치 인생의 첫 시험대처럼 되어 있어 어린 마음을 아프게 했다.

나의 경우 인생의 첫 번째 실패가 이때 시작한 셈이다. 즉 나는 관서의 명문이라는 평양고등보통학교(줄여서 평고보)를 두 번이나 떨어졌으니 둔재 중에서도 둔재였던 것이 틀림없다.

나는 어려서 몰랐지만 당시 부모의 마음은 어떠했을까 싶다. 그런데 아버지나 어머니는 어쩌면 그렇게 못났느냐고 꾸지람 한 적이 한번도 없었다. 그러다가 3년 째 되던 해 내 인생에 첫 전기가 왔다. 생각지도 않았던 일이 벌어졌는데, 그해따라 개성의 송도중학이 전국에서 제일 먼저 수험생을 받았다.

나는 그런 학교가 있는 줄도 몰랐으며, 평양을 두고 지방으로 내려간다는 것은 생각한 적도 없지만 아버지 마음은 달랐던 모양이다. 우선 시험 삼아 먼저 송도중학을 쳐보자고 했는데 그 시험에 붙었다.

아버지는 못난 아들 때문에 여러 해 마음고생을 하다 이렇게 됐으니 무척 기뻐하시고, 한 번 집을 떠나 공부하는 것도 인생에 도움이 된다며 그것으로 뒤에 있는 평고보 시험은 그만두자고 했다.

나는 이렇게 해서 평양을 떠나 개성에서 2년 동안 기숙사생활을 하게 됐는데, 이 시골 학교 시절에 비로소 내 인생이 다져지고 앞으로의 길이 준비되었다고 생각한다. 그때까지 위축됐던 어린 마음이 자기도 모르는 사이에 활짝 열리면서 생기가 넘치기 시작했다.

개성의 송도중학은 학교치고는 특이했던 것 같다. 교사 건물이 시내를 완전히 벗어난 산비탈 목장지대 같은 곳 한가운데 있었는데, 그 일대는 집이란 없었고 뒤로 그다지 높지 않으면서 제대로 산의 모습을 갖춘 송악산이 솟아 있었다. 동쪽으로 나가면 정몽주로 이름난 선죽교와 서쪽으로는 만월대 고적(古蹟)이 있었다. 교문이 어딘가에 있었겠지만 학생들은 높이 자란 포플러 가로수 사이로 한참 걸어 화강암 계단을 오르고 또 올라 넓은 교정으로 들어섰다.

학교 뜰에서는 개성 시가지가 멀리까지 내려다 보였다. 1학년에 들어가 처음으로 영어를 배우고 있었을 때 이야기다. 한번은 시내에서 불이 났는데, 교정에서 불구경 하다 "원더풀!"하고 소리를 질렀더니 체육 선생이 어느새 나타나 그런 말 하는 것 아니라고 조용히 타일렀다. 미국서 공부했다는 선생이었다.

송도중학이 미국 감리교단에서 세운 학교가 되어 그런

지 그 구조와 분위기가 다른 학교와는 비교가 안될 정도로 특이했다. 교사 가운데 미국서 돌아온 분이 몇 있었다. 서로 영어로 이야기 하는 선생들의 모습이 종종 눈에 띄었다.

학교 교사의 규모는 20만평 가량 되는 넓은 지대에 엘리베이션을 따라 각종 시설과 건물이 적절히 조화를 이루어 배치되어 있었는데, 나에게 특히 관심이 갔던 것은 학교와 이어져 있는 목초장 지대였다. 여기에 미국 텍사스 풍의 건물들이 여기저기 있었다.

물론 모두 빈 집으로 안에는 아무 것도 없었으나 테라스며 벽난로 등 그 구조가 서양풍 그대로였다. 모르긴 해도 이 자리에 학교가 들어서기 전에는 선교사들이 목동 노릇을 하며 살았던 것 같다.

나는 이런 분위기에 끌려 기숙사에서 이따금 올라와 테라스에서 책을 읽곤 했는데, 이상하게도 이곳을 좋아하는 학생은 별로 없었던 것 같다.

목초장 뒤로 올라가면 옛날 성터가 나타나고, 이 성터를 따라 송악산 등산로가 이어졌다. 그리고 부근은 과수원과 무, 배추 등 채소밭이었다.

송악산 기슭에는 골짜기를 따라 크고 작은 저수지가 있고 겨울철에는 스케이트 링크가 됐다. 그 일대에는 살구나무와 매화나무가 많아서 봄 한철 그 연분홍 꽃으로 주위가 한층 아름다웠으며 뻐꾸기 소리도 자주 들렸다.

이런 곳이 기숙사에서 가까운 거리여서 나는 책 한두 권 가지고 올라가 산책하거나 성터에 누워서 책 읽고 흘러가는 구름을 쳐다보곤 했다.

기숙사는 한옥 두 동으로 1·2학년생 100명 정도를 수용했던 것 같다. 식당과 목욕탕이 따로 있었는데, 이 모든 시설이 장작을 연료로 하고 있었다.

당시 나는 기숙사의 생활이 무척 즐거웠다. 수영장과 스케이트 링크 그리고 유도장과 철봉대가 모두 가까이 있었던 것도 나에게는 좋았다.

그러나 무엇보다도 목초장과 옛 성터와 송악산이 내 생활권 안에 있는 것이 기뻤으며 이런 분위기 속에서 나는 마음껏 놀며 공부했다. 다소 역설적인 이야기나 만일 내가 보통학교 때 공부를 잘해서 평양의 이름났던 그 좋은 학교에 바로 들어갔더라면 도저히 체험할 수 없는 중학 시절이 이 송도에서 벌어졌다.

그런데 그 가운데서도 나에게 절대적 영향을 미친 것은 책과의 만남이었다. 다시 말해서 책을 읽고 책에 대한 남다른 애착을 가지게 됐던 그 무렵의 생활은 나의 후기 인생에까지 그대로 이어졌다. 지금도 기억에 남아있는 것은 당시 처음으로 나온 펄 벅의 「대지」 3부작을 비롯해서 루나르의 「일기」며 톨스토이 「인생론」과 바이런의 「시집」

등이다.

독일의 레크람 문고를 본땄다는 일본의 유명한 이와나미문고(岩波文庫)를 안 것도 이 무렵이었다.

이렇게 개성에서 중학을 다니며 비롯된 책을 벗으로 삼았던 일은, 그 뒤 평양에 올라와 중학을 마치고 38선을 넘어 서울에서 대학을 다니다 6·25에 휘말리는 등, 여러 차례 전기를 맞았지만 그때그때 새로운 편력을 겪었다.

그런 편력 가운데 가장 컸던 것은 내가 산악계에 들어가면서 일어났는데 바로 산악 도서와의 만남이었다. 내 서재에 점차 산에 관한 책들이 늘고 1980년대부터 나는 외국의 책들, 즉 영어와 독일어로 된 산서를 우리말로 옮기는 한편 산악 수필집을 여러 권 내게 됐다.

생각하면 어려서 중학교 입시를 두 번이나 실패하고 갈팡질팡 하던 둔재가 훗날 이렇게 책을 알게 되고, 끝내는 외국 서적을 번역하며 자기 글까지 쓰게 되리라곤 꿈에도 생각하지 못했다.

나는 개성에서 만 2년을 보내고 3학년 새 학기에 평양의 중학교로 올라왔는데, 이렇게 지방에 내려갔다가 다시 평양으로 돌아온 것이 모두 아버지의 심뇌 덕분이었다.

당시 타향에서 공부한다는 것은 그렇지 않아도 가난했던 집의 사정을 더 어렵게 했다고 본다. 매달 20원이라는 돈을 학비로 보내왔으니 큰일이었다. 그 무렵 20원은 지금 환산하기가 쉽지 않으나 하여간 우리 집으로서는 큰돈이었다.

물론 나는 학교 다니며 돈 쓰는 일이 별로 없었다. 방학이 와서 기숙사 학생들이 모두 집으로 돌아갈 때 사감선생에게 맡겼던 돈을 찾아 갔다. 그런데 선생이 "너는 어떻게 그렇게도 돈을 찾아가지 않느냐?!"고 말씀하신 적이 있다.

이렇게 해서 지난날 나를 두 번씩이나 받아주지 않았던 중학교에 올라왔지만 사실 거기서 나는 이렇다 할 재미를 보지 못했다. 이 학교는 그저 공부 잘하는 학생들이 모인 곳에 지나지 않았고, 한창 육체적으로나 정신적으로 성장하고 있는 중학생으로서의 생활에 직접 도움이 되는 일은 별로 없었던 것 같다.

나는 원래 누가 공부를 잘하는지 전혀 관심이 없었으며 다른 학생들과 굳이 사귀지도 않았다. 그런데 4학년 때 우리 반에서 두 명이 일본의 고등학교에 들어갔다. 남들은 5년 공부하고도 못 가는데 그들은 4학년에서 들어갔으니 이를테면 월반한 셈이다. 머리가 남달리 좋았던 모양이다.

당시 고등학교라는 제도는 대학에 들어가기 전 2년 동안, 책을 읽고 외국어를 마스터하며 운동이나 여행으로 청춘의 기상을 마음껏 펴는 시기로서 중학생들의 선망의 대상이었다.

그래서 중학교에서 공부 잘한다는 것은 장차 고등학교에 진학하는 것을 뜻했다. 그리고 학생들은 이 일본 고등학교를 거쳐 당시 최고 학부였던 제국대학으로 올라가는 것이 꿈이었다. 요즘 말로 엘리트 코스였다.

그 무렵 우리 중학교의 학생 수는 학년마다 200명으로 50명씩 4반으로 나뉘어 있었는데, 그들이 모두 보통학교의 수재임에는 틀림없으나 그들 가운데 일본의 고등학교에 들어가는 학생은 사실 하나 둘 나오기도 어려웠다. 그러고 보면 4학년 때 들어간 두 학생은 그야말로 수재 중 수재였던 셈인데 그 뒤가 처량했다.

즉 한 명은 서울에서 유명 대학의 교수로 있었지만 저술 한 권 남긴 것 없이 50 고개를 채 넘기지 못하고 요절했고, 다른 한 명은 평양에서 어떻게 됐는지 감감 무소식이다. 그렇게 공부 밖에 모르던 온순하고 착실한 젊은이가 공산주의 사회에서 무슨 역할을 했겠는가 의심이 간다.

나는 개성에서 공부하며 처음으로 비교적 좋은 성적을 유지했다. 그래서 평양으로 올라올 때 전학 조건에 무리가 없었던 것 같다. 하지만 나는 학과 중에서 영어와 국어(일본어)에 재미를 붙였으나 수학이나 물리 화학이 약했다. 말하자면 이과계통에는 소질이 없었던 셈이다.

평양으로 올라오고 나서 5학년 때 일이다. 졸업을 앞두고 학교에서는 해마다 학생들의 상급학교 진학 능력을 평가하기 위해 모의고사를 실시했다. 문제가 교과서에서 나오지 않고 객관성을 띄고 있었는데, 이 시험에서 200명 가운데 20명 즉 10프로를 합격선으로 정하고 있었다. 과목은 영·수·국이었다.

그러니 수학이 약한 나로서는 처음부터 자신이 없었다. 나는 도대체 공부 잘하는 학생, 즉 우리 학년에서 누가 우등생인지 몰랐지만 다른 학생들은 모의시험에 합격할 만한 학생들을 거의 알고 있다시피 했다.

그런데 합격자 명단이 나 붙자 모두 놀라고 의아하게 여겼다. 그 속에 내가 들어 있었기 때문이다. 정말 놀란 것은 다른 사람도 아니고 나 자신이었다. 어떻게 된 것일까?

그것은 수학의 허점을 영어와 국어가 대신 커버했던 모양이다. 이 시험이 있고나서 담임선생이 집에 찾아와 아버지를 만났는데 여느 때 좀처럼 없던 일이었다.

모의고사가 있은 뒤 학교에서는 합격권에 든 학생들을 상대로 방학동안에 특별 지도를 했다. 그러던 어느날 담임선생이 귀한 손님이라며 두 분을 데리고 왔다. 선생은 고등학교를 거쳐 동대를 나왔는데, 대학동창으로 일본 고등학교 교수와 조선총독부 고관이라고 했다.

그들은 만주로 가는 길에 옛 친구를 찾아왔는데, 그때

선생이 우리를 생각해서 그분들과 만나 이야기하는 기회를 특별히 마련했다.

학생들은 일본 고등학교의 신년도 입시문제의 출제 경향을 알고 싶어 했고 일본 학생들의 공부하는 태도에 대해 묻기도 했다. 이때 나는 일본에서는 학생들이 어떤 책들을 읽고 있는가 물었다.

그러자 선생이 내 이름을 부르며 "언젠가 일기에 책 이야기를 썼던데 그것이 무슨 책이었지?" 했다.

그 무렵 학교에서는 학생들의 사상 동향에 신경을 쓰고 학생들의 일기를 검열하고 있었다. 그런데 철부지들이 제멋대로 쓴 그 많은 일기장들을 선생이 하나하나 들쳐보리라고는 아무도 생각하지 않았다. 특히 주목 받은 학생들의 것이 아니라면.

때는 이미 사상의 자유, 학문의 자유가 시든지 오래고 읽고 싶어도 읽을 책이 없었다. 시내 고서점에 간혹 귀한 책이 나와도 그것은 나오기가 무섭게 없어졌다. 그러던 어느날 신시가 한 서점에 니시다 기따로(西田幾太郞)의 「일본문화의 제문제」가 유명한 이와나미신서(岩波新書)의 하나로 나온다는 예고가 나붙었다.

군국주의니 국수주의 사조가 판을 치고 있을 때 일본의 최고 지성인 철학교수가 자기 나라 문화를 어떻게 보는가가 흥미로운 일이어서 이 신간을 주문하고 그날 일기에 썼던 것 같다. 담임선생은 그 책 이야기를 했는데, 듣고 있던 일본교수는 의아한 얼굴을 하며 그 책은 학생이 읽기에는 어려울 것이라며 더 이상 말을 하지 않았던 기억이 난다.

아닌게 아니라 니시다 기따로 책은 전문가들 사이에서도 난해하기로 이름나 있었다. 그의 저술 가운데 가장 널리 알려진 책은 「선의 연구(善の硏究)」인데, 이 책은 당시 아베 지로(阿部次郎)의 「산따로 일기(三太郎の日記)」와 와쯔지 데츠로(和辻哲郎)의 「고사순례(古寺巡禮)」와 더불어 책상머리에 놓여있지 않으면 학생이 아니라고까지 했다.

1945년 일본이 패하고 그 전화의 흔적도 채 가시지 않았을 무렵, 이와나미 서점에서 니시다의 「선의 연구」를 복간한다는 광고가 나붙자, 며칠 전부터 그 서점 앞에서 사람들이 담요를 쓰고 자고 있었는데, 이 사진을 당시 아사히신문이 일면에 실어 크게 보도했다.

또한 와쯔지의 「고사순례」는 학도병들이 전쟁터 포화 속에서도 읽고 있었으며, 오늘날도 이 책을 손에 들고 국내 옛 절들을 돌아보고 있는 사람들이 있다고 한다.

신간을 거의 출판하지 못하던 일제 말기에 일본의 동경제국대학 경제학부 교수인 가와이 에이지로(河合榮治郎)가 펴낸 〈학생총서〉가 독서계를 휩쓸었는데, 그 중에서도 「학생과 독서」라는 책은 그야말로 선풍적인 인기를 차지했다.

나는 그 총서 가운데 「학생과 독서」, 「학생과 생활」 그리고 「학생과 교양」이라는 세 권을 특히 좋아했다. 「학생과 독서」에는 이른바 필독서 목록이 들어있어 그 책 이름들을 거의 외다시피 했고 그 리스트를 따라 책을 찾아다니느라 정신이 없었다.

우리나라가 8·15광복을 맞고 얼마 안되서 이야기다. 어느 대학교수 한 분이 일본의 〈학생총서〉를 잊지 못했던지 우리 학생사회에도 그런 바람을 일으켜보려고 했지만 결국 실패한 일을 나는 기억한다. 일본을 흉내 내서 우선 「학생과 독서」를 펴냈으나 필진과 내용 모두 빈약해 사람의 눈을 끌지 못했던 것 같다.

평양의 중학교 시절 3년간에 있던 일 가운데는 이 밖에 내가 학생들 앞에서 철봉에 매달려 대차륜을 한 일과, 해마다 학기말 겨울철에 전교생이 유도와 검도 실력을 점검받던 대회에서 3학년인 동생이 검도에서, 4학년인 내가 유도에서 각각 1등을 차지한 일이다. 공교롭게도 형제가 검도와 유도를 휩쓸자 우리 자신도 놀랐다.

이렇게 3년을 마치고 중학은 나왔지만 태평양 전쟁이 막바지에 이르렀던 1944년 언제 소위 빨간 딱지가 나와 군대에 불려갈지 몰랐다.

그리고 당시 대학에 진학하더라도 문과 학생에게는 징

병 연기 혜택이 없다보니 문과 계통으로 공부해온 나로서는 상급학교에 갈 생각도 할 수가 없었다.

그런 상황에서 고등학교에 가려면 문과에서 이과로 방향을 바꿔야만 했다. 그리고 이렇게 방향 전환을 해도 현해탄(대한해협)에 소련의 부유 기뢰가 떠돌아 다니기 때문에 일본 본토를 오가는 이른바 관부연락선 운행이 중지되어 있었다.

남은 목표는 만주에 있는 여순고등학교였다. 그래서 나는 혼자 집을 떠나 신의주, 안동, 봉천을 거쳐 멀리 여순으로 갔지만 문과 지망생이 이렇게 서둘러 이과로 방향을 바꾸고 그 시험에 합격할 리가 없었다.

이제는 갈 데도 할 일도 없었다. 언제 빨간 딱지가 날아와 일본 군대에 들어갈지 알 수 없고, 집에서 답답한 하루하루를 보내는 신세였다.

그 무렵 건넌방에 살고 있는 아저씨가 보다 못해 집에서 놀면 뭐 하냐며 같이 일터에 나가자고 했다.

평양역의 부대시설인 기관고 신축 공사장에 일자리가 있었다. 나는 도시락 하나를 가지고 아침저녁 일터를 오갔다. 어머니 마음은 좋지 않았겠지만 아버지는 그런 일 해보는 것도 괜찮다는 생각이었던 것 같다.

일하는 잡부는 10여명으로 모두 나이든 사람들인데 나혼자 새파란 젊은이였다. 일본인 십장이 첫날부터 이상한 눈으로 쳐다보았으나 나는 그런 일에 신경을 쓰지 않았다. 노동일이란 벽돌과 모래, 자갈 등을 등에 지고 나르는 그야말로 막일로 월급은 5원이었다. 그런데 바로 이 5원이 나에게는 매력적이었다. 그 까닭은 이러했다.

나는 중학교 다닐 때 학교에서 돌아오기가 무섭게 시내로 나가 고서점들을 순례하다시피 했다. 5학년 때 어느 날 신시가 책방에서 에드워드 기본의 「로마제국쇠망사」 전 5권과 부딪쳤다. 장정이 금박(金箔)에 혁제(革製)라는 보기 드문 호화판으로 도대체 책이란 구경하기도 어렵던 시절에 이런 책이 나왔으니 놀라지 않을 수가 없었다.

책값은 5원이었는데, 그날 마침 아버지 금고에 5원이 있었다. 아버지는 아무 말씀도 없이 그 돈을 내주셨으나 달려가 보니 이미 책은 보이지 않았다. 당시 1원은 쌀 한가마 값에 가까웠던 것 같다.

그 뒤 38선을 넘어 서울에서 고학하고 있을 때도 나는 여전히 고서점을 찾아 돌아다녔는데, 인사동과 충무로에 그런 책방이 즐비했다. 그때 진고개 어느 책방에 바로 기본의 원서 세 권이 있어서 보았더니 정가가 무려 100원이나 붙어있었다.

그러나 이 귀한 책의 운명을 나는 혼자 생각해 보았다. 즉 6·25 난리통에 충무로 일대가 잿더미로 변하며 그 속에 묻혔으리라고.

막노동으로 어두운 나날을 보내고 있을 무렵, 근처에 사는 중학 후배가 찾아와 최근의 학교 소식을 전해주었다.

지난 3년 동안 담임으로 있던 선생이 수업 시간에 들어와서 내 이야기를 하며, 너희들 선배가 졸업한 뒤 집에서 놀지 않고 노동일을 한다고….

그 뒤 후배가 다시 찾아오더니 선생이 학교에 한번 들르란 다는 말을 전해주었다. 결국 나는 그 선생의 소개로 평양도립병원 약제국에 취직하게 됐고, 거기 있다가 일본 군대에 들어갔으며, 8·15 광복 덕분에 군에서 나와 다시 직장으로 돌아갔다.

이미 평양에는 소련군이 진주하고 사회 공기가 날로 어지러워지고 있었다. 병원에는 소련 군인들의 총에 맞은 시민들이 매일같이 줄을 이어 외과 외래가 바빴다.

그러자 마침 아버지가 서울에 경성대학예과가 문을 열어 신입생을 모집한다는 소식을 알려주셔서 나는 38선을 넘기로 마음을 굳혔다.

물론 38선은 그런대로 넘나들던 시절이었는데, 내가 먼저 월남하자 같이 약제국에 있던 약제사들도 뒤따라 서울로 왔지만 모두 일찍 타계했다.

사람일은 모른다고 하는데 그들은 어려서 공부를 잘해 평양고보에 들어갔었지만 결국 그 재능을 끝까지 부려보지 못한 채 일찍 인생을 마감했다.

이때 나의 인생은 엄청난 전환기를 맞았다. 잠시 다녀올 것으로 알았던 38선이 다시는 넘을 수 없는 벽으로 굳어버리고, 남북 간에 전쟁까지 일어나 나의 청년기는 그야말로 수라장에 빠져 들었다. 그리고 이런 시련 속에서 나의 후기 인생이 서서히 준비되어 나갔다.

일본 군대에 끌려가

평양도립병원에 있던 기간은 1년 남짓 하지만 거기서 나는 많은 것을 배웠다. 당시 약제국장은 평양고보 대선배였는데 그가 그런 자리에 앉은 데는 까닭이 있었다. 즉 전임자인 일본인 국장이 군에 징집되어 자리가 비자 후임으로 조선 사람이 앉게 되었다. 이렇게 해서 평양고보 출신이 높은 자리에 있으니까 후배로서 나도 쉽게 그 밑에 들어갈 수 있었으리라.

선배인 국장 밑에 일본인 직원들이 몇 명 있었는데, 젊은 약제사가 또 징집되어 이번에는 그가 하던 모든 일을 약제사 아닌 내가 떠맡게 됐다. 일제도 이렇게 말기에 들어가며 인력이 부족해졌다는 이야기다.

결국 큰 병원의 온갖 약품과 의료 기기들을 나 혼자 취급하는 바쁜 나날이 시작됐다. 당시 약품이나 의료 기기의 명칭은 거의 독일어로 되어 있었는데, 중학 시절 영어는 그런대로 익혔지만 독일어는 알 리가 없었다.

그렇다고 이제 그 공부를 할 수도 없어 눈과 귀와 입으로 보고 듣고 흉내 내며 하나 하나 익혀나갔다. '밧사'(물), '잘베'(연고), '헤르츠 미텔'(강심제) 라는 말들이 그 예다. 이러는 가운데 무슨 병에는 어떤 약을 처방하는 지도 알았다.

그러던 어느날 드디어 올 것이 왔다. 소위 빨간 딱지였다. 나는 대동강 건너 아끼오츠부대(秋乙部隊)에 입대했다. 이것이 일본과의 마지막 접촉이었다.

때는 8·15 광복 전후 두 달 가량이라는 짧은 기간이었는데, 전쟁이 그렇게 빨리 끝날 줄은 몰랐고 기대하지도 않았다. 나는 군대에 끌려가면서 이상하게도 불안도 비애도 절망감도 없었다. 그저 가야 할 길이니 간다는 담담한 기분이었다.

나는 쌍둥이여서 동생과 한날한시 같은 부대에 들어갔는데, 그 무렵 남들은 입대하자 바로 만주나 북지로 끌려가 소식이 끊겼다. 그러나 우리 형제는 무슨 운명이었던지 수천 명 가운데 수십 명이 떨어지는 속에 끼어 평양 근교에 그대로 남았다. 당시 징병 1기치고 전쟁이 끝날 무렵에 빨간 딱지를 받고도 이렇게 후방에 남았으니 그야말로 행운 가운데 행운이었다.

아끼오츠 부대는 야포연대였다. 구경 57밀리인지 75밀리인지 알 수 없으나 여하튼 야포 한 문을 군마(軍馬) 여섯 필이 끄는 부대였다. 그러나 이런 사실도 입대하며 안 것이 아니고 패전 소식이 알려지는 마당에 비로소 알았다.

우리가 입대하자 배속된 곳은 고바야시중대(小林中隊)였다. 내무반에는 거의 일본인이고 우리 조선인(당시 그렇게 불렀는데) 7, 8명이 끼어 있었다.

중대장은 고바야시라는 성을 가진 중위로 그는 매일 아침 점호 때면 말타고 나타나, 도열한 중대 앞에서 일본도(日本刀)를 빼 들고 동쪽을 보고 "요배"하고는 어디론가 사라지곤 했다. 그 위풍은 언제나 당당했다. 새파랗게 젊은 중대장은 별로 말이 없었고 중대원 앞에서 훈시하거나 지시하는 일도 없었다.

그는 혼자 말을 타고 출퇴근 하는 것이 아니라 늘 병졸 하나가 말고삐를 쥐고 따라다녔다. 망토를 걸치고 일본도를 한쪽으로 내려뜨린 그의 모습은 매우 인상적이었다.

우리가 아끼오츠 부대에 들어가서 나올 때까지 한 일은 매일 군마의 발굽을 물로 닦고 기름칠하며 털을 빗질하는 한편, 일정한 시간에 끌고 나가 물을 먹이는 일이었다. 이 말들은 보통 말과 달랐다. 당연한 일이겠지만 몸집이 크고 살쪘으며 특히 발굽은 보기만 해도 무서웠다.

그러나 우리는 이렇게 말을 매일같이 다루면서도 그놈

들이 포를 끄는 것은 본 적이 없었다. 뿐만 아니라 군에 있는 동안 말에 대한 교육도 승마 훈련도 받은 일이 없다.

중대에는 이른바 견습사관(見習士官)과 고급 하사관들이 몇 있었으나 그들은 얼굴을 보인 적이 없었다. 우리는 그저 상등병이라는 고참에게 끌려 다니느라 바빴다.

당시 일본 군대는 군기가 엄한 듯 했지만 반드시 그렇지도 않다는 것을 차차 알게 됐다. 패전을 눈 앞에 두고 있을 무렵이어서 그런지도 모르지만….

아끼오츠 부대를 두른 가시 철망 밖에는 끌려 나간 아들의 소식이 궁금해서 언제나 사람들이 하얗게 모여 있었다. 흰 옷밖에 입을 것이 없었던 때였으니 하얗게 보였다고 해도 조금도 과장이 아니다. 그 무리 속에 우리 집에서 누가 와있었는지 모를 일이었다. 그런데 나는 입대하자 멀리 외지로 끌려가지 않고 이렇게 뒤에 남았다는 것을 알릴 기회가 올 줄은 꿈에도 생각하지 않았는데 천만 뜻밖의 일이 벌어졌다.

하루는 인사 담당 준위가 우리 신병들을 불러 세우더니 너희 가운데 집에서 약국을 하는 사람이 있느냐고 물었다. 내가 바로 도립병원 약제국에 있었다고 하자 그는 얼굴에 희색을 띠며 당장 집에 갔다 오라고 한다. 알고 보니 그는 성병으로 고민하고 있었는데 부대 안에서는 비밀로 하고 있었거나 의무대에 약이 없었던 모양이다.

나는 도립병원에 있으면서 소위 서당 개 삼년에… 하는 식으로 무슨 병에 어떤 약을 쓰는지 많이 보고 들어왔다. 그리고 도대체 약이 귀할 때여서 의사들의 처방도 천편일률적이었다. 예를 들면 당시 폐렴에 걸리면 죽는다고 했는데, 여기에는 일본 다께다제약(武田製藥)의 도리아농(トリアノン)이 위력을 발휘했고, 독일 바이엘 회사의 프론토질이 사람의 생명을 좌우했다.

그런데 바로 이 비약들이 도립병원에 없었던 것은 아니나, 그 주사약이 몇 앰플도 되지 않아서 병원장의 특명 아니고서는 아무도 쓰지 못했다.

나는 준위의 이야기를 듣는 순간 적당한 주사약 한통을 생각했다. 그리고 그에게 옆 내무반에 동생이 있으니 같이 나가게 해달라고 말했다.

우리는 쌍둥이로 같이 입대했는데, 당시 평양 신문에 이 사실이 실려서 혹시 군 당국이 우리 집 사정을 고려하여 우리 형제를 모두 후방에 남게 했는지도 모른다. 준위는 두말없이 그렇게 하라며 일본인 병장을 따라 보냈다.

우리는 일을 보고 그날로 돌아와야 했다. 나는 뛰는 가슴을 안고 부대를 나와 바로 집에 전화를 걸었다. 집에서는 깜짝 놀랐다. 나는 먼저 도립병원에 들러 국장에게 사정을 말하고 당시 흔히 쓰고 있던 주사약 한통을 도움 받았다. 집에서는 어디서 구했는지 닭을 잡아 같이 간 병장을 대접했다. 그는 술도 한잔 하고 기분이 좋았다. 그러는 동안에 시간이 흘러 돌아갈 일이 걱정이었다. 그러나 병장은 걱정 말라며 콧노래만 불렀다.

밤이 깊어 병영 문에 다가가자 위병이 누구냐고 소리쳤다. 병장이 뭐라고 취기어린 목소리로 중얼대며 지나갔다.

시간이 늦었으니 준위가 있을 리가 없었다. 나는 기합을 각오하고 이튿날 아침 준위에게 갔다.

준위는 왜 늦었는가 묻지도 않고 그저 좋아했다. 나는 미안한 생각이 없지 않았다. 덕분에 우리 형제는 입대하자 외출하는 특권을 누렸지만 그 싸구려 약으로 그의 병이 날 리가 없다는 것을 의사 아닌 나도 잘 알고 있었기 때문이다.

중대는 하는 일도 없으면서 우리들 신병을 그대로 놔두지 않았다. 하루에도 "사역병 집합!"으로 몇 번이고 들볶았다. 그때마다 나는 군화를 들고 내무반 계단을 뛰어 내려가 이른바 직립 부동자세를 취했다.

고약한 상등병 하나가 언제나 우리를 끌고 다녔는데, 그자가 내 왼팔을 잡아당겨 따로 세우고는 다음부터 나오는 신병들을 무자비하게 후려쳤다. 그자리에서 코피를 쏟는 친구도 있었다. 언제나 일착 아니면 모두 이렇다는 논리다.

하루는 친구들이 도망치자고 했다. 며칠 전에 도망병을

잡아다 연병장 한가운데서 개 패듯이 한 일이 있었는데, 그 도망병은 가시철망을 넘다 보초의 대검에 찔려 피를 흘리며 옥수수 밭으로 달아났다.

날이 밝자 왜놈들이 말을 타고 핏자국을 따라 추적했다. 나는 도망치다 잡히면 끝장이니 얼마 오래 가겠는가, 그저 참고 견디자고 했다.

이런 나날을 보내다가 어떻게 된 영문인지 중대장실에 근무하게 됐다. 하는 일이라야 가끔 오는 전화나 받고 방 안을 청소하며 종일 혼자 빈 방을 지키는 일이었다. 중대장 얼굴은 보지도 못한다.

그러던 어느날 상등병 하나가 들어와서 느닷없이 "아까 메시 다이떼 구레!"한다. 나는 깜짝 놀랐다. 일본사람들이 붉은 팥밥을 특별히 좋아한다는 이야기를 그전부터 잘 알고 있었지만 팥밥을 중대장실에 와서 해달라는 데 더욱 놀라지 않을 수가 없었다.

물론 나는 그자리에서 거절했다. 사실은 빨간 팥이 어디 있는 지도 몰랐지만, 뒤에 알고보니 당번병이 이따금 팥밥을 지어 중대장을 대접하는 것이 당시 군대 내의 관행이기도 했다.

그런데 그 상등병은 조선인 신병에게 모욕을 당했으니 어지간히 화가 났던 모양이다. 그는 "요시, 오보에또레!(이 놈아, 두고 보자)"하고 내뱉으며 얼굴을 붉히고 나가버렸다.

나는 속이 후련했다.

얼마 후 나는 중대장실에서 내무반으로 돌아왔는데, 하루는 야포 바퀴 하나를 공작창에 가져가게 됐다. 물론 우리 신병더러 하란다. 그래서 우리는 연병장 한가운데로 무거운 바퀴를 굴렸다.

그러자 어디서 벼락같은 소리가 났다. 둘러보니 저쪽 막사 앞에서 누군가 손짓하며 오란다. 처음 보는 하사관이었는데, 야포는 폐하께서 하사한 것이니 굴려서는 안 된다며 메고 가란다. 얻어터지지 않은 것만도 다행이었다.

8월 중순이 다가오고 있었다. 조용하던 부대에 갑자기 출동 명령이 내렸다. 도대체 까닭을 알 수가 없었지만 병사 연병장 할 것 없이 온통 수라장으로 변했다.

현관 게시판에 처음 들어보는 갖가지 개인 장비들 이름이 나붙었는데 중대 피복 창고에서 찾아다 장착하고 연병장에 집합하란다.

그런데 더욱 놀란 것은 그토록 매일 물걸레로 닦고 문지르던 내무반을 모두 군화를 신은 채 뛰어다니고 있었다는 사실이다.

그날따라 나는 대공 감시 임무를 띠고 연대본부 건물 옥상에 올라가 있었다. 공기가 이상해서 쌍안경으로 둘러보니 부대 안이 온통 벌집 쑤셔놓은 듯 했다.

나는 바로 망대에서 내려와 피복 창고로 달려갔다. 물론 그 안은 병사들로 발 디딜 자리가 없었다. 거기를 들어가는 찰나, "고노야로! 키사마 도소꾸데?!…(이 새끼, 그 신발로)"하는 소리가 벼락같이 나면서 긴 쇠막대기가 머리를 내리쳤다.

순간 눈에서 불꽃이 튀고 정신이 아찔했다. 언젠가 중대장실에 나타나서 팥밥 내노라던 자다. 그런데 도대체 군화바람으로 들어온 자가 어찌 나 만인가? 상등병은 그때의 분풀이를 지금 하려는 것이 분명했다.

나는 도망치다시피 하여 이 수라장을 빠져나갔다.

밖에는 벌써 군마들이 야포를 끌고 도열하고 있었다. 처음 보는 야포연대다운 모습이었다. 무슨 일이 벌어져도 단단히 벌어졌다는 생각이 들었다. 소련군이 함경도 청진 쪽으로 내려오고 있어 우리가 이제 원산 방면으로 출동한다는 말이 들려왔다.

드디어 붙는가보다! 그런데 지금까지 말발굽만 닦다가이제 무슨 싸움을 한단 말인가?

전쟁터에 나가면 먼저 그 상등병 놈부터 죽여야지!

나는 출동이 조금도 두렵지 않고 오히려 잘됐다는 기분이었다. 그렇게 못살게 굴던 고참병들 손아귀에서 벗어나는 것이 무엇보다도 기뻤다.

8월 중순의 뜨거운 햇살이 사정없이 내리 쬐였다. 그늘이 없는 넓은 들판 한가운데서 우리는 생각없이 무료하게 서있었다. 연대본부 쪽에서 한 무리의 장교들이 우리 쪽으로 걸어왔다.

마침 정오 무렵이었으니 식당으로 가는 모양인데 가까이서 보니 선두 장교가 대좌였다. 틀림없이 부대장과 그의 참모들이다.

그러자 대좌가 걸음을 멈추고 무엇인가 지시하는 것 같았다. 조금 있노라니 모두 내무반에 들어가 별명 있을 때까지 대기하라는 연락이 왔다.

결국 이것이 일군으로서 마지막 명령 지시였다.

왜냐하면 그 뒤부터 아침저녁에 규칙적으로 있던 점호도 사역병 집합도 없었으니까. 그 젊고 늠름하던 고바야시 중대장의 모습도 다시 보이지 않았다.

부대의 공기가 날로 달라졌다. 활기 넘치던 기상나팔 소리도 처량하게 들리던 취침나팔 소리도 나지 않는 넓은 연병장은 죽은 사막같이 조용했다.

내무반에서는 고참병들이 일본도를 빼들고 소리 지르며 이리저리 뛰어다녔다. 그러나 일본이 항복했다는 공식 통보는 없었고 그런 소식을 전해주는 사람도 없었다. 드디어 전쟁이 끝났다는 확신을 우리 스스로 가졌을 뿐이었다. 그리고 그들의 기분을 격화시키지 않도록 주의했다.

하루 이틀 지나자 일본 군인들이 연병장 한 구석에 밭

을 일구기 시작했다. 그러나 얼마나 어리석은 일인지 가엾기까지 했다. 사태는 시시각각으로 변했다.

이번에는 무기와 군 장비들을 연병장에 나열하느라 야단을 피웠다. 무장 해제 명령이 떨어진 것이 틀림없었다. 그렇다면 연합군이 진주한다는 이야기고 그것도 이제 시간문제로 보였다.

한편에서는 연대 피복 창고 문이 활짝 열리고 트럭들의 왕래가 심했다. 군수 물자를 싼 값으로 처분하려는 것 같았다.

드디어 병력이 이동했다. 8월 하순인데, 일본 군인들은 긴 외투를 입고 담요를 말아서 어깨에 걸친 채 조용히 어디론가 떠났다. 그런 대열이 며칠 동안 이어졌다. 시베리아로 끌려가는 것이 분명했다.

그들은 우리와 한마디 작별 인사도 없이 풀이 죽어서 그러나 질서 있게 걸어 나갔다. 전쟁의 비극이 어떤 것인지 생각케 하는 장면이었다.

나는 비로소 그놈의 고약한 상등병을 죽이려던 생각을 잊었다.

드디어 우리가 떠날 날이 왔다. 8월 하순이었는데, 그토록 지긋지긋하던 아끼오츠 부대 영문을 나오며 나는 뒤를 돌아보지 않으려고 했다. 절망과 구속에서 풀려난 몸이 말 그대로 날 것만 같았다.

그러다가 나는 자기도 모르게 걸음을 멈추었다. 철망을 두른 주인 잃은 아끼오츠 부대가 어느덧 정든 곳으로 보였다.

2. 혼자 38선을 넘고

경성대학예과에 들어가다

그날이 언제였던지 전혀 기억에 없다. 하기야 정확한 날짜가 그다지 중요하지는 않다. 다만 그날이 나의 인생에서 엄청난 전환점으로 갈림길이었다는 것이다. 그러나 나는 그렇게 되리라고는 알지도 못한 채 고향을 뒤로 하고 혼자 38선을 넘었다.

남들은 몰라도 서울에서 경성대학예과가 문을 열고 신입생을 모집한다는 소식은 나에게 너무 충격적이었다. 내가 38선을 혼자 넘었던 동기는 극히 소박하고 간단했다.

일제 때 중학을 다니며 머리 속에는 일본 고등학교에 가겠다는 꿈만 있었는데, 그것이 좌절되어 앞으로 어떻게 공부하나 고민하던 중 그런 고등학교와 다름없는 경성대학예과가 눈 앞에 나타났다.

당시 38선을 왕래하는 일은 공공연한 비밀로 돼있었고 그런대로 자유스러운 분위기였다. 물론 정기 교통편은 없었으나 암암리에 널리 알려진 길이 있었다. 그래서 나도 그 길을 따라갔다.

평양 신양리 집을 떠날 때 어머니가 큰 길까지 나와서 몸조심하고 공부 잘하라고 하셨다. 그때 그 간단한 말 한 마디로 그야말로 영원한 이별이 될 줄 누가 알았겠는가?

집에서 대동강 다리까지는 꽤 먼 길이고 교통편이 전혀 없었으나 우선 다리를 건너 선교리 네거리에 가야했다. 그리고 거기서 지나가는 트럭이 있으면 무조건 달려가서 올라타야 했다.

거리에는 오가는 사람이 많지 않았고 간간히 빈 트럭이 지나갔다. 그런 트럭 하나를 뒤에 매달리다시피 하여 잡아 탔다. 나 외에도 한두 사람 있었던 것 같은데 트럭은 트럭 대로 말없이 달렸다. 누구나 그런 줄 알고 그렇게 살던 때 였다.

나는 이렇게 집어 탄 차가 어디까지 가는지 알 리 없었고 도중에 갈아 탄 기억도 나지 않는다. 트럭 위의 사람들은 모두 말없이 눈을 감고 있었다. 날씨가 추웠으나 마음이 더 추웠다. 도중에 사리원에서 차가 크게 우회전하고 계속 달렸다.

얼마나 됐을까? 트럭이 멎었을 때는 이미 날이 어두웠다. 차도 여기까지 오는 듯했다. 사람들이 모두 내리고 마치 갈 곳이라도 있는 것처럼 저마다 어디론가 사라졌다.

알고 보니 학현이라는 곳으로 평안남도를 멀리 벗어나 황해도 해주가 가까왔다. 제대로 온 셈이다. 흔히 38선을 넘나드는 바로 그 지점이다.

겨울철 해질 무렵인데 거리에는 오가는 사람이 없고 분위기가 썰렁했다. 나는 외톨이가 되어 뒷골목 적당한 집을 찾아 무조건 안으로 들어갔다.

집 주인은 으레 그런 줄 알고 있는 듯 방으로 안내했는데 안에는 먼저 온 사람들이 몇몇 말없이 앉아 있었다. 모두 38선을 넘으려는 것이 분명했다.

우선 마음이 놓였다. 이제 기다리면 무슨 길이 열릴 것 같았다.

밤이 깊어갔다. 졸음도 오지 않고 그렇다고 불안한 생각도 들지 않았다.

그러자 여기 저기 앉아있던 사람들이 하나 둘 밖으로 나갔다. 이 시간이면 경비원들도 잠자러 갔을 것으로 보였다.

드문드문 서있던 농가가 어느새 하나도 보이지 않았다. 보통 농촌 풍경인데 눈이 내리기 시작했다. 많은 눈은 아니고 하늘에는 달빛이 뿌옇게 비추고 있었다. 주위가 조용했다. 이제는 됐다싶어 앞뒤를 보지 않고 걸음을 재촉했다.

38선이 어느 부근인지 알 수는 없지만 이제 그런 것 따질 필요도 없었다. 무조건 가노라면 그때에는 38선은 넘어선 거나 다름없을 테니까. 모두 어디로 갔는지 보이지 않았다.

나는 혼자 노래를 불렀다. 자기도 모르게 불안을 달래는 건지 또는 마음이 홀가분해서 그런지 모르지만… '솔베이지의 노래'가 우연히 입에서 나지막하게 나왔다. 나는 이 노래를 얼마 전에 맏누나에게 배웠다. 처음 들었을 때 곡이 너무 마음에 들었는데, 이 노래에는 그런대로 사연이 있었다.

평양 도립병원 약제국에서 일하고 있을 때 서무과에 젊은 아가씨가 있었다. 서무과와 약제국은 가까워 우리는 서로 얼굴을 대하는 기회가 많았다.

그리던 어느날 그녀가 나에게 영어 공부를 하고 싶다고 했다. 우리는 시간을 내어 오후 한 때 빈 방에서 공부를 시작했는데, 그녀는 하필 왜 나에게 영어를 가르쳐 달라고 했는지 궁금했으며 그녀가 어떤 여자인지 알고 싶었다.

그러다 시간이 흐르며 그녀는 누나가 다닌 평양의 명문 여고를 나온 것을 알았다. 당시 평양에는 소련군이 진주하고 남쪽에는 미군이 와있다는 것은 누구나 알고 있었다. 이런 시기에 그녀가 새삼 영어 공부 생각을 했다는 것은 그녀로서 자기의 앞날을 생각하고 있다는 이야기가 된다.

그런데 이렇게 젊은 여성과 자주 만나서 이야기를 하다 보니 영어공부보다는 서로 세상 이야기를 하는 시간이 더 많았다.

그 무렵 나도 한창 때 순수하고 섬세한 감정에 사로 잡혀 있어서 그녀와의 사귐이 자기도 모르게 '솔베이지 노래'로 이어진 듯했다. 페르 긴트의 이 노래에는 멀리 바다로 떠나간 사람을 그리워 기다리는 애조가 담겨 있다.

마침내 누나가 내 마음을 흔들었다. 그때 누나는 이미 결혼했고 집에는 당시 드물었던 전축이 있어서 나는 저녁이면 누나한테 가서 음악을 들었는데 그러던 어느 날 그 아가씨 이야기가 나왔다.

누나는 서문(西門)고녀 다닐 때 그 아가씨의 언니와 동창이었고 그녀의 언니는 피아노를 쳤다는 이야기를 했다. 피아노가 있는 가정이 거의 없던 때였다. 이렇게 내용을 알게 되자 그녀에 대한 나의 마음은 인생에서 지금까지 느껴본 적이 없던 새로운 세계로 이어졌다.

중학 시절에 젊은이들의 필독 서적의 하나로 높이 평가되어온 일본 구라다 햐꾸조(倉田百三)의 「사랑과 인식과의 출발」이 생각났다. 이 책은 사랑을 철학적으로 풀어나가서 특히 유명했다.

눈 내리는 야밤에 외로이 38선을 넘으며 자기도 모르게 부른 '솔베이지의 노래'에는 그런 추억들이 감돌았던 셈이다.

38선이란 넘어서면 그만이었다. 남쪽 시골이라고 특별

히 다른 것도 없었지만 한마디로 사람 사는 것 같고 공기마저 훈훈하게 느껴졌다. 나는 농가를 찾아들어가 따뜻한 방에서 날이 밝을 때까지 단잠을 잤다.

그리고 그길로 역으로 갔다. 여기서 서울까지 기차 편이 있을 것 같았는데 역에 나가보니 역시 정기적인 차편은 없었다.

우선 미국 군인들이 눈에 띄었는데 첫눈에도 소련 군인들과는 비교가 안 될 정도로 세련되고 돈 많은 나라의 군인이라는 느낌을 주었다. 차림새부터 달랐지만 그것이 흔한 작업복에 파카를 걸친 것뿐인데도 그렇다.

하기야 파카라는 이름이나 물건은 미군이 들어오면서 널리 퍼져나갔으니 우리와는 다른 세상에 살고 있는 것이 미군이었다.

역에는 기차를 타려는 사람들로 붐볐다. 철도 운행은 미군이 장악하고 있었는지 우리나라 역직원은 보이지 않았다.

그러자 옆에서 '로코모티브…'라는 말이 귓전을 스쳤다.

내가 아는 영어 낱말이다. 'locomotive'라면 기관차 이야긴데, 기관차가 어떻게 됐다는 것인지 알 수가 없었다. 비록 낱말 하나였지만 서양사람 입에서 나온 이 한마디를 듣는 순간 자기도 모르게 마음이 설렜다.

사람들이 어느새 뚜껑 없는 화물차량에 올라타고 있었

다. 자리가 있을 것 같지 않았지만 나도 그 속에 끼어들었다. 이제 개성과 토성을 거쳐 서울로 간다고 생각하니 그렇게 기쁠 수가 없었다. 눈앞에 목적지가 보이니 긴장해서 38선을 넘던 경계심이나 불안감 같은 것은 온데간데 없어지고 말았다.

열차가 어디엔가 멎자 미군이 와서 사람들을 모두 큰 창고로 데리고 갔다. 방역 조치를 하는 모양이었다. 분사기로 흰 가루를 전신에 뿌렸다. 이것을 보자 "Vaccination!"이라는 말이 입에서 튀어나왔다.

그 순간 옆에 있던 미군 병사가 "What?" 하며 나를 쳐다보았다. 내 입에서 튀어나간 영어 한마디가 그에게 통한 것이 슬그머니 기뻤다.

실은 내가 영어를 써본 것이 이때가 처음이 아니었다. 38선을 넘어와서 미군을 처음 보자 나는 "Brilliant Warrior!"라고 그들을 불렀다.

그러나 그때는 아무 반응이 없었는데 이 일이 두고두고 웃음이 났다. 이런 말은 지금 사회에서 쓰이지 않는 것을 알면서도 생각 없이 입에서 나왔기 때문이다.

모르긴 해도 고대 로마 병사들이 갑옷에 긴 창을 들고 말이 끄는 채리옷(chariot·전차)을 타고 전쟁하던 시대에나 통하던 말이 아닌가 싶다.

나는 토성에서 다시 차에 올라 서울로 갔다. 서울은 당시 인구가 얼마나 됐는지 모르나 하여간 사람들로 북적거렸다. 이러한 서울의 첫 인상은 그야말로 자유와 무질서였으며, 그 점 평양과는 딴 세상이었다. 특히 미국 군인들이 남자 여자 그리고 흑인들로 지금까지 보지 못했던 모습을 연출하고 있었다.

서울에 와서 처음에 한 일은 그전부터 여기서 공부하던 동생을 찾아가는 일이었다. 동생은 일제 말 경성고상(京城高商)에 들어가 청량리 회기동에서 하숙하고 있었는데 거기를 어떻게 찾아갔는지 기억에 없다. 하여간 동생과 만나 그와 같이 있으면서 앞으로 있을 경성대학예과 입시를 준비해야했다. 학교가 청량리 역전에 있었는데, 일본이 경성제국대학예과로 쓰고 있던 바로 그 건물이었고 우리가 있는 회기동에서 그리 멀지 않았다.

당시 청량리는 서울 변두리 지역으로 동대문 밖으로 나가면서 신설동까지는 그런대로 집들이 있었지만 신설동을 지나면 좌우로 허허 벌판이었다.

특히 이미 없어진지 오랜 성동역 부근부터는 멀리 고려대학과 상과대학 건물이 바로 내다보이고 그 너머 북한산과 도봉산 수락산 일대가 그대로 드러나 있었다.

그리고 성동역을 지나면 청량리까지 넓은 농토로 길가에 건물이라곤 하나도 없었다. 당시 서울의 교통수단은 주로 전차였고 그것이 동대문과 청량리 사이를 연결하는 역할을 했다.

대학예과 입시 준비는 새삼 할 것도 없고 할 수도 없었다. 과목은 영어 수학 국어 역사로 돼있었는데 이 가운데 국어와 역사를 어떻게 준비해야 할지 정말로 막연했다.

그렇다고 가만히 있을 수도 없어 종로에 나가 둘러보니 이병도의 「국사대관」이라는 책이 있어 하나 구해서 대충 훑어보았다. 나는 그전부터 이과 계통이 약해서 언제나 그것이 고민거리였는데 영어 하나 만은 그런대로 자신이 있었다.

한편 우리나라가 처음으로 대학생을 뽑는 마당에 대학당국이 앞날을 생각해서도 영어와 수학을 가장 중요시 하지 않겠는가 혼자 편하게 생각했다.

청량리 대학예과 교정에는 시험 당일 전국에서 입시 보려는 학생들이 구름떼같이 모여들었다. 이북에서도 왔으니 오죽했겠는가 싶었다. 시험장에서는 베로 된 순수 한복 차림의 키가 자그마한 초로 인사 한 분이 눈에 띄었다.

대학교수에 틀림없는데 그 외모가 하도 특이해서 뇌리에 박혀있었으나, 후일 알고 보니 국어학자로 이름난 이숭녕(李崇寧) 교수였다. 이 교수는 일제 때 경성제국대학 출신으로 당시 예과 뒤에 있는 대학 관사에 살았다.

나는 학생 시절 이 교수의 저서 교정을 도와드리고, 먼 훗날에는 교수가 초대회장이었던 대한산악연맹에 관여하며 다시 이 교수와 만나게 됐다. 그런데 예과 입시 때 국어문제 출제가 잊혀지지 않는다. 용비어천가(龍飛御天歌)와 관동별곡(關東別曲)이니 사미인곡(思美人曲)에 대해 아는 바를 쓰라고 하니 이것이 옛날 우리나라 음악인지 무엇인지 정말 캄캄했다.

바로 얼마 전까지 일본어만 공부해온 당시 입시생들로 이런 문제를 제대로 쓸 사람이 과연 있었는지 모를 일이었다. 나는 이번 입시의 당락은 이과에서 수학, 문과는 영어 하나에 달려 있다고 보고 스스로 마음을 가라앉혔다.

시험을 끝내고 발표 날짜도 잊은 채 일터를 찾아 다녔다. 그 무렵 내가 가던 곳은 남대문 근처 봉래동에 있는 미군부대였다. 길가에는 언제나 젊은이들이 일자리를 구하느라 모여 서성거렸다.

그러다 미군 트럭이 나오면 무조건 올라탄다. 트럭은 한강 건너 노량진이나 영등포로 가서 보통 코카콜라와 맥주 따위를 싣고 돌아오는데 그런 막일을 해서 얼마인지 일당을 받았다. 그렇지 않고서는 돈이 생길 데가 없었다.

이렇게 모여든 젊은이들은 학생이 아니어서 대개 영어를 몰랐다. 물론 미군 측에서도 그런 건 개의치 않고 사람들을 쓰고 있었을 터인데, 한 번은 트럭을 따라다니는 미군 장교가 초조하게 누군가 기다리는 눈치였다. 잠깐 화장

51

실에라도 간 사람이 있었던 모양이다. 그때 내가 옆에서 한마디 했다.

"He will come back soon!" 이때 미군 대위가 깜짝 놀라 "You speak English very well!"했다. 지난 5년 동안 공부한 영어를 처음 실제로 써본 셈인데 하여간 기분이 좋았다.

그날도 여전히 봉래동 미군부대 앞에서 트럭을 타고 어딘가 가려는데 누가 나를 불렀다. 차에서 내려다보니 청량리 회기동 하숙집에 같이 있는 젊은이였다. 그도 대학예과에 응시했는데 나더러 "너 됐다!"며 자기는 떨어졌다고 했다.

저녁에 집에 돌아가니 그는 짐을 싸고 있었다. 형과 함께 이북에서 왔다가 돌아갈 참이었다.

잠시 고향 다녀온다는 것이

대학예과의 개강은 미국 학제를 따라 가을학기부터였다. 그러니 그때까지 시간이 있어 이 기회에 잠깐 집에 다녀오려고 동생과 의논했다.

동생은 광복 전인 1945년 봄에 중학을 졸업하자 경성고등상업학교에 들어가 서울에 와있었다. 그래서 동생도 집 생각이 간절했다.

우리는 부랴부랴 서둘러 준비를 하고 서울을 떠났다. 그렇다고 교통편이 있는 것도 아니다. 서울에서 개성까지는 기차가 다녔지만 다음부터는 평양까지 걸어야 했다.

그것도 38선부터 사람 눈을 피해 조심조심 가야할 판이었다. 하기야 많은 사람들이 모두 이런 식으로 38선을 가운데 두고 남과 북을 오가던 때였으니 굳이 걱정할 일도 아니다.

당시 우리는 무척 책을 좋아했고 중학시절 집에는 상당히 많은 책이 있었다. 그런데 서울에는 평양보다 고서점이 많았으며 지난 날 구경하기도 어려웠던 책들이 나돌고 있었다. 나는 책에 탐이 나서 없는 돈에도 사두곤 했다. 그 가운데 일본의 유명한 이와나미 서점에서 나온 아꾸다가와 류노스케(芥川龍之助) 전집 열권이 있었다. 이 책은 이북에서 외로이 부모를 모시고 있는 동생도 무척 좋아해서 그에게 주고 싶었다.

그밖에 이북에서는 구경도 못하는 미제 물건들로 럭스 비누와 캔디 한 통도 가지고 떠났다. 책은 무거웠지만 마음과 몸이 한창 때라 조금도 부담이 되지 않았다.

우리는 저녁 어둡기 전에 개성에 내려 송악산 기슭을 지나 북녘으로 발길을 옮겼다. 38선을 넘으려는 것으로 보이는 사람들이 여기저기 눈에 띄었다. 날은 차차 어두워졌고 38선이 가까운 듯 했다. 이 시간에 감시병은 있을 것 같지 않았지만 그렇지 않아도 주위가 조용해서 걸음걸이에 더욱 신경이 쓰였다. 바삭하는 소리만 나도 몸이 오싹했다. 나는 길인지 아닌지도 모르고 발 가는 대로 걸음을 재촉했다.

그러자 인기척이 나서 보니 아닌게 아니라 바로 소련 병사였다. 나는 엉겁결에 "다와리치!"라고 말했다.

평양에서 배운 '동무'라는 말이다. 사람들은 소련 병사가 싫고 무서워 자기 보신책으로 이 말을 자주 쓰고 있었다.

그런데 소련 병사가 다가와도 이상하게 겁이 나지 않았다. 나는 배낭에서 럭스 비누와 캔디를 꺼내 그에게 주었다. 그는 물건들을 받아들며 돌아가라고 손짓했다. 이만하기도 다행이라는 생각부터 들었다.

들리는 소문으로는 이렇게 붙들려서 해주 형무소로 끌려갔다는 사실인지 아닌지 모르는 이야기도 있었으니까.

우리는 돌아설 수밖에 없었다. 밤도 깊어가지만 더구나 숲속이라 주위를 분간하기도 힘들었다. 우리는 가는 데까지 가다가 그 자리에 일단 멈추어 섰다. 기회를 보아 다시 38선을 넘을 생각이었다.

그런데 불행인지 다행인지 때 마침 비가 내리기 시작했는데 그것도 보통 비가 아니었다. 와도 쏟아 붓 듯했다. 우리는 온몸이 그야말로 물에 빠진 생쥐모양 흠뻑 젖었다. 이렇게 몸이 젖는 것은 조금도 문제가 아닌데 등에 진 책이 제일 걱정이었다.

그러나 이제 어떻게 할 수도 없었다. 우리는 다시 발길을 돌렸다. 이 밤 이 우중에 경비가 있을 리 만무하니 때는 지금이라 생각했다.

이렇게 해서 개성의 송악산을 지나 38선을 넘은 다음 걷고 또 걸었다. 비가 어느새 멎었다. 멀리 불빛이 보였다. 신막(新幕)인 듯싶었다. 불빛 아래 사람들이 모여 있었는데 길이 그쪽으로 나있어서 우리는 그들과 부딪쳤다.

다행히 그들은 소위 경비원이 아닌 것 같았고 자기네들도 책임을 벗어나야 하니 일단 돌아가라고 했다. 그것만으로도 고마운 일이었다. 우리는 멀찌감치 가다 다시 북녘으로 발을 돌렸다.

하루 이틀 지나면서 어디가 어딘지 모르지만 완전 시골로 들어선 것 같았다. 가도 가도 옥수수 밭과 벼를 심은 논이 이어졌다. 한여름에 나다니는 사람은 없었다. 이따금 스치는 시골 사람들은 역시 순진하고 소박했다. 길을 가리켜주고 잠도 재워주었다.

어떤 때는 빈 농가 마루에서 하룻밤을 지내기도 했다. 그러는 사이에 젖었던 옷은 말랐으나 온몸이 흙탕물에 빠졌던 것 같고 팔다리가 농사꾼 모양으로 검게 탔다. 도중에 큰 강이 나타나면 건너기 쉬운 데를 찾아 아래위로 오르내렸다.

걸어온 날짜로 봐서 사리원(沙里院)이 멀지 않아 보였다. 마음이 한결 가벼웠다. 같이 오던 일행은 어느새 모두 떨어지고 우리 둘만 남았다.

이미 해가 지고 으스름 밤이 다가왔는데 어디선가 물 흐르는 소리가 났다. 강물은 아닌 것 같았다. 주위가 조용해서 물소리가 더 잘 들렸다. 산허리에서 내려다보니 건너편 멀찌감치 집 한 채가 눈에 띄었다.

오늘은 거기서 하룻밤을 지낼 생각으로 농가를 찾아갔다. 두 늙은이가 이 시간에 느닷없이 산에서 내려오는 젊은이들을 반가이 대해주니 얼마나 고마운지 몰랐다.

노인이 마당에 멍석을 펴더니 저녁 식사까지 내놓았다. 서울을 떠난 지 거의 닷새 가량 되었지만 그 동안 어디서 무엇을 먹었는지 조차 기억에 없는데 이렇게 밥상까지 받으니 비로소 마음이 놓이고 온몸의 피로가 풀렸다. 마침내 하늘에는 달마저 떠올라 정취가 그만이었다. 우리는 그날 밤 산골짜기로 흐르는 물소리를 들으며 두툼한 멍석의 감촉에 취해 누웠다.

날이 밝자 우리는 갈 길을 재촉했다. 노인은 계곡을 따라 내려가면 큰 강이 나오는데 그 건너가 사리원이라고 했다. 사리원이라는 말에 정신이 들었다. 마치 집에 다 온 기분이었다.

사리원에는 기차가 있으니 평양까지는 걷지 않아도 되겠다는 생각부터 들었다.

우리는 하룻밤 사이에 깊이 정이 든 산골 농가를 뒤로 하고 흐르는 물을 따라 밑으로 내려갔다. 그러자 노인 말대로 큰 강이 나타났고 거기 마침 나룻배가 있었다. 강 건너 집들이 보였는데 벌써 농촌이 아니었다. 사리원에 틀림 없었다.

우리는 거리를 피해 철도를 따라 역 있는 데로 갔다. 그리고 서있는 화물열차에 무조건 올랐다. 차가 언제 어디로 갈지 알 수 없으나 마음에 평양 방향으로 움직일 것 같은 생각이 들었기 때문이다. 사리원 밑으로 큰 곳이라야 신막인데, 지금 이런 상황에서 사리원과 신막 사이에 열차편이 있어 보이지 않았다.

그러자 차는 추측한 대로 평양 방향으로 움직였다. 도중에 중화라는 데가 있지만 설사 거기까지 가는 차라 하더라도 문제될 것이 없었다. 중화에서 평양까지는 멀지 않으니 걸으면 된다.

열차는 다행히 평양 방향으로 움직였다. 차가 평양역에 도착하자 우리는 의기 양양 해서 가슴을 펴고 가벼운 걸음으로 역을 나오고 있었다.

드디어 목적지에 왔으니 지금까지의 고생 따위는 깡그리 머리에서 사라졌다.

바로 그때 역 직원이 잠깐 오란다. 순간 기분이 언짢았지만 내색하지 않고 따라갔다. 앉아있던 점잖은 사람이 어디서 오느냐고 물었다. 나는 경성대학예과에 다니는데 방학 때라 집에 오는 길이라고 태연하게 말했다. 그러자 그 사람이 자기도 성대(당시 경성제국대학을 줄여서 이렇게 불렀다)를 나왔다며 "내 후배로군" 하더니 그냥 보내주었다. 우리는 더욱 힘이 났다.

평양역에서 집이 있는 데까지는 상당한 거리고 직접 교통편도 없었다. 역에서 시내 한가운데 종로로 전차가 다니고 있었으나 어떻게 갔는지 기억에 없다.

하여간 서문통 네거리를 건너려는데 교통순경이 잠시 오라고 손짓했다. 그는 우리 옷차림과 검게 탄 팔 다리가 수상쩍었던 모양이다.

한 주일 동안 시골길을 걸어오며 머리에서 발끝까지 비에 젖고 강물에 들어갔다가 그대로 말랐으니, 그렇지 않아도 사람을 보면 우선 의심부터 하는 판에 그대로 보낼 리가 없었다.

나는 서울에 공부하러 갔다가 살 수가 없어 김일성대학에서 공부하려고 집에 오는 길인데, 평양역에서 조사를 받았으나 가라고 했다고 말했다. 경관은 하여간 본서까지 가자고 했다. 이제 서문 밖 거리를 내려가면 신양리 집이다. 거리도 시간도 얼마 안 되고 다 와서 이 지경이다. 가슴이 철렁 내려앉았다.

평양경찰서는 근처에 책방들이 있어 자주 지나가던 곳인데 지금 거기로 끌려가고 있으니 사람 일 알 수가 없다.

본서에서는 몇 마디 물어보고 옷은 벗으라며 팬티 끈도 빼어버리더니 동생과 나를 따로 따로 떼어놓았다. 말로만 듣던 감방인데 안에는 이미 여럿이 말없이 앉아있었다.

창가 사람이 자기 옆으로 오라고 했다. 특별대우인 셈이다. 감방에서는 뒤에 들어오는 사람을 맨 구석에 앉게 한다는데, 거기에 변소 뚜껑이 있었다.

때가 되서 식사라는 것이 들어오면 나더러 먼저 받으란다. 그는 내가 들어오게 된 까닭을 묻더니 학생은 3일 있으면 나간다고 했다. 사실이건 아니건 한결 마음이 놓였다.

나는 겁도 나지 않았지만 그렇다고 신기한 생각도 들지 않았다. 어느새 하루 이틀이 지나갔다. 3일 째 되던 날 밖을 내다보고 있노라니 우리 집에 세 들어있는 사람이 일본 군복에 긴 칼을 차고 지나갔다.

그 무렵 널리 알려진 적위대(赤衛隊)다. 나는 깜짝 놀라 "형!" 하고 불렀다. 그도 놀랐다. 나는 아버지께 연락을 부탁했다. 그러자 우리 형제는 감방장 말대로 그날 저녁 풀려났다.

당시 아버지는 조만식 씨가 주도하던 건국준비위원회에서 일을 하고 있었고, 북한의 두 번째 실력자인 최용건과는 평북의 오산학교 동기 동창이며 그때 교장이 조만식 선생이었다고 들었다.

그래서 우리 형제가 무사히 그것도 그토록 빨리 풀려나온 것 같았다.

우리는 그뒤 집에 한동안 있었으나 날이 갈수록 마음이 초조해졌다.

3. 다시 돌아가지 못했다

그리운 청량리 시절

모처럼 들어간 경성대학예과가 개강하는 날이 이미 지났는데 집에서 이러고 있자니 마음은 조급하고 하루도 편한 날이 없었다. 동생도 자기 학교가 걱정이었다.

나는 그전에 다니던 직장에 가서 무료한 시간을 보내고 있었는데 어느 날 집으로 돌아오다 개에 발목을 물렸다. 말로 듣던 광견병 생각에 겁이 났다. 당시 도립병원에 사촌형이 있어 말했더니 당장 예방 주사를 맞으라고 했다.

그리고 나는 다시 38선을 넘어 서울로 가게 됐다. 결국 이 길이 부모 가족들과 영원한 이별이 될 줄은 꿈에도 몰랐다.

당시 38선을 오가는 사람들은 누구나 돈이 될 만한 물건들을 가지고 다녔다. 이를테면 약품이나 포목 같은 것들이었는데 나도 회충약 작은 병 하나와 어머니가 주신 무슨 옷감 한 필을 가지고 서울로 왔다. 그때 산토닝은 종로

1946년 대학예과에 들어갔을 때

3가 어느 약국에 팔았지만 천은 어떻게 처분했는지 생각이 나지 않는다.

이때의 38선은 이미 길도 요령도 알아서 고생 안하고 쉽게 넘었다. 나는 도중에 식당에 들러 식사하고 동생에게 광견병 주사를 놓아 달랬다. 사람들이 보았으면 아편 중독자라도 되는가 하고 의심했으리라.

우리는 서울에 와서 청량리 회기동 하숙집으로 갔다. 그 집에서는 우리가 언젠가는 돌아올 줄 알고 다른 사람을 들이지 않았는데 사실 이곳은 어느새 우리의 고향집처럼 됐다.

주인은 근처에 있는 비교적 큰 방직 회사에 나가는 성실한 사람으로 슬하에 2남 3녀를 둔 다복한 가정이었다.

우리는 그 집의 문간방을 쓰고 바로 건넌방에 주인아저씨가 침대 하나 놓고 조용히 살고 있었다. 언젠가 그 방을 들여다보았더니 책상머리에 소월의 시집과 일본의 제일고등학교(줄여서 일고·一高) 학생이 닛코(日光) 게곤노다끼(華嚴之瀧)에서 투신 자살하며 남긴 '암두감(巖頭感)'이라는 유명한 글귀가 실린 그림엽서가 나란히 있었다.

'암두감'은 이러하다.

悠悠なる哉天壤, 遼遼なる哉古今.
五尺の小軀を以て此大をはからんとす.
ホレイシヨの哲學旨に何のオーソリチイに価するものぞ.
万有の眞相は唯一言にして悉す. 曰く '不可解'.
我この 恨を懷いて煩悶終に死を決するに至る.
既に巖頭に立つに及んで不安あるなし
始めて知る大なる悲觀は大なる樂觀に通ずるを.

유유하도다 천지 요요하도다 고금.
오척의 작은 몸으로 이 크기를 재려하다니.
호레이쇼의 철학이 끝내 무슨 오오소리티의 값을 한단 말인가.
만유의 진상은 오직 이 한마디로 족하다. '불가지(不可知)'
나는 여기 한을 품고 번민 끝에 죽기로 결심하기에 이르렀다.
이미 암두에 서니 불안은 있을 수 없다.
비로소 알았나니 커다란 비관은 커다란 낙관과 통함을.

　이때 일고 학생의 투신자살 사건은 그 무렵 너무나 유
명해 모르는 학생이 없었다. 나는 이것 하나로 집주인의
마음을 알 것 같았다.
　집 아주머니는 애들이 많아도 한창 젊게 보이고 무척
다정했다. 사실 나는 그 집에 있으며 아주머니를 어떻게
불러야 할지 몰랐다. 어머니라고 부르기엔 너무 젊고 그

렇다고 누님이라고 하기엔 평양의 누나보다 훨씬 위로 보였다.

아이들은 물론 어렸고 맏딸이 중학교에 갓 들어간 것 같았지만 확실한 것은 몰랐다.

당시는 8·15 광복이 되고 얼마 안됐을 때라 누구나 생활이 어려웠고 생필품 따위가 아주 부족했다. 나는 이따금 그 집의 장작을 패거나 채소밭에 거름을 주는 일을 도왔다.

그 무렵 동회에서 밀가루 배급이 나와 아주머니는 이것으로 자주 빵을 쪄서 우리에게도 가져왔다. 우리는 물론 자취생활을 하고 있었는데 언제나 찬거리가 고민이었다.

그래서 남대문 시장에 나가 미군 부대에서 흘러나온 콩가루를 사다 밥에 그대로 뿌리거나 그것으로 쑨 죽에 파를 썰어 넣어 먹곤 했다. 이 콩가루 음식은 손도 안가고 그런 대로 맛도 있었다. 또한 시내에는 무료 배식소가 을지로와 서대문 근처에 있어서 시내에 갈 때면 이런 곳에도 이따금 들렀다.

여름 한창 더울 때엔 뒷산에 올라가 골짜기로 흐르는 물에 몸을 담그기도 했는데 경희대학교가 들어서지 않은 때이고 회기동 일대는 언제나 한적했다.

우리는 계곡물에서 더위를 식히며 곧잘 '성불사의 밤'을 불렀다. 노래는 동생도 나도 음치에 가까웠지만 그래도 즐거웠다.

그러나 겨울이 다가오면 문제가 컸다. 방을 덥게 할 재주도 없었지만 마음이 더 추웠다. 우리는 결국 얼음장 같은 냉방에서 이불을 뒤집어 쓰고 책을 읽었다.

하루는 아주머니가 새벽녘에 문간 학생들 얼어 죽지 않았는가 하고 방문을 열어보았더니 학생들이 이불을 쓰고 마주 앉아 책을 읽고 있더라는 이야기를 두고두고 화제로 삼았다.

이 무렵에 이런 일도 있었다. 경복궁 구내에 있는 미군 PX의 한국인 책임자가 만나자는 연락이 왔다. 누군가 내 이야기를 했던 모양인데, 차라리 미군 장교 집에 들어가는 것이 어떻겠느냐며 소령을 소개했다. 고마운 일이나 나는 별로 마음이 내키지 않았다. 이른바 〈하우스보이〉 노릇은 하고 싶지 않았기 때문이다. 그러나 남의 호의도 호의지만 미군 장교와 가까워지면 앞으로 도미 유학의 길도 열리지 않을까 하는 막연한 기대도 없지 않았다.

미군장교는 경복궁 경회루 뒤편에서 젊은 부인과 살고 있었다. 때는 겨울이어서 아침 일찍 그들이 침실에서 나오기 전에 난로에 불을 지펴 거실을 따뜻하게 데우고 방안을 청소해야 했다.

미국 사람들의 생활이라고 별 것 있겠는가고 나는 생각

했다. 그런데 이렇게 개인집에 들어가니 신경 쓰이는 일이 한두 가지가 아니었다. 주방일은 물론 내가 하지 않지만 청소를 해도 침실에는 들어가지 말라던가, 화장실은 수세식이었으나 구석구석 닦으라는 잔소리에는 기분이 언짢았다. 거실 청소도 그저 비질하는 것이 아니라 손이 닿는 데는 모두 젖은 걸레로 훔쳐야 했다.

이런 일로 새벽같이 일어나 멀리 청량리에서 경복궁까지 오가는 나날이 이어지면서 내 마음은 벌써부터 이 집에서 떠나갔다. 돈도 돈이지만 도미 유학에 대한 막연한 기대도 당장은 중요하지 않았다. 공부하겠다고 혼자 고향을 떠나 38선을 넘어왔는데 사정이야 어떻든 이렇게 살아야 하는 자기 자신이 애처로웠고 슬그머니 화가 났다.

집주인 미국 소령은 키가 유난히 작았고 조용한 성품에 인자하게 보였지만 그의 젊은 부인은 무척 쌀쌀했다. 어느 날 거실을 청소하다 방 한가운데 놓인 라운드테이블에 책 한 권이 있었다. 미국의 유명한 'Modern Library'에 들어 있는 「니체 철학」이었다. 미국 직업군인인 장교가 니체에 관심이 있는 것을 보고 나는 집주인의 사람됨을 알 것 같았다.

나는 이 집에 온 지 며칠 되지 않아서 그만두기로 마음먹었다. 그날 저녁 장교 부부는 긴 말이 없었다. 다만 같이 식사를 하고 지프차로 나를 데려다 주겠다고 했다. 그러나 나는 늦은 시간에 청량리는 너무 멀다며 동대문에서 미군 장교와 헤어졌다.

그런데 이 집에 일대 전환기가 왔다. 큰 시련이 온 것이다. 주인아저씨가 장작을 패다 허리를 다쳤다며 눕더니 일어나지 못하고 끝내 그 일로 돌아가셨다. 친척에 의사가 있어서 며칠 다니며 환자를 돌보는 것 같더니 그이도 손을 들었다.

친지들이 좁은 방에 모여 앉았다. 의사가 혈관 주사를 놓으려다 바늘이 안 들어간다며 주사기를 내려놓았을 때 내가 옆에서 한 번 해보겠다고 나섰다. 평양 도립병원에 있을 때 그런 대로 주사 놓는 방법을 익힌 적이 있었다.

아주머니가 다급한 심정에서 학생이 다시 해보라고 했다. 그런데 역시 바늘이 들어가지 않았다. 아저씨는 그날로 눈을 감았다.

장례가 끝나고 집이 조용해지자 하루는 아주머니가 소복 차림으로 나와 앞으로 학생 믿고 살겠다고 한마디 했다. 나는 가슴이 덜컹했다. 이때 뭐라고 대답할 것인가?

하숙방에는 한동안 대학예과에서 만나 가까이 지내는 동향 친구 임춘갑이 있었는데, 그는 그뒤 이북에서 부인이 와서 따로 나갔다.

나는 그가 평양에서 결혼한 것을 비로소 알았지만, 임춘갑은 그러지 않아도 어려운 학생생활에 이제 가정까지 돌봐야 했다. 그는 끝내 서울을 떠나 청주로 내려가서 교편을 잡고 대학 강의에는 빠지기가 일쑤였다.

그 무렵 이런 학생들이 적지 않았으며, 훗날 행정부의 고급 관리가 된 사람 가운데 대학 시절을 그렇게 보낸 사람이 또 있었다.

고향에 잠깐 다녀온다는 것이 뜻밖에 늦어지고 대학예과에서는 이미 개강한 뒤였다. 학교 당국으로서는 그런 학생들을 모아 새로 반을 꾸몄다.

이때 알게 된 친구로 김동오와 차재옥이 있었다. 김동오는 우리 중학의 대선배로 일본 동경제대를 나와 광복 후 서울공대 초대 학장을 지낸 김동일 씨의 동생이며, 차재옥은 이북 안주중학을 수석으로 나온 준재로 특히 일본 고등학교를 선망하던 젊은이로 우리 셋은 재빨리 친숙해졌다.

그런데 김동오는 언제나 표정이 밝지 않더니 어떤 지병이 있었는지 학부로 올라간 뒤 일찍 세상을 떴다.

나는 겨울이 오기 전에 대책을 세운다고 회기동 하숙집에서 청량리 대학 구내에 있는 기숙사로 들어갔다. 동생은 학교가 다르나 같은 서울대학이어서 함께 있기로 했다.

기숙사는 청량리 대학 구내에 있었다. 물론 일제 때 경성제국대학예과의 대학료(寮) 목조 2층 건물 두 동으로 방마다 독서실과 침실이 따로 있었다. 침대와 책상이 모두 단단한 나무로 되어 있고 창마다 망사가 달린 이중창이었다. 이렇게 이중창에 망사까지 달렸다는 것은 당시로서는 그야말로 파격적이었다.

우리는 북쪽 건물 6호실 즉 '북6호'에 있었는데, 한방에 이북에서 온 학생들이 같이 있었고, 한편 여기를 거점으로 주로 이북 친구들이 모였다.

기숙사의 이름은 '후천장(吼天莊)'이었다. 이 북6호를 중심으로 모이던 학생들은 모두 예과 과정 2년을 마치고 학부로 오른 뒤에도 그 우정이 그대로 유지됐다. 나병서, 김현수, 김성건 등이 법과대학으로, 김종우는 공과대학, 차재옥, 김동오, 임춘갑 그리고 나는 문리과대학으로 올라갔다. 우리 외에 김성건 동생인 중학 후배와 상과대학에 다니는 내 동생 영식이도 같이 한방에 있었다.

기숙사에는 주로 이북에서 온 젊은이들이 있었으나 간혹 남쪽 학생들도 고향이 먼 사람들이 들어왔다.

그 가운데 나와 깊은 인연을 가지게 된 학생으로 권오균이 있었다. 일제 때 순천중학 4학년에서 들어온 머리 좋은 학생으로 내가 기숙사 자치위원회 일을 맡고 있을 때 찾아와 알게 된 친구였다.

권오균은 처음에 독문학을 공부하려다 생물학으로 방향

을 바꾼 모양인데, 2층 구석 조용한 방을 차지한 그는 독일의 유명한 레클람 문고들을 읽고, 흰쥐를 기르며 벽에는 드가의 여인상을 걸어 놓고 있었다.

나는 그와 멀리 광릉 숲속에서 천막을 치고 하루 지낸 일도 있었는데, 먼 훗날 그의 여동생은 내가 일선에서 만난 중학 후배 김창원과 결혼했다. 물론 내가 가운데 서서 이러한 인연까지 맺어졌다.

후천장 시절 역시 가까이 지낸 학생 가운데 서울 양정중학 출신으로 일본 홋카이도(北海道) 제국대학예과에서 온 윤종주와 경기중학 출신인 이순구가 있었는데, 특히 윤종주는 자기가 다니던 일본의 대학예과의 료가(寮歌)를 즐겨 불렀다. 그런데 중학시절부터 일본의 고등학교 진학을 꿈꾸던 나로서는 그 곡조와 가사가 마음에 들어 그 분위기에 같이 어울렸다. 노래 가사는 아래와 같다?

春まだ淺き白楊の
雪解の小路佇めば
暫し聞けとでさざめきの
木の間漏れくる夕嵐

淡く足下に咲き出でし
おぼろおぼろの水芭蕉

懐しの森肩とりて
榾火をめぐり謳はなん

長髪ほほにたわむれて
昔變らぬ風なれや
今したたえん三十度の
青史をかざす記念祭

美しの夜は更けゆけど
盡きぬ男のくろしほお
ちぎりの月に酌み交わし
永久を祝う自治の宴

봄날이 아직 이른 백양나무 숲
눈 녹은 오솔길 거니노라면
간간이 들려오는 속삭임 소리
숲 사이 지나가는 저녁 소나기

발아래 어렴풋이 피어나는
아련한 모습의 미즈바쇼오
그리운 숲속을 어깨동무로
모닥불 돌고 돌며 노래 부르자

긴 머리 얼굴에 흘러내리고
언제나 변함없는 그때 그 모습
서른 해 기나긴 빛나는 청사
기리고 기리는 오늘의 축제

아름다운 이 밤은 깊어만 가고
끝날 줄 모르는 사나이의 정
밝은 달에 맹세하고 술잔을 들며
영원을 비는 자치의 잔치

나는 일선에서 작업복 큰 주머니에 일기책을 넣고 다녔
는데, 이 일기장에 윤 한테서 배운 대학 료가를 아직 기억
에 생생할 때 적어두고 이따금 혼자 읊곤 했다. 6·25로
무참히 유린당하고 하루아침에 잃어버린 학생 시절이 한
없이 그리웠기 때문이다.

이순구는 과묵하고 언제나 굳은 얼굴이었으나 인간성이
순진 소박하고 결백했다. 권오균이 본인의 고뇌로 죽는다
는 글을 남기고 사라진 적이 있었는데 이때 이순구와 나
는 권을 찾으러 그가 잘 가던 홍릉숲과 공동묘지가 있는
미아리 여기저기를 헤맸던 일도 있다.

내가 훗날 문교부의 독일 유학시험에 들자 이순구는 괴
테의 「시와 진실」 독일어 원서를 구해서 주며 나를 축하
하고 격려했던 우정이 잊히지 않는다.

이순구와 윤종주는 같이 사회학을 공부했는데, 이는 그
어려운 막스 웨버에 매달려 평생을 보냈고 윤은 인구문제
연구에 몰두했다. 그들은 각기 고려대학과 서울여자대학
에 적을 두고 있었다.

권오균은 뛰어난 재능을 가지고도 당시 대학의 생물학

과 분위기가 마음에 안 든다며 연구실에 남지 않고, 한동안 고등학교에서 교편을 잡다가 끝내 고향으로 내려가 혼자 조용히 농사일을 했다. 물론 그에게 그 만한 터전이 있었겠지만 처음부터 남다른 데가 있었던 것 같다.

어느날 회기동 하숙집 아주머니가 기숙사로 찾아왔다. 내용은 청량리 역전에 여관을 마련할 생각이라며 이 일을 도와달라고 했다.

청량리역은 중앙선의 출발지이자 종착역이어서 사람들의 왕래가 많았고, 특히 원주에 군사령부까지 있어 교통의 요충지로 급변하고 있었다. 이런 곳에 여관을 차린다는 이야기다.

때는 우리나라 정부가 수립되기 전이고 그 관할 업무를 모두 미국 군정청이 맡고 있었다. 따라서 건축 허가도 군정청에서 얻어야 했던 모양이다. 아주머니는 그것을 도와주길 바랐다.

나는 이런 일은 해본 적이 없었지만 어차피 사람이 하는 일이라 생각하고 일종의 청원서 같은 것을 만들어 보자고 했다. 미군 당국에 내는 서류는 보나마나 영문으로 작성해야 하기 때문에 이에 대해 의논할 만한 사람을 주위에서 찾았다.

마침 학생 가운데 일본의 동경부립중학을 다니다 예과

에 들어온 영어를 잘 한다는 젊은이를 알게 됐다. 그는 예과 교수 중 한 사람과 당시 사회에 화제가 되었던 D.H. 로렌스의 「챠타레 부인의 사랑」을 우리말로 옮긴 이영희라는 학생이었다.

이영희는 훗날 영국에서 잠시 수학하고 돌아와 이승헌으로 개명하고 건국대학에 교직을 얻었지만 일찍 갔다. 나는 그와 의논해서 문제의 'Petetion'을 작성했다.

그러나 청원서도 청원서지만 그 일이 쉽게 풀린 것은 결국 하숙집 아주머니의 운수로 볼 수밖에 없었다. 즉 일은 이렇게 벌어졌다.

세상을 전혀 모르는 아주머니가 도리 없이 미 군정청을 찾아 들어가자 뜻밖에도 안면이 있는 미국 신사와 마주쳤다. 그분이 바로 민사업무를 다루는 부서의 책임자로 있었다는 이야기다.

아주머니가 청량리 회기동 근처에 있는 안식교회에 다닐 때 그 미국인이 그 교단의 책임 있는 자리에 있었다. 일이 이쯤 되니 그 뒤 일은 물어보나 마나다. 당장 허가가 나서 청량리 역전에 '신성여관'이 문을 열고 아주머니가 어린 것들을 데리고 살기 어려운 세상을 극복하게 되는 터전이 비로소 마련됐다.

이 여관은 내가 그 뒤 일선에서 이따금 서울에 나오면 으레 들렀고, 여기서 훗날 아주머니의 소개로 결혼 상대와 만나게 됐다.

여관집 아주머니의 생활력은 여기에 그치지 않았다. 차차 부동산에 눈이 떠 그 일로 재산이 불었다. 오직 성실 근면하던 전 남편으로서는 감히 개척하기 어려웠을 새로운 생활이 그 가정에 활짝 열렸다.

남편이 벌어다 주는 생활비에 의존하고 많은 애들을 돌보는 것으로 보람을 찾던 한 가정주부는 이제 지난날 그녀가 아니었다. 어린 것들이 모두 성장해서 저마다 대학에 가고 사회로 나가게 된 것도 오로지 그 여인의 힘이었다.

당시 '신성여관'은 나만의 휴식처가 아니었다. 청량리 대학예과에 다니던 학생들 가운데 이 집을 출입하던 젊은 이가 적지 않았다.

그 중에는 이집 맏딸에 마음을 둔 학생도 있었는데 딸은 끝내 노처녀로 일생을 보냈다. 여관집 아주머니가 인생에서 자기 뜻을 이루지 못한 것이 있었다면 바로 그 맏딸의 결혼 문제가 아니었을까 싶다.

대학예과 시절 강의 시간에 생각나는 일들이 있다. 독일어는 처음에 헤르만 헷세의 'Schön ist die Jungend'(청춘은 아름다워라)와 데오도르 슈토름의 'Immensee'(인멘호)라는 낭만적인 단편을 읽었는데, 특히 후자에 담긴 정서가 그뒤 나의 평생을 따라다녔다.

먼 훗날 장남이 독일과 스위스에서 공부하고 있을 때 같이 지방을 여행하며 'Immensee'를 찾아간 일이 있다. 소설 '인멘제'의 무대가 거기였는지 알 수는 없으나 그때 들렸던 '임멘제'라는 곳과 호수가 인상적이다.

또한 잊혀지지 않는 것은 문화사 시간에 김종무라는 교수가 '풍토'에 대해 강의를 했는데, 어디서 많이 귀에 익은 듯해서 생각해보니 바로 중학 시절에 일본의 와쯔지 데츠로(和辻哲郎)라는 저명한 철학교수가 쓴 「풍토-인간학적 고찰」이 머리에 떠올랐다.

그 책은 오늘날도 일본에서 명저로 정평이 있는 학술적 저술인데, 우리나라 국립대학에서, 자기도 지난 날 경성제국대학을 나온 명색이 교수라는 사람이 아무런 전제도 없이 자기 강의 교재로 삼고 있는 데 대해 나는 일종의 실망감을 감추지 못했다.

당시 대학예과 교수들 가운데는 일제 때의 경성제국대학과 동경제국대학 출신이 여럿 있었는데, 특히 인상에 남는 사람은 영어를 가르치던 윤병철 교수다. 일본 동경제대 출신으로 과묵하며 자기를 내세우는 일이 전혀 없었다.

하루는 김동오, 차재옥과 셋이 서대문에 있는 '자연장(紫煙莊)'이라는 다방에 갔더니 윤병철 교수가 책 한권을 들고 혼자 앉아 있었다.

유명한 영국의 'Everyman's Library' 총서 가운데 하나였다. 그것이 무슨 책인지 모르나 나는 그 총서를 중학생 때부터 알고 있었는데 그런 책을 구경하기는 이때가 처음이었다.

우리는 아직 담배를 모르고 있었지만 '자연장'이라는 이름이 마음에 들어 이따금 거기를 가곤 했는데, 이날은 실은 김동오가 숙명여대생 셋을 데리고 와서 같이 어울렸지만 그 교제는 얼마 가지 않았다.

조규동 교수는 강의가 시원치 않았으나 학생들과 어울리기를 좋아했다. 언젠가 20여 명의 학생들을 데리고 강화도 전등사에 갔다 하루를 묵었다. 학생들이 세계 각국에서 모인 것으로 하고 자신과 배짱이 있는 사람들이 나와 영어, 독일어, 불어 등으로 즉석 연설을 하며 밤늦도록 술 마시며 놀았다. 그러다 자정이 지나 모두 쓰러졌는데, 학생 하나가 화장실에 갔다 자기 방으로 돌아간다는 것이 다른 방으로 잘못 들어갔다. 물론 취기가 가시지 않았던 모양인데, 그 방에는 서울에서 온 어느 판사가 여자를 데리고 자고 있었다.

자다 놀란 판사가 이 문제를 트집 잡고 나섰다. 늦도록 술 마시고 잔 학생의 실수니 이해해 달라고 했지만 그쪽에서는 법으로 해보겠다고 강하게 나왔다. 이방 저방에서 잠들었던 학생들이 모두 일어나 나왔다. 그러자 조규동 교수가 힘을 얻었던지 판사에게 대들었다.

조 교수는 판사라는 사람이 여자 데리고 이런 데 온 것 자체를 이상하게 여기고 그러면 끝까지 해보자고 세게 나갔다. 그제야 상대가 수그러졌다. 조규동 교수에는 그런 일면이 있었다.

하루는 그가 명동 어느 서점에서 한 학생에게 이것 좀 봐달라며 종이 한장을 꺼냈다.

프랑스에서 온 편지로 불어를 모르니 별 수 없었겠지만, 그 학생은 당시 명동극장 주인의 동생으로 마침 불어를 공부하고 있었다. 「장크리스토프」라는 장편 소설로 유명한 로망 로랑의 누이한테서 온 편지였다.

내용은 로망 로랑 사망 후 그를 좋아하던 전 세계 인사들과 손을 잡아 각기 그 나라에 '로망 로랑 협회'를 만들고 싶다는 것이었다. 조규동 교수는 어느새 노벨 문학상 수상자인 로망 로랑과 편지를 주고 받았던 모양이다. 그런 일을 좋아서 할 수 있는 사람이었다.

그 불어 편지를 읽어준 학생은 나와 같은 반으로 비교적 가까이 지냈다. 한 번은 그가 기숙사를 찾아와 지금 우리 반은 전부 남로당 당원인데 아닌 것은 김동오, 차재옥 그리고 너 셋이라며 너는 살려두지만 동오와 차재옥은 죽이려고 하고 있으니 특별히 알려준다고 했다.

평소 사귀며 그런 학생으로 전혀 보이지 않았고 그렇다고 새삼 그를 경계할 생각도 없었다. 하여간 당시 학생들 가운데 사상적으로 편이 갈라진 분위기는 대체적으로 알려져 있었다. 그런 시대였다.

그 무렵 동대문과 청량리 사이를 전차가 다녔지만 그 간격이 너무 뜨고 이용객이 넘쳐 여간 불편하지 않았다.

그래서 여기에 끼어든 것이 역마차였다. 그러나 그것도 얻어 타기가 쉽지 않았는데, 나는 한 번도 그 역마차를 이용한 적이 없었다. 누가 사진이라도 찍어 두었더라면 후일 서울 옛날 모습을 보여주는 다시없는 귀중한 자료가 됐으리라 생각한다.

역마차라는 이름에는 일종의 페이소스가 있으며 인간 생활의 애환을 담기에 충분하다. 그런데 마부도 마부지만 특히 말이 가여웠다. 비쩍 마른 작은 짐승이 그 많은 사람을 싣고 달려야 했으니 생각만 해도 애처롭다.

이런 일도 있었다. 비오는 날이었는데 늦은 시간에 동대문에서 청량리로 가는 작은 전차에 간신히 올라탔다. 물론 안에도 밖에도 사람이 많았는데, 그 좁은 차내에 한 사람이 흙탕물에 젖은 채 까치다리로 앉아 있었다.

밖에서 사람들이 밀려들어오자 내가 그의 앞에 서게 됐지만 이 사람은 아랑곳없이 그대로 같은 자세였다. 나는 순간 화가 나서 들고 있던 우산 손잡이로 포개 얹은 그의 다리를 걸어 위로 올려쳤다.

그는 놀라 나를 쳐다보고 나는 그를 째려보았다. 그리고 서로 아무 말도 하지 않았다. 물론 나는 그에게 실례지만 다리 좀 내려놓으라고 할 수 있었으나 이런 식으로 살아야 하는 우리 사회가 싫었다.

나는 대학이 그리워 38선을 넘어왔지만 막상 강의가 시작되고 보니 매일 매일 살아가는 일이 보통 문제가 아니었다. 도대체 돈이 나올 데가 없으니 우선 벌어야 했다. 그래서 나선 것이 당시 유행하던 영어학원에 나가는 일이었다.

이렇게 되어 강사 자리를 찾아 들어갔는데, 이 일터가 결국 나의 생활의 기초가 됐고, 그것은 사실 6·25 사태로 학창생활이 중단되던 날까지 이어졌다. 당시 영어학원은 지금처럼 학생들이 학교 공부를 보충하려고 가는 곳이 아니고 미군부대에 일자리를 구하려고 주로 젊은 남녀 사회인들이 찾아왔다.

이 영어학원에 동생도 같이 나갔는데, 한 때는 수강생 가운데 동생과 나를 서로 자기 집에 와있으면서 개인 지도를 해주길 바라는 사람들도 있었다. 그러나 이런 일은 오래 가지 않았다.

우리가 나가던 학원은 한국은행 건너편으로 지금의 새로나 백화점 뒤 언덕에 있었다. 월급이 5,000원이었던 것으로 기억하는데 당시의 화폐 가치로 그런대로 생활할 수가 있었다.

덕분에 우리는 낡은 옷을 벗어버리고 물들인 미군 군복과 군화로 차림이 한결 단정해졌다. 그런데 특히 군화라는 것이 괴물이었다. G.I. 것이니 발에 맞을 리가 없었다. 결국 중고품을 바닥 창 한가운데를 잘라 크기를 줄였으니 신발이라고 할 것이 못 되었다.

학생들은 큼직한 갈색 쇠가죽 가방을 들고 다녔는데 우리도 예외가 아니었다. 그러면서 청량리 기숙사에서 살았으니 사실상 크게 돈 들 데도 없었다.

후천장 시절은 나의 대학생활에서 가장 행복했던 때였다. 나는 저녁이면 가까운 홍릉숲을 찾아 거닐고 일요일에는 멀리 북한산에 오르기도 했다. 그 무렵 북한산에 가려면 지금은 없어진 성동역에서 열차편으로 창동까지 가서 우이동으로 한참 걸어갔다.

등산 차림은 38선을 넘으며 지고 온 이름뿐인 배낭에 자취용 냄비와 됫병을 수통 대신 가지고 갔다. 당시 북한산엔 사람이 없었고 인수봉도 텅 비어 있었다. 나는 백운산장을 지나 위문으로 해서 능선을 따라 대동문, 보국문 등을 거쳐 세검정 쪽으로 내려가곤 했다. 꽤나 먼 길이었다.

그러나 이런 나날도 6·25로 단절되고, 한방에 모이던 친구들이 사방으로 흩어지고 그 가운데 반 이상이 영원히 사라졌다. 청춘의 꿈을 지녔던 너무나 짧은 인생들이었다.

전화에 휩쓸려 황성 옛터처럼 된 후천장 앞에서 이순구(좌)와 저자

후천장 북6호실에서. 좌로부터 김종우, 김성건, 저자, 나병서, 김영식.
이 가운데 나만 빼고 모두 6.25로 희생됐다.

나는 군에서 5년이라는 세월을 보내고 사회에 나오자 권오균, 윤종주, 이순구 등과 넷이 청량리 대학료를 찾았다. 옛날 그곳에 같이 있던 친구들이 모두 온데 간데 없으니 결국 지난 날을 함께 되새겨 볼 수 있는 친구는 이제 우리 넷뿐이었다.

적벽돌 3층 대학건물과 강당 등은 옛 모습 그대로였으나 뒤에 있는 기숙사 두 동은 한마디로 보기에 처참했다. 건물이 군데군데 부서지고 창문은 하나도 없었다. 주위에 잡초만 무성했다. 황성 옛터가 따로 없었다. 북6호를 찾아 들어갔더니 당시의 튼튼했던 나무 침대와 책상은 모두 사라지고 벽의 낙서만 그대로 있어 지난 날이 눈물겨웠다.

우리는 여기저기 다니며 그 모습을 카메라에 담았다. 넷이 나란히 서서 사진도 찍었다. 그런데 그것도 벌써 옛날 이야기가 됐다. 이순구는 오래 전에 갔고 윤종주도 80을 고개로 먼저 떠났다. 이제 권오균과 내가 남았는데 그들과 어울려 술 한잔 나누지 못한 것이 한스럽다.

나는 술을 좋아하지 않고 체질에 맞지 않았지만 어떻든 긴 인생을 새삼 뒤돌아보고 감개무량했다.

윤종주의 부고가 신문에 실린지 얼마 안 되서 권오균이 전화를 했다. 좀처럼 이런 일이 없이 무소식이 희소식으로 알고 서로 지내오던 나날이었는데, 그가 이렇게 전화를 한 데는 친구들이 말없이 곁을 떠나는 것에 자극을 받은 듯

싶었다.

나는 평생 놀 줄 모르고 삭막하게 살아왔지만, 요새 와서는 이제라도 친구들과 둘러앉아 조용히 술 한잔 나누고 싶어졌다.

당시 기숙사 운영은 자치위원회에서 맡고 있었는데, 위원회가 하는 일이란 한 달에 한 번 꼴로 동회에서 나오는 쌀을 받아다 학생들에게 나누어 주는 일이었다.

전기는 학교가 보내주어 문제가 없었지만 난방 대책은 학생들이 스스로 해결해야 했다. 그래서 저마다 원시적인 전기 화로에 밥을 지어먹었고 겨울이면 침대에 전선을 깔고 온기를 마련했다.

일제 때 대학예과나 고등학교의 료생활의 특성이라면 학생들이 모든 구속에서 벗어나 젊은 한 때를 마음대로 살아가는 것이었다. 다시 말해서 토론하고 술 마시며 노래 부르며 소위 스톰(storm)으로 한데 어울려 춤추었다. 그러나 8·15 광복으로 그 기풍이 모두 소멸되었다.

사실 당시 예과생들은 학교 강의보다 그날 먹을 것이 더 급한 문제였으니 지난 날 그리웠던 청춘의 자유분방하던 학창생활을 계속해서 이어나갈 처지도 못되었다. 정치적으로나 사회적으로나 일대 전환기였으니 기성 가치관도 달라질 수밖에 없었다.

훗날 나는 경북 안동에 있는 유명한 하회마을이라는 곳

에서 강의가 있어 갔다가 안동대학 학생들의 탈춤을 구경할 기회가 있었다.

나는 그 가운데 벌어지는 군무(群舞)를 보며 정신이 들었다. 마치 일본 고등학교 료생들의 널리 알려진 스톰의 원형을 본 듯해서 혼자 깊은 감회에 젖었던 일이 있다.

경성대학예과는 1946년 우리가 첫 입학생이자 마지막 졸업생이었다. 다시 말해서 1946년 개교하고 1948년에 폐교한 셈인데, 이른바 국대안(國大案)으로 서울의 기존 관립 전문학교들이 모두 승격되어 서울대학교라는 종합대학 속에 흡수되면서 예과 과정이 폐지되었다.

대학예과는 폐교를 앞두고 1947년 가을 이를 기념하여 운동회를 열었다. 그때 학생들이 이색적인 이벤트를 꾸며 관중들을 놀라게 했는데, 그 대표적인 것이 흑인 춤이었다. 수십 명의 학생이 기숙사 밥솥에 먹물을 풀어놓고 몸 전체를 검게 칠하고 나타나 이상야릇한 흑인 노래를—사실 있는 것을 흉내 냈는지 또는 창작한 것인지 알 수 없으나—외치며 운동장 한 가운데로 행진했다.

한때 인기 라디오 드라마 '현해탄은 알고 있다'를 집필한 방송작가 한운사(韓雲史) 씨가—그도 대학예과 출신이었는데—모 일간지의 연재 소설 「대망」에선가 그 이야기를 쓴 적이 있다.

우리 반은 흔히 있는 가장 행렬로 운동회에 참여했지만, 이때 차재옥은 평소의 꿈이었던 일제 때 고등학교 학생 모습으로 나왔다. 그가 어디서 구했는지 백선 두 줄 두른 검은 둥근 모자에 검은 망토를 걸친 사진이 지금도 남아 있어 순진했던 젊은 시절을 회상케 한다.

당시 나는 기숙사 자치위원회 간부였다. 어느해 구정에 눈이 왔는데 학원에서 늦은 시간에 돌아오니 북7호에서 불이 났다며 관할 경찰서에서 나를 찾고 있었다.

나는 영문도 모르고 동대문서에 끌려가 밤을 새게 됐다. 선린고등학교 기숙사에 화재가 있은 뒤라 당국에서는 당시 잇따라 일어난 적색분자들의 소행으로 알았던 모양이다.

그러나 이 소식이 문리과대학 조윤제 학장에게 알려져 바로 나는 풀려났다. 그 북7호에는 홍사건이라는 불문학을 공부하던 학생이 있었는데, 훗날 스위스에서 영화 배우였던 현지 여자와 결혼했다는 이야기가 들려오더니 그 뒤 폐질환으로 사망했다고 한다.

대학예과 시절인 1946년에서 48년 사이는 광복 직후라는 사회 특성으로 남·북간의 사상 대립과 갈등이 심했고 그 파장이 학원까지 파고들었다.

언젠가 교사 3층 강의실에서 수업하고 있을 때 과격분자인 학생 하나가 방문을 박차고 들어와 선동하는 바람에 학생들이 모두 그를 따라 나간 일이 있다. 이북에서 온 우리 셋, 즉 김동오와 차재옥 그리고 내가 앞자리에 나란히 앉아 있었는데 교수가 어떻게 하면 좋겠는가 묻길래 내가 옛날 헤겔이 나폴레옹 침입군의 포성을 들으며 강의했다고 하니 우리도 수업을 계속하자고 했다.

그러나 사태는 그것을 허락하지 않았다. 3층 창문으로 내려다보니 교정은 데모 학생으로 수라장이었고 교문 밖에는 경찰들이 진치고 있었다.

당시 좌익 학생들의 데모 명분은 국대안 반대였지만 배후에는 좌익 세력이 있었다는 것이 일반적 견해였다. 이런 와중에 정부의 국대안은 통과되고, 이에 따라 경성대학이 개교 2년 만에 서울대학교 체제 속에 흡수되고 대학예과는 자연 소멸했다.

우리는 당시를 기념하는 뜻에서 「清凉里」라는 이름의 교우지를 '경성대학예과 최종기념'으로 남겼으며 그때 나도 편집 일을 보았다.

청량리 예과 건물에는 서울대학교 문리과대학 이학부가 들어오고 기숙사는 그대로 남아서 우리가 6·25 때까지 그곳에 있었다.

내가 다닌 동숭동 학부

대학예과가 문을 닫으며 당시 학생들은 저마다 자기 갈 데를 찾아 해당 학부로 올라갔다. 대부분의 학생들은 문리과대학의 문학부와 이학부로 올라가고, 한편 법과대학과 의과대학 또는 공과대학으로 뿔뿔이 흩어졌다.

상과대학이나 농과대학 그리고 치과대학으로 간 학생은 한 사람도 없었다. 따라서 기숙사 북6호를 중심으로 모였던 친구들의 경우 임춘갑, 김동오, 차재옥 그리고 내가 문리대 문학부로, 김성건, 나병서, 김현수는 법대로 올라가고 김종우가 혼자 공대 조선·항공학과로 갔다. 그런데 이들 가운데 김성건, 나병서, 김종우가 6·25 때 전사 또는 실종됐고 김동오는 병사했다.

1946년 대학예과가 개교하며 신입생을 뽑을 때 2학년의 빈 자리도 편입생을 받았는데, 그때 동숭동 학부도 전 학년을 편입생으로 채울 수밖에 없었다.

원래 일제 때 경성제국대학에는 당시 조선 학생이 몇 안 되었기 때문에 경성대학으로 새로 발족했을 때 학년마다 빈 자리가 많았다.

그래서 이 편입 시험에 응하는 사람은 자연히 광복 전에 일본이나 만주에서 대학을 다니던 학생들이었다. 원래 시험이란 상대방의 학력을 보기 위한 것이고 거기에는 일

1948년 대학료 후천장 북6호에 모이던 친구들. 6.25때 거의 없어졌다.

정한 기준이 있기 마련이다.

　그러나 광복 직후의 사회 여건을 고려해서 이러한 원리 원칙만 고수하기도 어려웠을 것이다. 특히 동숭동 학부의 경우 학생 아닌 학생들이 끼어들어 학원 분위기도 기대에는 미치지 못했다. 훗날 서울대 출신이라고 행세했던 이른바 저명인사를 두고 그 진위가 늘 화제로 됐던 일도 이런 데서 왔다고 본다.

　8·15같은 일대 전환기에 대학이 신설되거나 개편되는 과정에는 그러한 부작용이 따르기 마련이겠지만, 순수해야 할 강의시간에도 불순분자의 난입으로 그러한 순수성이 무자비하게 유린당했다.

1945년 8·15에서 50년 6·25까지 사회는 혼란하기 그지없었다. 북한은 공산주의 일색이었으니 적어도 그런 동요가 있을 수 없었겠지만, 남한은 자유를 표방하는 민주주의 풍조로 사회가 중구난방으로 무질서해서 이것이 사상적 갈등과 대립으로 번져나갔다.

남로당 사건, 여순 반란 사건이니 하는 소요 상태로 사회는 하루도 평온한 날이 없었다. 거기에 대학마저 한때 국대안 반대라는 명분으로 일대 소란을 겪으면서 학생들 사이에 사상적 대립이 격화하고 계속되었다.

대학 분위기는 강의실뿐만 아니라 교정에서도 느껴졌다. 정치성을 띤 학생들은 학교에 나와도 주로 캠퍼스 여기저기 모여 수군거렸다. 특히 동숭동 문리과 대학 분위기가 그랬다.

다른 학교와 달리 문리과 대학에는 이름도 정치학과라는 것이 있어서 인지 그런 학생들의 온상처럼 보였다. 그들 가운데는 훗날 사회에서 이름을 낸 사람도 몇몇 있기는 했으나 사실 그들은 대학에 이름만 걸어놓았을 뿐 학점은 어떻게 땄는지 알 수 없다.

당시 학생들은 서울대 문리대를 옛날 일제 때의 경성제국대학의 후신으로 여기고 동창회 명부를 봐도 그 당시 사람들을 앞에 내세우고 있다.

그러나 문리과대학은 일제 때의 경성제대(京城帝大) 건

물을 쓰고 있을 뿐, 광복 후 생긴 우리나라의 첫 관립 교육기관으로 교수도 강의 내용도 순전히 우리나라 것이다. 그런 의미에서 국립서울대학교는 역사도 전통도 1946년부터 시작이니 여기 학풍이 있을 리가 없었다.

그 하나의 예로 대학에 소위 박사 학위를 가진 교수가 거의 없다시피 했으며 그것을 문제 삼는 사람도 없었다. 그런 속에 학위를 가진 교수가 간혹 있었다면 그들은 그런 대로 외국에서 공부한 사람들이었다.

모든 것이 이제부터 시작이었다. 나는 중학생 시절에 일본의 유수 대학 교수들의 책을 이것저것 읽으면서 그들의 학풍에 마음이 끌렸었는데, 세월이 흘러 분위기가 바뀌면서 새로 출발하는 우리나라 대학을 보며 마음 한구석이 늘 허전했다.

그러던 무렵 안호상(安浩相) 박사라는 사람이 나타났다. 독일 예나대학에서 철학을 전공한 교수로 학생들 사이에 많은 화제가 되고 있었다. 일찍이 이광수(李光洙)씨 중매로 시인 모윤숙(毛允叔)과 결혼했다가 헤어져 혼자라는 이야기까지 들려왔다.

그 교수의 강의에는 다른 학과 학생들도 와서 청강했는데, 안 교수는 흑판에 'Freiheit der Forschung'(연구의 자유)라고 크게 써놓고 대학은 오로지 연구하는 곳이지 정치적으로 소란을 피우는 데가 아니라고 강조했다.

그러면서 그는 독일 하이델베르그 대학의 이야기를 하며 학생들의 마음을 잡으려고 노력했다.

안호상 교수가 '유물론 비판'이라는 격조 높은 강의를 하고 있을 때였다. 그날도 붉은 벽돌 강의실이 학생들로 빈 자리가 없었는데, 좌익 극렬 학생 하나가 교수에게 질문 아닌 질문으로 시비를 걸어 학생들이 들고 일어나 교실이 순식간에 수라장이 됐다. 물론 강의는 중단되고 교수가 문제의 학생을 데리고 연구실로 갔다.

나는 멀리 이북에서 공부가 그리워 왔기 때문에 정치 문제에는 일체 개의치 않았고 강의 시간에 빠지는 일도 없었다. 그런데 어느 오후 한 과목이 영어학원 시간과 맞물려 도중 빠져나갈 수밖에 없었다.

책이 없을 때라 그 강의 텍스트를 복사해서 나도 보고 학생들에게 팔기도 할 생각으로 담당 교수인 최재희(崔載喜) 선생을 혜화동 자택으로 찾아갔다. 최 선생은 나를 알아보고 강의 도중에 나가는 사유를 물으셨다. 그러자 선생은 내가 고학생인 것을 알고 학비를 도와주겠다고 하셨다. 물론 나는 고맙다며 사양했지만 그뒤 얼마 안 되어 6·25가 터졌다.

내가 동숭동 대학으로 돌아온 것은 그로부터 만 5년이 지난 뒤였다. 군대에서 보낸 긴 세월 사이에 학교 건물은 옛 모습 그대로였으나 캠퍼스 분위기는 낯설기만 했다. 그전 얼굴은 하나도 눈에 띄지 않았다.

5년 전에 나는 20대 초 그야말로 생기발랄하고 순수한 학생이었는데, 그때는 가정을 가진 사회인이었다. 뿐만 아니라 생활 주변에 옛날 학생 시절을 말해주는 아무 것도 없었다. 단 한 권의 책도.

그날도 역시 예과에서 같이 철학과로 올라간 임춘갑과 둘이서 강의 시간표를 보고 있었다. 교수들은 모두 건재했는데 그전과 다른 강의들이 눈에 띄었다.

박종홍 교수의 '현대 철학', 고형곤 교수의 '과학철학'과 'Holzwege 강독', 최재희 교수의 '헤겔 법철학', 김준섭 교수의 '부릿지만의 물리학적 논리학' 그리고 김규영 교수의 '쟈끄 마리땡 원서 강독' 등등 모두 매력적이어서 관심이 갔다.

그런데 걱정부터 앞섰다. 이에 대한 교재나 참고서가 하나도 없으니 이것들을 어디서 어떻게 구한단 말인가? 대학이란 원래 그런 곳이고 자기가 알아서 하는 것인 줄 알지만 그것이 보통 일이 아니었다.

안호상 교수는 6·25 전에 대학을 떠났고 원로 격으로 일본 동경대학 출신인 김두헌(金斗憲) 교수가 새로 와서 '니코라이 하르트만의 윤리학'이라는 원서 강독을 하고 있었다. 박종홍 교수의 '현대철학'은 이름이 그래서인지 강의실에 생기가 돌았는데 나는 결혼한 지 얼마 안 되는 아내를 데리고 뒷자리에 앉았던 기억이 난다.

아내는 진명여고를 나오자 가정이 어려워 혜화국민학교에 교직 자리를 얻었지만 결혼으로 그만둔 처지였다. 당시 아내 친구들은 거의 대학에 다니고 있었기 때문에 아내를 어느 대학에라도 보내고 싶었다. 그러나 역시 경제적 문제가 걸림돌이었다.

나는 아내에게 일본책들을 사다주었다. 광복 때 국민학교를 나왔으니 그때까지 배운 일본어가 아까운 생각이 들었다. 나 자신 그 옛날 중학교에 들어갔을 때 바로 일본의 유명한 문고판으로 책을 읽기 시작했던 것을 생각했다.

그래서 아내가 그 무렵 읽은 것이 일본 문고판 제인 에어의 「폭풍의 언덕」이며 스탕 다르의 「적과 흑」등 장편이었다. 아내는 원래 기독교 가정에서 자라서 그런지 특히 미우라 아야꼬(三浦綾子)의 소설과 수필 등을 좋아했다. 대학을 나온 아내의 친구가 훗날 "너는 대학 다닌 우리보다 낫다"고 말했다는데, 나는 가정 사정으로 남들이 가는 길을 가지 못한 아내가 늘 마음 한구석에 걸렸다.

6·25 전에 임춘갑은 처자식 때문에 강의를 거의 빠지고 시골에서 교편을 잡으며 생계를 꾸려나갔지만, 6·25로 그가 입대한 사이에 처자식이 이북 고향으로 가버리고 대학으로 돌아왔을 때에는 홀몸이었다.

그래서 언제나 나와 둘이서 어울렸다. 하루는 고형곤 교수 시간에 들어갔더니 선생이 깜짝 놀라 학생들에게 오늘 귀한 손님들이 왔다며 우리를 소개했다. 대 선배라는 이야기다. 하기야 그렇다. 이렇게 학교가 늦은 것은 그동안 전쟁에 나가 싸웠으니 떳떳하고 그만큼 자부심이 강했다.

고형곤 교수는 6·25 때 미국 대학에서 연수하며 소위 과학철학과 부딪쳤던 모양이다. 그런데 강의가 도대체 무슨 이야긴지 알 수가 없었다. 그것은 마치 버트란트 럿셀의 수리철학 즉 'Prinzipia Mathematica'(수리원론)에 나오는 수수께끼 같은 기호의 나열이었다.

학생들은 시대가 시대인데다 과학철학이라는 말에 끌렸는지 강의실을 가득히 채우고 아는지 모르는지 조용히 앉아있었다.

강의가 끝나자 나는 앞으로 나가 고 선생께 텍스트를 빌려달라며 복사해서 공부를 해야지 그대로는 도저히 모르겠다고 했다. 그때 고 선생이 하신 말이 잊혀 지지 않는다. "나도 몰라!" 그 얼마나 솔직하고 소박한 말씀인가 싶었다.

고형곤 교수에 대해선 이런 일도 있었다. 하이데거의 원서 강독으로 'Holzwege'를 읽어나갈 때였다. 그날은 날씨가 좋아 고 선생은 의과대학 구내의 조용한 잔디밭으로 강의 장소를 옮기자고 하셨다.

학생들은 10명 정도였다. 교재는 물론 유인물이었는데 선생은 처음부터 혼자 읽어나갔다. 학생들 가운데 그것을 집에서 읽어온 사람이 있어 보이지 않았다. 사실 이 논문은 예습을 해봐야 어려워서 이해하기도 힘들었다.

고형곤 선생은 한참 읽어나가다 이거 무슨 말인지 모르겠다며 누가 아는 사람 있느냐고 물으셨다. 학생들은 고개를 숙인 채 말이 없었다.

고 선생은 그대로 넘어간다며 계속 읽어나갔다. 이것이 당시의 원서 강독이고 그것으로 우리는 만족했다. 대학이란 그런 곳이 아닌가 싶었다.

멀고 먼 훗날 나는 이때의 분위기를 잊지 못하고 살아오다 인생 80 고개에 이르러 문득 'Holzwege'가 생각났다. 'Holzwege'는 그 만큼 학생 때 나에게 매력적인 교재였다.

내용이야 어떻든 '홀츠베게'라는 독일어가 다름 아닌 '숲의 길'인데 이것이 하이데거의 논문집에 표제로 붙은 것이 그렇게 이상했다. 그런데 고형곤 교수가 스스로 그 논문집을 원서 강독 교재로 삼았던 이유와 읽고 나가다 모르겠다고 한 부분이 늘 궁금했다.

대학을 나온 뒤 언젠가 명동에 있는 독일어 책을 전문으로 취급하는 소피아 서점에서 바로 'Holzwege'와 만난 일이 있다.

그러나 책값도 비싸고 이제 그건 읽어서 뭐할 것인가 하는 생각에 그냥 넘어갔다. 그러고 또한 긴 세월이 흘렀지만 이따금 그 책이 생각났다.

팔순의 어느 날, 소피아 서점이 지금도 있는가? 있다면 'Holzwege' 도 있을까?

이런 부질없는 생각에 사로 잡혔다. 알고 보니 서점이 명동에서 오래 전에 서대문 근처로 옮겼고 거기에 책도 있었다. 주인은 옛날 그 사람인데 당연한 이야기지만 그도 노인이었다. 'Holzwege' 는 하드커버도 아닌 페이퍼 바운드였는데 값이 무려 7만원이나 했다. 그러나 나는 그 책을 손에 넣고 집에 돌아오며 가슴이 뛰었다.

자기가 아직 젊었을 때의 학구적 정열을 가지고 있다는 희망도 희망이지만, 그로부터 독일어 공부를 계속한 것도 아닌데 이제 와서 이 책이 이해될 것인가 하는 불안감도 없지 않았다.

나는 이 책과 만난 지 반세기가 되가는 지금 책을 펼치기가 무서웠다. 기나긴 세월, 그것이 인생이라는 소중한 과정이었지만, 철학이라는 분야를 한번도 잊지 못하고 살아온 자기가 아직도 그 내용이 이해가 되지 않는다면 내 인생은, 적어도 철학도로서의 그것은 헛된 것이 아닌가 두려웠다. 그러던 어느 날 책을 펼쳤다. 그리고 첫 장에 나오는 권두언을 읽어나갔다.

Holz lautet ein alter Name für Wald. Im Holz sind Wege, die meist verwachsen jäh im Unbegangenen aufhören. Sie heissen Holzwege.

Jeder verläuft gesondert, aber im selben Wald. Oft scheint es, als gleiche einer dem anderen. Doch es scheint nur so.

Holzmacher und Waldhüter kennen die Wege. Sie wissen, was es heisst, auf einem Holzweg zu sein.

Holz는 Wald의 고어(古語)다. 숲에는 길이 있는데, 이 길들은 대체로 모습을 감추고 갑자기 사람이 다닌 적이 없는 길로 되어 버린다. 이것이 숲의 길이다.

그 길들은 서로 떨어져 있으나 같은 숲속에 나 있다. 그것은 서로 그 길이 그 길 같지만 그렇게 보일 따름이다.

숲을 만드는 사람이나 숲을 지키는 사람들은 숲의 길을 안다. 즉 그들은 숲의 길을 가는 것이 무엇을 뜻하는지 알고 있다.

나는 권두언을 읽고 대체적으로 하이데거가 그의 논문집의 제목을 '숲의 길'로 한 까닭을 이제 와서 알 듯했다. 사실 이 책에는 "예술작품의 근원"을 비롯해서 '니이체의 말'과 '헤겔의 경험의 개념' 등 여러 편이 들어 있었는데, 그 가운데 옛날 고형곤 교수의 강독 시간에 어느 것을 읽었는지 전혀 기억에 없다. 그리고 그때 고 선생이 읽어나가다 모르겠다고 하신 구절이 더욱 궁금했다.

하여간 나는 이 나이, 때늦은 후기 인생에 이 책이 그리워 펼쳐보고 그나마 몇 구절을 읽고 무척 기뻤다. 그것은 새삼 독일어 이해라기보다 인생의 지혜가 세월에 힘입고 조금이라도 자랐다는 것을 뜻했다.

「엘리아의 수필」은 인생 40이 되어서야 알 수 있다고 한 어느 저명한 영문학자의 말이 생각났다.

김규영 교수도 잊혀지지 않는다. 임춘갑과 함께 그 선생의 원서 강독 시간에 들어갔을 때 이야기다. 김 교수는 6·25 전에는 아직 교단에 서지 않았는데 그동안 시간이 흘러 종교도 가톨릭을 택한 모양이고, 그래서 인지 강의가 교부철학(敎父哲學)에 관한 것이었다.

김 교수의 원서 강독에는 학생들이 돌아가며 읽어나갔는데 임춘갑 차례가 됐다. 그때 임은 조금도 걸리지 않고 잘 읽었다. 그러자 김규영 선생은 임 군이 옮기는 것을 그대로 적으면 책이 되겠다며 높이 평가했다.

임춘갑은 그전부터 톨스토이와 도스또예프스키 등의 작품을 우리말로 옮겼다. 다른 학생들은 그런 사실을 모르지만 나는 그래서 김 교수의 평이 더욱 재미있게 느껴졌다.

김준섭 교수의 원서 강독에서도 학생들이 서로 몇 구절씩 읽었다. 한번은 김 교수의 해석이 잘 이해되지 않아 내가 해보겠다고 나섰던 일이 있다.

훗날 같은 철학과의 이태윤 선배가 김준섭 선생 댁을 방문했더니 선생은 어쩌다 내 이야기를 하며 김영도라는 학생은 영어를 잘 한다고 하셨다는 이야기를 전해 주었다.

이태윤은 일제 때 경성제국대학 예과에 들어간 준재로 언제 보아도 남다른 데가 있었다. 가문이 좋고 머리도 우수했는데, 그는 철학도 철학이지만 수학에 더욱 매력을 느껴 수학을 겸해서 공부하고 훗날 동국대학에서 수학 강의를 했다.

그가 나에게 "영어가 낱말과 숙어를 익히면 되듯이 수학도 일정한 공식만 이해하면 김 형도 할 수 있다"고 하던 말이 잊혀 지지 않는다.

나는 처음부터 수학에 취미를 잃어 그 과목에 약했지만 철학을 공부하며 물리나 수학에 관심이 가던 참이었다. 그래서 일본의 저명한 물리학자와 수학자들이 쓴 이른바 인문서들을 이것저것 펼치고 있었는데, 이태윤 선배가 이것을 알고 W.W. Sawyer의 'Mathematician's Delight(수학자의 즐거움)'과 'Prelude to Mathematics(수학의 첫걸음)'을 보라고 알려주었다.

이태윤은 미국에 건너가 보험회사엔가 취직했다는 이야기였는데, 그 차분하고 조용하며 수리적이고 철학적인 인간이 도전적 미국 사회에서 살아가노라 고생하지 않는가 싶었더니 끝내 아까운 나이에 가고 말았다.

김준섭 선생에 대한 인상은 또 있다. 그는 일본의 동북제국대학 출신으로 광복 직후 도미 유학생 제1호로 한때

'미국의 소리' 방송에 나와 고국에 보내는 제1성을 발한 적이 있다.

그가 당시 미국에서 학위를 마치고 유럽을 돌아 귀국한 뒤 「歐美滯留記」를 냈는데 나는 그 무렵 이 책을 사서 읽었다.

「구미체류기」라는 제목에도 매력을 느꼈지만 그 이전에 우리나라 책을 한 권도 읽은 적이 없어 우리글 공부도 할 겸, 박계주의 「순애보」와 함께 읽은 일이 있다. 그런데 「순애보」 속에 병실 묘사가 다소 웃음거리였던 기억이 났다. 환자 머리맡에 독일 철학자 칸트의 그 어려운 「순수이성비판」이니 또 무엇이니 여러 권이 있었다는 것이 이해할 수 없었다.

학교를 나온 지도 오래된 어느날 뜻밖에도 김준섭 선생한테서 전화가 왔다. 집에 놀러오라는 이야기였다. 나는 임춘갑과 같이 상도동 김 선생 댁에 갔는데, 선생은 부인을 먼저 보내고 혼자 널찍한 서재에 계셨다. 사방이 옛날 책으로 가득했고 그 속에 내가 아는 책들이 눈에 띄어 감회가 깊었다.

선생이 동북제대 철학과에서 수학한 생각이 나서 당시 저명했던 아베 지로(阿部次郎) 교수에 대해 여쭈어 보았더니 아베는 학생들에게 점수를 주지 않았다고 하셨다.

당시의 아베 교수는 '풍토'라는 책으로 저명했던 와쯔

지(和辻) 교수와 경성제대에서 고형곤 선생의 스승이었던 또 다른 아베(安倍) 셋이 가장 널리 알려졌으며, 나는 중학 시절에 이들의 책을 많이 들춘 기억이 난다.

고형곤 선생은 어쩌다 캠퍼스에서 마주치면 '임춘갑 잘 있나? 함께 좋은 술 가지고 놀러 오라'고 하시기도 했다. 고 선생은 노후에는 철학자라기보다 산 속의 선인 도사 같은 풍모가 짙어가며 100수 가까운 고령을 사셨다. 나는 1995년에 두 번째 수필집을 내며 동숭동 시절 이야기를 쓰는 가운데, 고형곤 선생과 김규영 선생이 건재하시니 나의 동숭동 학부 시절은 아직 끝나지 않았다고 썼다.

그로부터 또 10년이 지나 고형곤 선생도 가시고 김규영 선생만 남았다. 'Alt Heidelberg(그리운 하이델베르그)'라는 소설이 있었지만 동숭동 시절이 그리운 것은 인간의 정이 리라.

청량리 대학예과와 동숭동 학부 시절에 잊을 수 없는 동료 학생 하나가 있다.

같은 철학을 공부하던 조가경(曺街京)이다. 그의 이름은 1946년 예과에 들어가면서부터 학생들 사이에 유독 오르내렸는데, 후일 세계적 학자가 되어 국제무대에서 이름을 떨쳤다.

조가경이 돋보인 것은 그의 외국어 실력이었다. 영어는

그렇다 치더라도 독일어는 그 앞에 나설 자가 없었다. 도대체 언제 어떻게 습득했는지 알 수가 없다.

조가경은 보통 다른 학생들과 어울리지 않고 언제나 혼자였다. 그것은 본인의 성격인지 또는 자기 공부 때문인지 모르겠다.

예과 시절 프라우 김이라는 독일 부인의 회화 시간이 있었는데, 이 시간은 선생과 조가경 두 사람의 시간이라고 당시 학생들 사이에 소문이 났었다.

학부에 올라가 철학 원서 강독 시간에 교수가 이 학생 저 학생 시켜보다 결국 조가경 더러 해보라는 것이 예사였다. 당시 나는 오후 영어학원에서 아르바이트 하고 저녁 늦게 기숙사로 돌아와 그제서야 밥 해먹는 그런 생활이여서 그렇지 않아도 어려운 독일어 원서를 미리 읽어보기조차 힘들었다.

8·15광복 후 몇 년 동안 학생들 가운데 옷을 제대로 입은 사람이 별로 없었다. 나는 38선을 넘을 때 입었던 옷, 다시 말해서 일본 군대에서 입고 나온 옷을 계속 입다가 그것들이 낡고 나서는 물들인 미군 옷을 입고 다녔다. 그런데 조가경은 언제 봐도 단정한 차림에 넥타이까지 매고 있었다.

그는 6·25 전란이 한창이던 무렵 정부가 파견하는 독일 유학생 시험에 혼자 들어 1차 국비생으로 당시 철학으로 이름났던 하이델베르그 대학에 갔다. 나는 이 소식을 일선에 있으며 들었는데, 그는 5년 뒤 학위를 얻고 돌아와 서울대학의 교수로 있다가 미국 버팔로 대학의 철학과 주임교수로 자리를 옮겼다.

조가경은 독일에 있을 때 'Bewusstsein und Natursein' (의식과 자연)이라는 논문를 냈다. 훗날 일본 학계가 이 책을 옮겼을 때 그 계통 학자 7명이 들어붙어 번역에 애를 먹었다. 조가경은 일본어도 능통해서 일본에서는 그를 초청해 여러 날 같이 공동 작업을 할 정도였다. 그런데 이상하게도 우리나라에서 이 논문집이 번역됐다는 이야기가 끝내 없다.

조가경은 이 책의 일본어판을 두 권 조요한 숭실대학교 총장 앞으로 보냈는데 그 하나가 내 손에 들어왔다.

조요한도 철학과 동기로 숭실대학에 조가경을 초빙해서 한 학기 강의를 맡긴 적이 있는데, 그가 살아있는 동안은 조가경이 서울에 오면 으레 동기들이 만나 저녁을 같이 하는 시간을 마련했다.

언제인가 그런 기회에 나는 일본에서 널리 알려진 철학 분야의 새로운 책에 대해 이야기했다.

훗날 스웨덴에서 편지가 왔다. 철학과 동기인 한정우는 일찍이 그 곳으로 건너가 스웨덴 여자와 결혼했는데, 그는 내가 그때 이야기하던 책이 무슨 책이었는지 알려달라고 했다. 나는 바로 시내에 나가 한 권 구해서 보내주었다.

한정우는 조가경과 경기중학 동기로 나와도 가까이 지내오던 처지였는데, 그가 6·25 전란 중에 보내온 깨알 같은 장문의 편지를 나는 지금도 가지고 있다. 세월이 흘러도 지난 날의 우정을 잊지 않으며 언제나 학구적인 사고를 가지고 있는 친구였다.

지금 동숭동에는 옛날의 기억을 더듬을 수 있는 것이 아무 것도 없다. 사람들은 오늘날 대학로를 '마로니에 광장'이라고도 하는데, 솔직히 말해서 당시 우리는 교정에 마로니에가 있는 줄 몰랐고 그 이야기를 하는 학생도 없었다.

그저 우리 기억에 선명한 것은 중앙도서관 앞의 개나리와 라일락이 봄마다 노랗고 연한 자줏빛 꽃을 보여주던 일이다. 일제 때 경성제국대학에서 철학을 강의하던 저명한 교수 아베 노오세이(安倍能成)가 수필 '靑丘雜記(청구잡기)'에서 라일락의 또 하나의 이름이 '리라'라고 했던 것을 나는 중학생 때 읽었다. 이 책에는 의과대학 정문에서 원남동 후문으로 이르는 플라타너스 길의 아름다움을 그려내고 있어 훗날 여기를 지나가며 혼자 감회에 젖곤 했다. 지금은 찾아볼 수도 없는 분위기였다.

이 대학로에서 그런대로 지난날을 연상케 하는 것이 없

지 않다. 나는 근자에 대학로를 찾는 일이 버릇처럼 됐다. 대학 후배인 장태현 씨와 만나는 일이다. 그는 민주공화당 중앙사무국에서 바로 내 뒤를 이어 선전부장과 사무차장 자리에 있었으며, 그가 결코 잊지 못하는 곳이 지난날의 동숭동 학부 시절인 것을 뒤늦게 알았다.

2004년 초가을로 기억한다. 오랫동안 소식 몰랐던 장태현이 회고록이라며 「세월따라 붓따라」를 보내왔다. 요즘 자서전 따위를 쓰는 사람들이 더러 있지만 대개가 이렇다 할 것이 못된다. 그런데 이 책은 그런 유서(類書)들과 달리 느껴졌다.

일본의 저명한 여류 작가 노가미 야에꼬(野上彌生子)는 나이 99세까지 살며 시골에 은신하고 있을 때 매일같이 자기앞으로 오는 책들을 뜯지도 않고 그대로 난로에 던지고 있었다고 누가 수필에 썼다.

나는 장의 회고록 서두에서 우선 눈이 번쩍했다. '내가 겪은 6·25전쟁'과 '동숭동 문리대 시절'이라는 글을 보는 순간 50년 전의 나 자신이 눈앞에 떠올랐다.

그래서 우리는 둘만의 만남의 장소를 대학로로 정하고 일정한 카페 창가에 자리잡고 그 옛날 교문앞을 흐르던 넓은 도랑을 끼고 나란히 서있던 플라타나스와 은행나무들이 거목이 된 것을 내다본다.

장태현은 경복중학 수재였는데, 당시 대학 입학을 앞두

고 서울대 문리대 교수들로부터 레마르크의 전쟁소설 "Im Westen nichts Neues"(서부전선 이상없다) 와 조지 기씽의 "Private Papers of Henry Ryecroft"(헨리 라이크로프트의 수기)등을 배우던 일을 되새기며 감회에 잠겼다.

지금 세상 누가 그런 회상을 하겠는가? 장태현이 그토록 그리워하는 기씽의 책은 오늘날 기억하는 사람이 거의 없다. 세파에 휩쓸려 자취를 감춘 지 오래지만 반세기 전만 해도 기씽의 글은 고등학교나 대학 입학시험에 잘 나오곤 했는데, 장태현은 놀랍게도 그런 구절들을 지금도 정확히 외고 있었다.

나는 그 「헨리 라이크로프트의 수기」를 일어판으로 가지고 있어 이따금 펼치며 영문으로 읽고 싶었지만 책을 구할 수가 없었다. 대형 서점에서 'Penguin Books' 나 'World Classics' 같은 세계문학총서를 들쳐보아도 어찌된 일인지 기씽 것은 보이지 않았다.

그러던 어느날 인터넷에서 그 책의 전문을 발견하게 되어 나 자신 놀랐다. 나는 바로 그 전문을 다운 받아 비싼 값을 주고 부랴부랴 제본했다. 이렇게 해서 세상에서 구할 수 없던 책이 생겼다.

장태현과의 만남은 때 마침 그 무렵이었으니 기씽을 잊지 못하던 우리 두 사람은 무슨 인연인지 모르겠다. 장태현은 기씽 책을 받아들고 너무 좋아서 어쩔 줄 몰랐다. 우리의 우정에 새로운 불이 붙어 더욱 타올랐다.

　장태현과 나는 한 달에 한번씩 서로 장문의 편지를 주고받고 있다. 꼭 그렇게 하기로 한 것도 아닌데 그것이 어느새 우리 둘 사이에 불문율처럼 됐다.

　따라서 우리는 전화로 이야기를 하지 않고 이렇게 편지 쓰는 일을 즐기며 서로 이것을 독일어로 Briefschreiben이라고 불렀다. 독일의 에른슈트 펜졸트가 쓴 「인생을 사는 지혜」 속에 Briefschreiben, 즉 편지쓰기에 대한 글이 있었기 때문이다. 이러한 만남은 그야말로 우리 만의 세상이다.

　우리는 헤어져 있는 동안에 읽은 책 이야기에서부터 사회 풍조에 대해 서로 토론하며 젊은 시절의 기개와 정열을 그대로 퍼붓기도 한다. 그리고 언제나 설렁탕을 먹고 헤어진다.

　장태현과 나에게 동숭동은 오늘날 젊은이들이 제멋대로 거니는 '대학로'가 아니라 반세기 전 문리과대학의 학풍이 그대로 남아있는 바로 그 캠퍼스다.

4. 6·25는 내 생의 원점

6·25는 나의 인생의 원점
젊은 시절이 그날로 수렴하고
후기 인생은 그날부터 확산했다.
그래서 6·25는
내 생의 분기점이다.

모두 도망치면 어떻게 하나

1950년 6월 25일, 나는 청량리 대학 기숙사에서 여느 때와 다름없는 아침을 맞았다. 굳이 달랐다면 그날이 일요일이어서 학교 강의가 없었다. 그렇다고 특별히 계획한 일도 없이 북6호 친구들은 모두 같이 있었다.

그런데 그날따라 밖에서 이상한 소리가 들려왔다. 북한의 인민군이 38선을 넘어 대거 남쪽으로 밀고 내려오고 있다는 이야기였다. 38선에서 이따금 일어났던 쌍방 간의 소소한 충돌 사건과는 달리 전 전선에 걸쳐 그렇다는 것이었다.

인민군의 총 공세? 하필 왜 지금?

남북 간의 긴장 상태는 38선이 생기면서 구체적으로 현실화 했으며, 이로 인한 불안 의식은 날로 더해가고 있었지만, 이날 38선이 도화선이 되어 앞으로 어떤 양상이 벌어질지 아무도 몰랐다.

그 순간부터 우리의 생활 기반이 흔들리기 시작하고 그 소용돌이는 끝내 걷잡을 수 없이 강하게 확대해 나갔다.

거리는 아직 눈에 띄게 동요하지 않았으나 보통 때와는 달리 어딘가 불안하고 서성거리는 분위기였다. 평소에도 차들은 달리고 있었지만 이날은 그래서 그런지 군용 트럭과 짚차들의 질주하는 모습이 특히 눈에 띄었다.

사람들이 여기저기 모여 서서 수군거렸다. 그렇다고 라디오 방송에는 아직 이렇다 할 소식이 없었고, 다만 단편적이고 산발적인 일선 상황이 보도되고 있을 뿐이었다. 그러나 이러다가 하루 이틀 사이에 생각지도 않았던 엄청난 일이 벌어질 것만 같은 걱정이 없지 않았다.

첫날은 그런 대로 지나갔다. 다음날인 26일은 으레 학교에서 강의가 있는데 아침부터 분위기가 어수선하고 청량리 이학부에는 학생들이 거의 나타나지 않았다. 그렇다고 이제 동숭동 대학 본부까지 가볼 기분은 나지 않았다.

거리는 어제보다 더 어수선했고 군용 차량의 왕래가 한결 심해졌다. 사람들의 우왕좌왕하는 모습이 역력했다.

이제 우리는 어떻게 하면 좋을까? 이 마당에 의논할 상대도 없었다. 결국 그날도 우리는 불안한 마음으로 잠자리에 들었다.

27일이 됐다. 나는 동생과 함께 시내로 나가 아르바이트하던 영어학원에 들러 이달의 강사료를 받았다. 5,000원씩이었다.

학원은 교회 장로라는 노인이 원장이고 그의 두 아들이 실제 일을 맡고 있었는데, 그들은 봉급날을 제대로 지켜 우리가 받을 돈을 기분 좋게 내주었다. 사태가 이럴 때 일수록 그렇게 하기가 쉽지 않은 일이다.

이제 호주머니에 그 정도라도 돈이 생겼으니 한결 마음이 놓였다. 우리는 가벼운 걸음으로 한국은행과 중앙우체국이 있는 넓은 광장 길을 가고 있었는데 느닷없이 단발단엽의 작은 비행기 한 대가 그것도 저공으로 내려왔다가 다시 고개를 들고 날아갔다.

기내의 조종사까지 보였으나 틀림없이 북쪽 비행기였다. 그렇지 않고서야 이 시간 이곳에 비행기가 나타날 까닭이 없었다. 순간 거리가 조용해졌다. 모든 소리가 멎은 듯 했다. 길 가던 사람들이 일제히 걸음을 멈추고 하늘을 쳐다보았다. 그제야 사람들은 각자 빠른 걸음으로 달리다시피 하며 사방으로 흩어졌다.

나는 동생과 둘이서 사람과 사람 사이를 뚫고 남대문 근처에서 청량리까지 멀고 먼 길을 어떻게 달렸던지 빠른 시간에 기숙사로 돌아왔다.

기숙사는 텅 비어있었다. 우리 방 친구들이라도 한 데 모였더라면 좋았겠는데 그러기에는 너무 늦었다. 그렇다고 오늘 밤을 그대로 넘기기가 걱정스러웠다. 다행히 방에는 김성건의 동생과 김종우가 기다리고 있었는데 결국 우리 넷이라도 당장 기숙사를 떠나기로 했다.

그렇다고 갈 곳이 있는 것은 아니지만 이대로 있을 수도 없으니 우선 남쪽으로 내려가기로 했다. 이미 저녁이어서 가는 데까지 가볼 생각이었다. 짐도 없으니 몸이 가벼웠고 식당에서 도시락 하나씩 준비했다.

교문을 나서니 청량리 광장은 벌써 피난 가는 사람과 차량으로 혼잡했다.

우리는 성동역 쪽으로 가다 왕십리를 거쳐 광나루 방향으로 나갔다. 광나루에 한강을 건너는 큰 다리가 있는 것을 알고 있었기 때문이다.

1950년대 서울 거리는 그야말로 전근대적인 모습을 하고 있었는데, 이날 거리를 메운 각종 차량들은 도대체 어디 있다가 이렇게 나타났는지 보는 사람들을 놀라게 했다.

광나루에는 사람들이 인산인해를 이루고 있었다. 큰 다

리가 벌써 끊겨서 건널 수가 없어 사람들은 배라도 잡아탈 생각으로 모여들고 있으니 이런 식으로 도강은 도저히 생각할 수가 없었다. 우리는 그 무리를 벗어나 위로 올라가서 비교적 사람이 적은 데서 작은 배를 타고 강을 건넜다.

뒤에서 포성이 들렸다. 아군과 적군 싸움이 벌써 멀지 않은 곳에서 벌어지고 있다는 것을 말했다. 그러나 불안한 생각은 덜했다. 이미 한강을 건넜고 이대로 남으로 남으로 가면 되었다.

한참 걷노라니 날이 어둡기 시작했다. 길가에 벽돌공장이 있었다. 그래서 그날 밤을 그곳에서 묵기로 하고 기숙사를 떠날 때 준비한 도시락을 먹었다.

기숙사에서는 오랫동안 각자 자취하다가 공동 취사로 바뀐 지 얼마 되지 않았고, 한결 생활이 궤도에 오른 듯했는데 난데없이 이 지경이 됐다.

기숙사를 떠나던 날 식당에서는 예전대로 저녁 식사가 준비되어서 학생들을 기다리고 있었다. 그런데 외출했던 학생들은 어디론가 가버리고 남아있던 학생들도 모두 기숙사를 떠나니 식당 주인의 마음은 읽어보나 마나였다.

텅 빈 식당에서 우리가 도시락을 싸고 있을 때 평소 온화하던 식당 주인이 얼굴을 붉히며 "학생 어디를 간다는 거냐?" 하며 벌컥 화를 냈다.

그런데 그 기세가 심상치 않았다. 그는 생각이 우리와

다른 사람같이 보였다.

그렇다고 이 마당에 그와 따지고 싸울 수도 없었다. 이렇게 해서 싸가지고 온 도시락이었다.

노천에서 하늘을 쳐다보며 누워있노라니 이런 생각 저런 생각이 오락가락했다. 공기는 맑고 하늘의 별은 평화스럽기만 했다. 우리는 별로 말없이 어느새 잠들었다.

다음날 수원에 도착했다. 처음 오는 곳인데 수원 시내는 아수라장이었다. 수원으로 오는 도중에 군부대가 포진하는 데를 지나갔다. 군사 지식은 없었지만 이것은 우선 방어선 구축이 아닌가 싶었다.

키가 크고 건장한 체격의 장교가 버티고 서있는 모습이 보기 든든했다. 그러나 전방의 상황은 시시각각으로 우리쪽이 불리한 것만은 틀림없었다. 38선이 뚫리고 나서 며칠도 안 되는데 지금 수원 가까이 군대가 포진하고 있었으니 사태의 추이가 내다보였다.

우리는 수원에서 이틀 묵었다. 서울에서 내려온 학생들이 우선 모여 이것저것 의논하는 모양이었는데, 느닷없이 그 모임에서 우리 문리과대학에서 우원덕(禹元德)과 내가 뽑히고 다른 대학의 학생 하나까지 셋이 국방부 정훈국장을 만나라는 의견이 나왔다.

우원덕은 이과생으로 평양에서 같은 중학에 다녔는데 키가 크고 유도부에 속해 있었으나 원래 성격이 온순하고 소극적이었다. 하여간 우리 셋은 국방부를 찾아갔다.

당시 정훈국장은 서울대 교수였던 이선근 씨. 그는 대령 계급장이 달린 야전모를 쓰고 해가 내리 쪼이는 교정 같은 데 앉아 군인들에게 무엇인가 지시하고 있었다.

그의 인간성은 대학시절 잘 알려져 있었다. 그는 충혈된 눈으로 우리를 바라보자 "너희들은 누구냐?"고 소리부터 질렀다. 순간 우원덕이 마치 전봇대가 넘어지듯 뒤로 쓰러졌다.

기가 찰 노릇이다. 군인들이 물통을 들고 와서 그에게 퍼부었다. 우가 정신이 들었던지 부스스 몸을 일으켰다. 나는 화가 나서 "가자! 다 소용없어"하고 소리치며 거기서 나오고 말았다.

수원에 모인 학생들은 국방부 정훈국장이 서울대학교 교수였으니까 학생들을 아껴 후방 선무공작 요원으로라도 써주지 않겠는가 하고 바랐던 모양인데 일은 이렇게 끝났다. 행여나 하고 모였던 학생들은 삼삼오오 사방으로 흩어지고 모두 서둘러 남쪽으로 내려갔다.

일선의 정세는 더욱 악화하는 듯 했다. 수원 남문에 사람들이 모여 우왕좌왕 하고 있었는데, 나는 거기서 영어학원에 다니던 여학생을 만났다.

그녀는 이북에서 내려와 해방촌엔가 살고 있었는데 지금 어머니와 함께 남쪽으로 내려가는 길이라며 나더러 같이 가자고 했다. 그러나 나는 일행이 있다며 그길로 헤어졌다. 물론 그뒤 소식은 모른다.

서울에서 있었던 일이 생각난다. 하루는 영어학원에서 수업을 마치고 집으로 돌아가려는데 그녀가 같이 따라 나섰다. 전에 없던 일이었다. 우리는 서로 이런 저런 이야기하며 길을 가다 어느새 동대문, 신설동을 지나고 있었다. 한참 걸은 셈이다.

저녁 시간이 다가왔다. 그날은 청량리에 와서도 기숙사로 들어갈 생각을 하지 않고 발길이 자연 홍릉 쪽으로 향했다. 저녁에 자주 찾던 곳이다. 서로 한참 젊은 나이에 자기 인생에 대해 생각이 많았던 무렵이었다. 그러한 우리가 학원에서는 매일 얼굴을 대해도 남남이었는데 이렇게 마음 터놓고 정답게 이야기하기는 처음이었다.

주위는 더욱 어두워졌고 숲속은 조용했다. 우리는 적당한 곳을 찾아 앉았다. 더 갈 데도 없었다. 그러자 그녀가 내게로 몸을 기대었다. 바로 그때 나무 사이로 검은 그림자가 다가오며 "누구냐"고 한다. 나는 학생이라고 말하고 기분이 좋지 않아 그자리에서 일어났다. 그날 우리의 만남은 이렇게 끝났는데 피난길에서 다시 서로 부딪쳤던 것이다.

우리는 수원역에서 화물차를 타고 대전으로 내려갈 참이었다. 역은 벌써 수라장이고 열차마다 쌀가마가 가득했다. 쌀이 있어야 우리도 살겠지만 그대로 두고 가면 인민군의 식량이 된다고 누군가 말했다. 그 쌀가마 위에 사람들이 빽빽히 눌러앉아 있었는데, 우리도 사람들 틈에 끼어 그 위에 올라갔다. 차가 움직이기 시작했다. 이젠 됐다 싶었다.

열차가 대전역에 도착했다. 대전은 38선에서 멀리 떨어졌지만 벌써 피난민으로 거리 전체가 어수선했다. 그런데 우리 바로 뒤로 왔다는 학생이 나를 알아보고 우원덕이 탔던 화물열차가 호주 비행기(쌕쌕이라 했는데) 기총소사를 받고 원덕이가 그자리에서 죽었다고 했다. 간발의 차라는 말이 있지만 그와 우리 사이에 벌어진 순간이 우리를 영원히 갈라놓고 말았다.

그런 와중에서 대전이 우리에게도 돌이킬 수 없는 갈림길이 될 줄은 차마 몰랐다. 모든 것이 운명의 장난일까 싶었다. 니체는 '아모르 화티' 즉 '운명애'라는 말을 썼지만, 운명이란 우리가 긍정적으로 받아들이건 부정적으로 이에 대응하든 특히 돌발적인 사태에 부딪쳤을 때 사람은 운명을 깊이 생각하게 된다. 그리고 운명에 자기가 휩쓸렸는가 아니면 이에 맞서 뚫고 나갔는가는 훗날에 가서야 비로소 알게 된다.

서울에서 밀려 내려온 피난민으로 무질서 하게 술렁거

리는 대전을 갑작스러운 비바람이 뒤덮었다. 우리는 대전 역에 있었는데, 그때 마침 군용열차가 북으로 올라가고 있었다.

화차에는 트럭들이 실리고 객차마다 새파랗게 앳되 보이기까지 하는 미국 군인들이 빽빽이 타고 있었다. 나는 이 외국 젊은이들을 보며 그들은 우리가 버리고 도망친 곳으로 올라가고 있다는 사실을 새삼 느꼈다.

북상하는 미국 젊은이들과 남하하는 우리 젊은이들, 그 엄청난 괴리…. 물론 38선이 왜 생겼는지, 그리고 왜 북쪽에서 남으로 쳐내려오며 5,000마일 태평양 저편에서 미군이 왜 이 싸움에 끼어드는지 하는 결코 간단히 답이 나오지 않는 문제가 있다.

그것은 그저 이데올로기의 문제인가? 국가 간의 패권 싸움인가? 그 사이에서 우리는 무엇이며 어떻게 해야 하는가? 그런데 여기 한 가지 분명한 논리가 있다.

이렇게 모두 도망칠 때 대한민국은 어떻게 되며 우리는 어디로 도망갈 것인가 하는 것이며, 이런 때 부녀자나 노약자라면 모르되 20대 젊은 대학생들마저 앞을 다투며 자기만 살겠다고 한다면 이 현실을 어떻게 받아들여야 하는가 싶었다.

수도사단장의 격문이 시내 곳곳에 나붙어 있었다. 싸울 사람이 없으니 젊은이들이 총을 들라는 호소였다. 그런데 당시 서울 일원의 대학생들은 피신하기에 바빴고 남쪽 학생들은 모두 고향으로 내려갔다.

안호상 교수가 문교부장관이 되면서 대학에는 학도호국단이라는 것이 결성되어 여기 간부들은—누가 어떻게 뽑혔는지 모르지만—당시 수색에 있던 예비사단에 들어가 군사훈련을 받고 기세를 올리고 있었는데, 이들 학생 간부라는 사람들의 얼굴은 하나도 보이지 않았다.

힘이야 있건 없건 6·25가 터지자 그들은 한곳에 모여 서로 대책까지는 세우지 못해도 의견이라도 교환했음직한데 그런 흔적은 찾아 볼 수도 없었다. 모두 도망 가느라 정신이 없었던 것이 분명하다.

앞서 수원에서 국방부 정훈국과 접촉하려다 실패했지만 대전에 내려와서도 학생들은 아직 그 미련을 버리지 못하고 있었다.

그러나 전방의 전황은 그런 여유 있는 일을 용납하지 않았고 대전을 버리고 대구로 계속 내려가야 한다는 소문이 나돌았다. 정부가 이미 대전을 벗어났다는 이야기까지 들려왔는데 알고 보니 그것이 사실이었다.

북한의 인민군은 벌써 수원까지 내려온 듯했다. 시내를 서성거리던 젊은이들의 모습이 보이지 않았다. 모두 재빨리 도망간 모양이었다. 그러자 국방부 정훈국에서 나왔다는 자가 그런 대로 둘러선 젊은 학생들에게 사태가 급변하고 있으니 나가 싸워야 한다고 역설했다.

사람들은 하나 둘 자리를 뜨기 시작했다. 그때 내가 앞으로 나갔다. 국방부 직원이 "서울대 문리대 철학과 김영도가 제1호로 지원했다"고 큰 소리로 말했다.

옆에 있던 상과대학의 동생 영식이와 공대생인 김종우도 가겠다고 나섰다. 우리는 모두 청량리 기숙사 한방에서 공부하던 학생이었다. 김성건의 동생도 따라 나섰다. 하기야 혼자 떨어질 수도 없었을 거다.

사실 우리는 그때까지만 해도 한번도 학도병 지원 문제를 의논한 적이 없었을 뿐만 아니라 앞으로 어떻게 하면 좋겠는가 서로 이야기 하지도 않았다. 우리는 너무 순수했고 젊었었다.

이처럼 중대 기로에 서있으면서 그렇게도 생각 없이 지금까지 지내왔는가 할는지 모르나 당시 그것을 화제로 삼고 이러니저러니 하기엔 사태가 너무 급하게 돌고 있었다.

적어도 우리는 자기 인생을 머리를 굴려가며 저울질하려고 하지 않았고 그런 재주도 없었다.

우리는 그날 저녁으로 어디론가 갔는데 알고 보니 충북 진천이라는 곳이었다. 거기에 수도사단이 있었고 사단장이 바로 유명한 김석원 장군이었다. 김 장군은 일본 육사 출신으로 광복 전까지 대좌로 있었는데 성격이 강직하고 철저한 무인정신을 가진 군인으로 널리 알려졌던 인물이다.

우리는 학생의 입장에서 당시 군 내부의 사정은 알 리가 없고 그런 일에 관심도 없었지만, 여하튼 무슨 일로 군에서 물러나 민간인으로 있다가 6·25가 터지며 유능한 지휘관이 필요해지자 다시 불리어 현역으로 들어갔다는 이야기다.

그날 저녁 우리들 10여 명이 간 곳은 이 수도사단 예하의 보병 제17연대였다. 연대장은 백인엽 대령이라고 했다. 우리는 물론 이 보병연대 이름을 이날 처음 들었지만 이 백 대령이 알고 보니 당시 군에서 가장 우수하다는 17연대의 연대장이었다.

그때까지 우리는 옛날 일본제 38식 소총과 심지어는 목총까지 제멋대로 들고 갔는데, 내가 우리 인솔자에게 "이것 가지고 싸우라는 거냐"고 묻자 일선에 나가면 모든 것이 새로 지급되니 걱정 말라고 했다. 물론 그렇겠지만 그렇다고 이런 꼴로 끌려가면 마치 패잔병이나 다름없어 기분이 처음부터 좋지 않았다. 이것이 당시 한국군의 모습이었다.

진천 산 속의 어느 집에 들어가자 연대장이라는 사람이 흰 셔츠 바람으로 나와 우리를 맞았다. 그때 그가 무슨 말을 했는지 기억에 없지만 내가 잊지 못하는 일은 우리 가운데 안경 쓴 한 젊은이를 자기 방으로 데리고 들어갔던 일이다.

그는 서울대 미술대 학생으로 연대장의 조카 벌이 된다는 소문이 돌았다. 얌전하고 온순한 얼굴이었는데 아무리 보아도 총 들고 나가 싸울 것 같지 않았지만 그는 그리고 다시는 우리 앞에 나타나지 않았다.

우리는 진천 산골짜기에 있으면서 군의 보급을 제대로 받은 기억이 없다. 생각나는 것은 밤낮으로 105밀리 곡사포 포탄을 나르는 일이었다. 물론 이래도 좋았다. 그런데 그 일도 오래가지 않았다. 바로 후퇴했기 때문이다.

저녁은 아직 일렀는데 산골짜기는 벌써 어두워졌다. 군인들이 골짜기에 나있는 넓지 않은 길을 따라 양쪽으로 갈라져 남쪽으로 내려가고 길 한가운데 누군가 버티고 서 있었다.

그 모습이 예사롭지 않았다. 사단장 김석원 장군이었다. 옆에 보좌관도 보이지 않았는데, 일본 군도를 지팡이로 삼고 긴 가죽 장화를 신고 있는 위풍이 당당했다. 그러나 그의 심정은 짐작이 가고도 남았다.

맹장 밑에 약졸이 없다고 하지만 지금 그의 예하 장병은 후퇴를 계속하고 있었다. 참모도 없이 이렇게 혼자 패잔군을 바라보는 그는 한마디로 지치고 외로워 보였다.

김석원 장군은 훗날 포항·안강 전투에서 작전상의 문제로 미 고문관과 의견이 맞지 않아 결국 인천상륙을 눈 앞에 두고 군에서 물러나고 다시는 군으로 돌아오지 않았다.

우리는 진천에서 열차 편으로 바로 영천으로 갔다. 부대가 영천에 도착했을 때는 저녁이었다. 우리는 영천 근교에 있는 큰 다리 밑으로 들어갔다. 여기서 어떻게 하려는 걸까? 그날 밤을 지낼 모양이었다. 그래서 우리는 한데 모여 잠자리를 챙겼다. 날은 차차 어두워지고 잘 준비를 하고 있는데 이동명령이 떨어졌다. 정말 알다가도 모를 일이다. 그러나 어찌하랴? 그리고 간 곳이 대구였다.

대구에 있는 사이에 경상북도 일원에서 학도 지원병들이 매일같이 들어왔다. 서울 대전에서는 도망가기가 바빴는데 이제 대구에서는 앞으로 도망갈 곳도 없어졌던 모양이다.

상황은 급한데 이들을 어떻게 할 것인가?

군대는 사기만 가지고 싸울 수는 없을 것이다. 단기간이라도 소위 군사교육을 받아야 할 터이니 군에서도 이렇게 몰려드는 학생들에게 우선 전쟁에 필요한 지식과 기술 등을 가르쳐 줄 수밖에 없었으리라. 그래서 우리가 들어간 곳이 이른바 하교대 즉 하사관 교육대였다.

하교대는 대구 시내 남쪽으로 흐르고 있는 무슨 강인지 그 강 건너편에 있는 학교 건물이었다. 우리는 거기서 한 주일인지 열흘이었는지 머물며 기초적인 군사 교육을 받았다. 교관은 소위들이었다.

때는 7월 중순, 대구의 한 여름 더위는 정말 대단했다. 우리는 아침마다 '무명지 깨물어 붉은 피를 흘리며…'라는 군가 등을 부르며 가까운 강에 가서 세수하면 하루 일과가 시작됐다.

그러던 어느날 우리는 그늘도 없는 야산의 뙤약볕 아래서 M1 소총과 박격포에 대한 교육을 받고 있었다. 땅바닥에 앉아 노트에 기록하다 보니 옆과 앞뒤에 아무도 없었다. 나 혼자 교육장소 한가운데 앉아있었고 교관은 여전히 흑판을 보며 설명하고 있었다. 정신이 들어 주위를 살피니 어느새 자리를 옮겨 모두 나무 그늘 밑에 가 있었다.

하사관 교육대를 떠나는 날이 왔다. 교정에서 수료식이 있었는데 앞에 교관들이 서있고 졸업생들은 나란히 서서 한 사람씩 걸어 나가 교관들에게 경례하고 작별인사를 했다. 내 차례가 오려면 아직 시간이 있었다.

그러자 육군 소위 한 사람이 나 있는 데로 다가와서 철모를 벗어 옆구리에 끼고 거수 경례를 하며 느닷없이 "형님 말씀 많이 들었습니다"하고 내 손을 잡았다. 나는 영문을 몰라 그저 긴장한 채 그 자리에 서 있었다. 무슨 이야기를 누구한테 들었다는 것인지 알 수가 없었다.

당시 교관들은 모두 육사 8기생이었거나 아니면 생도 1기였다고 한다. 이 젊은 장교들은 6·25가 일어나자 바로 일선으로 나갈 수밖에 없었고, 초전에 대다수 희생됐다고 한다. 물론 그랬을 것이다.

나는 그날 나에게 다가왔던 장교의 얼굴도 이름도 기억에 없다. 그나 나나 한창 정열에 불타는 젊은이였으나 슬픈 인생이었다.

하사관 교육을 마치고 우리는 17연대로 돌아갔다. 이 부대가 어떤 곳인지 사실 나는 몰랐고 그것이 그렇게 중요하지도 않았다. 군대란 어디까지나 군대고 군인이 된 이상 군인으로 살면 그만이었다.

나는 1945년 8·15전 일본 군대 징병 1기로 끌려갔던 경험이 있다. 언제나 몸이 튼튼하고 정신은 맑아서 뒤에 처지는 일이 없었다. 그리고 어려서 소위 전쟁놀이를 좋아했지만 사실 군대에는 관심이 없었다. 소대나 중대가 몇 명인지 연대장의 계급이 무엇인지도 몰랐다.

하교대에서 17연대로 돌아오던 날 연병장에 서있는데, 대령 한 사람이 작대기(지휘봉이었던 모양인데)를 들고 우리 앞에 나타났다. 그리고 나더러 "일보 앞으로!" 하고 지나갔다.

나는 한 걸음 앞으로 나가 섰다. 그러자 대령이 다시 돌아오더니 왜 자기를 바라보지 않느냐며 들고 있던 작대기로 내 머리를 쳤다. 나는 화가 나서 "왜 치는가?" 하고 대들었다. 그는 지휘관을 따라 몸을 돌리라고 했다. 나는 그렇게 배운 적이 없다고 대꾸했다. 그는 그 말이 못마땅했던지 "대학생은 말이 많아. 싸움을 할 줄 모른다"고 하길래 싸움을 시켜 보았느냐고 또 대들었다. 그제서야 그는 말없이 앞으로 걸어갔다. 그가 바로 17연대 연대장 백인엽 대령이었다. 나는 이 사람을 지난 날 진천에서 보았는데 전혀 기억에 없었다. 그때 연대장은 우리 가운데서 분대장을 고르고 있었던 모양이다.

보병 제17연대는 용맹으로 이름났는데 부대장이 이런 사람이어서 장병들은 그를 몹시 무서워했던 것 같다.

우리는 며칠 동안 대구의 어떤 공장 자리에 주둔했다. 넓은 창고 같은 건물들이 있었는데 그 한 구석에서 당분간 기거했다. 이따금 연대장이 나타나면 연대 병력이 넓은 광장에 모이느라 일대 소란이 벌어지곤 했다. "집합!" "해산!"의 연속 속에 그 많은 장병들이 아우성이다. 굳이 이렇게까지 해야 하는 건지 의심이 갔지만 도리 없었다.

하기야 적과 싸울 때 무슨 질서나 순서나 이치가 있겠는가? 군인들은 그때 마다 빨리 움직이며 대처해야 할 것이다…그러긴 한데?

그 난장판에서 어느 고참병이 나더러 너 빨리 뒤에 가서 숨으란다. 연대장은 장병 가운데 안경 쓴 사람 있으면 17연대에 두지 않는다는 이야기다. 이 말에는 나도 기가 죽었다. 그러다간 동생이나 친구들과 떨어져야 할 터이니 그것은 큰일이었다.

하루는 아침에 일어나니 고참병이 우리를 일렬로 세우고 간밤에 옆에서 잔 대위의 속옷이 없어졌다며 야단이었다.

그는 우리를 그 자리에 엎드려 뻗쳐 시키고 몽둥이로 엉덩이를 후려쳤다. 소위 연대 기합이었다. 아무리 군대라지만 세상에 이럴 수가 있는가? 우리는 하는 수 없이 맞았지만 나는 전방에 나가면 너부터 먼저 죽인다고 마음먹었다.

이런 군대 생활을 하려고 여기 온 것이 아니었다. 물론 군대란 그런 곳인 줄 알면서도 그것이 싫었다. 더구나 지금 나라가 이 꼴인데 그까짓 일로 사람을 못살게 해서 사기를 죽인단 말인가? 군기도 중요하지만 그렇게 해서 군기가 잡힌다고 나는 보지 않았다.

나는 하루 빨리 싸움터로 나가고 싶었는데 어느날 드디어 출동 명령이 떨어졌다.

수십 대의 트럭이 일개 연대 3,000명의 병력을 싣고 아침부터 어디론가 떠났다. 그런데 이렇게 전체가 이동할 때 갑작스러운 용변은 어떻게 처리할 수 있을까? 나는 달리는 차중에서 참다못해 트럭 뒤에 가서 엉덩이를 내놓고 변을 볼 수밖에 없었다.

일본 군대에서 "사역병 집합!" 하면 언제나 제일 먼저 뛰어나가 얻어맞지 않았을 정도로 매사에 빈틈없고 재빨랐는데 이제 자기 나라 군대에서, 그것도 지원해서 들어와 이런 나날을 보내게 되니 의기소침은 고사하고 한없이 서글퍼졌다.

트럭의 행렬이 정오 무렵에 어디선가 일단 섰다. 식사라
도 하는 줄 알았더니 식사는 식사인데 점심을 먹고 나서
작업이 시작됐다. 시골 장이 열리는 넓은 곳이었는데, 그
곳에서 지금까지 가지고 있던 M1 소총을 모두 반납하고
새 것을 지급받았다.

그런데 그것이 그냥 내주고 받는 것이 아니고 큰 짐짝
을 뜯고 그 안에 있는 새 총들을 꺼냈는데, 이것이 온통
그리스 덩어리였다. 지금부터 그 기름 범벅을 모두 닦아낸
다음 일단 분해하고 다시 결합해야 했다. 도대체 무엇을
가지고 그 기름을 닦으며 어떻게 깨끗이 손을 씻는단 말
인가?

군대에서는 말이 필요 없고 그저 하라는 대로 하는 수
밖에 없다지만 세상에 이 노릇을 어떻게 하는가? 울 수도
없고 화를 내야 소용도 없다. 그 대낮 무더위 속에 사병들
은 자기 총을 이렇게 새로 받고 다시 행군을 계속했다.

새벽녘에 차가 잠깐 서 길래 마을 사람에게 여기가 어
디냐고 물었더니 '청도'란다. 대구 남쪽 청도였다.

아침에 대구를 떠나 다음날 아침 대구로 돌아가는 격이
됐다. 마산 쪽의 전황이 불리해서 그쪽으로 이동하라는 작
전명령이 내렸던 모양인데 도중에 포항과 안강 쪽이 위험
하다고 해서 경주 쪽으로 방향을 돌린 것이다. 부대가 영

천을 지나갈 때 부상자들이 차에 실려 오는 것이 보였다. 싸움이 멀지 않은 곳에서 벌어지고 있다는 것을 실감하며 기분이 이상했다.

우리 17연대는 경주를 거쳐 안강 방면으로 북상했다. 경주에서 포항, 안강으로 가는 길가에 벼이삭들이 누렇게 물들어 보기에 아주 평화스러웠다. 그때만 해도 머지않아 이 근처 어디선가 평생 잊을 수 없는 일이 나에게 닥쳐 올 줄 꿈에도 생각하지 못했다.

우리는 안강을 지나 산악 지대로 들어갔다. 기계(杞溪)라는 곳이었다. 이곳 비학산(飛鶴山)에 인민군 대부대가 집결하고 있다는 이야기가 들려왔다. 동해안 지역 즉 동부 전선은 수도사단이 맡고 있는데 17연대가 수도사단 소속이어서 우리가 이곳으로 이동해 왔다.

잊지 못할 안강 전선

1950년 한여름 8월 어느 날이었는지 기억에 없다. 일기도 쓰지 않았다. 그것은 써서 무엇 한단 말인가? 되어가는 꼴이 한마디로 시원치 않았다. 일기란 내일이 있고 과거가 있을 때 필요한 것이지, 지금 눈 앞에 보이고 벌어지는 일들이 나의 인생의 전부이지 그것 외에 아무 것도 없다.

벼가 누렇게 익고 있는 넓은 들을 끼고 큰 길이 북쪽으로 뻗었는데, 간간히 지나가는 것은 군용차량일 뿐 사람 그림자는 찾아보기도 어려웠다. 하기야 여기는 사람 사는 데가 아니고 싸움터다. 하늘에는 구름 한점 없고 햇살이 뜨거웠다.

한반도 남단 가까운 경주를 약간 벗어난 이곳, 달포 전에 시작된 전화가 어느새 여기까지 쓸고 내려왔다. 낙동강으로 인민군이 밀고 내려오며 동해안의 포항부터 내륙지방으로 안강과 영천 그리고 대구를 거쳐 남해안 마산까지 이른바 '부산 교두보'가 마련된 셈이다. 사실인즉 이 조그마한 땅덩어리만 남았을 따름이다.

전황이 이쯤 됐으니 말은 못해도 UN군과 국군의 패전의 기색이 짙었으며, 이런 측면에서 보면 참패는 고사하고 끝에 가서 무슨 일이 벌어질 런지 그야말로 불문가지며 명약관화 했다. 그때 우리는 어디로 갈 것인가?

서울을 떠나 대전 대구로 밀려 내려온 수많은 피난민들은 지금쯤 모두 부산 한곳에 운집하고 있을 것이 눈에 보였다. 거기 밖에 갈 곳이 없으니 … 싸우는 군인들은 고사하고 그들은 지금 무슨 생각을 하고 있을지 모르겠다.

경주에서 포항, 안강으로 이어지는 길은 우리 학도병들에게는 낯이 익다. 그동안 여러 차례 이 길을 오르내렸으니까. 그때마다 우리는 어려서 소풍가던 기분이었다. 말이 일선이지 총소리도 안 들리고 주위는 언제나 고요하기만 했다.

농가는 모두 소개되고 사람은 그림자도 볼 수 없었다. 물론 언젠가는 무슨 일이 닥칠 것이 뻔한데도 그것이 조금도 마음에 걸리거나 실감나지 않았다.

전방에서 전투가 그렇게 심하다는데 우리들 60명 2개 소대는 매일 그날이 그날이었다. 학도병 중대는 경주에 주둔하면서 이따금 안강과 기계 사이를 왕래했다.

군인으로 경험이 없으니 이렇게 해서 전쟁터의 분위기를 익히도록 하는 한편 학생들을 아낄 수 있는 데까지 아끼려는 것일까?

경주 시내에 있는 어느 국민학교 같은 건물에 있을 때 일이다. 나는 중대 2개 소대 가운데 제2소대 1분대장이고 동생은 부분대장이었다. 분대원 11명 가운데 서울대생이 우리 둘이어서 그렇게 된 것 같지만 그것은 그리 중요하지 않았다.

나는 그저 이렇게 동생과 같이 있는 것이 좋았다. 그런 배치가 우리에게 반드시 좋은 것인지 알 수는 없지만 우선은 동생을 지켜보고 있을 수 있다는 것이 나를 안심시켰다.

일본 군대에 있을 때에는 동생과 내무반이 달랐다. 그래서 이따금 만나면 그렇게 반가울 수가 없었다.

하루는 교정에서 집총 훈련을 하고 있었다. 사실 나는

이런 일에 불만이었다. 전쟁터가 눈 앞인데 사격 훈련을 시키지 않고 고작해서 한다는 것이 집총 훈련이다. 그러나 할 일 없다고 사병들을 방에서 잠을 자거나 그냥 놀게 해 두지 않는 것만 해도 다행이었다.

중대장인 소위는 2개 소대 60명을 횡대로 세워놓고 몇 차례 되풀이 하며 "받들어 총!" 하고 구령을 내렸다. 그러다 나한테 다가오더니 앞으로 나오라고 했다. 순간 기분이 좋지 않았다.

내가 나가서야 할 이유가 없는데 하며 앞으로 나갔더니 이번에는 저쪽에서 누군가를 나오란다. 동생이었다. 하필이면 우리 형제가 이렇게 사람들 앞에 나서게 되다니? 갑자기 서글픈 생각이 들었다.

중대장은 사병들이 지켜보는 가운데 우리에게 "받들어 총!"을 시켰다. 우리는 같이 구령 따라 했다. 중대장은 한 두 번 더 시키더니 중대원들에게 '받들어 총'은 이들처럼 하는 거라고 말했다. 우리 형제가 모범을 보인 셈이다.

이 순간 지난날 평양에서 중학교 다닐 때 일이 눈앞을 스쳤다. 당시 학교에서는 연말이면 그해의 무술 교육을 총정리하는 '노오카이(納會)'라는 행사가 있었는데 요는 교내에서 검도와 유도의 기술을 겨루는 무술 대회였다.

그런데 그해 검도에서 동생이, 유도에서 내가 각각 최고상을 받아, 영화 제목처럼 '형제는 용감했다'는 평을 들었다. 동생이 검도에서 내리 40명을 쳤고 내가 유도에서 6명을 넘어뜨린 것이다.

경주에서 전선은 결코 멀지 않았다. 정확하지는 않으나 북쪽의 안강과 기계 일대가 바로 적과 대치하고 있는 곳이니 고작해서 40 내지는 50킬로미터 사이를 두고 있는 셈이다.

그런데 경주는 매일 매일이 조용하기만 했다. 어떻게 보면 신라의 고도다운 차분한 공기에 싸여있었다. 그러나 전투부대에 속해있는 우리가 늘 이렇게만 있을 수는 없었다. 결국 전방의 전황이 악화되면서 드디어 경주를 떠나는 날이 왔다.

그 무렵 적의 기세는 당당했다. 38선을 넘어선 지 3개월도 채 안됐는데 그야말로 일사천리 파죽지세로 낙동강까지 밀고 내려온 적이다. 그들의 눈에 경주가 어떻게 보였겠는가 물어보나 마나다. 그러니 우리가 포항과 안강, 영천 그리고 대구를 잇는 이 일대를 지키지 못하면 그 다음 어떻게 되겠는가?

지금까지 경주를 들락날락하던 것과는 다르다. 다시는 돌아오지 못한다는 이야기다. 죽든 살든 말이다. 상황이 그렇게 된 모양이었다.

우리는 그날 저녁 안강과 기계 사이 어느 지점에서 연

대본부 주변의 경계 임무를 맡은 것 같았다. 누구 한 사람 이렇다고 설명해주지 않으니 확실한 것은 모른다. 골짜기 깊숙한 곳에 지붕이 없는 농가 한두 채가 있어 우선 그곳에 들어가 그날을 보낼 참이었다.

분명 최전방인데 조용하기만 했다. 하기야 한밤중이니 오가는 군인도 없고 총성도 포성도 들리지 않았다. 전쟁터란 이런 곳인가? 폭풍 전야의 고요함일까? 나는 어느새 잠이 들었다. 자정이 지나고 새벽녘 같았는데 빨리 일어나 집합하라는 소리가 들려왔다. 근래에 들어본 적 없는 소리였다. 어둠을 헤치고 밖으로 나갔더니 칠흑같이 캄캄한 속에 중대장의 모습이 보였다.

우리 중대가 드디어 기계, 안강 전선에 투입되면서 지금까지 우리를 지휘하던 소위는 온데간데 없고 대신 소령이 중대장으로 왔다. 바로 그 중대장이 밤중에 흩어지면 큰일 나니까 서로 손을 잡으라고 했다. 그리고 어디론가 갔다. 도대체 이렇게 해서 어떻게 하자는 것인지 알 수가 없었다. 그러니 군대에서 하는 일을 우리가 뭐라고 할 것인가? 캄캄한 속에 어디로 간단 말인가? 그러자 얼마 안가서 정지하라고 했다.

중대장은 느닷없이 2소대 1분대장 나오라더니 나더러 분대원 하나를 앞산 꼭대기로 보내라고 했다. 지금 적이 우리를 포위한 모양이니 정확한 상황을 알아야겠다는 것이다. 주위는 어두워 아무 것도 보이지 않았다. 그러나 중대장의 명령이니 따르는 수밖에 없었다.

당시 분대 병력은 11명, 그 가운데 BAR(Browning Automatic Rifle · 자동소총) 사수 한 명이 있었다. 나는 눈동자가 바로 박힌 놈 하나를 골랐다. 그런데 그는 간밤에 배가 아파 한잠도 자지 못했다고 했다.

그래서 다른 사병을 지명했더니 그도 무슨 이유를 대며 다음에 꼭 가겠다는 것이었다. 이제 그렇다고 누구를 뽑겠는가? 동생더러 가라면 가겠지만 차마 그럴 수가 없었다.

나는 중대장에게 내가 가겠다고 했다. 중대장은 "분대장이 어떻게 가나" 했지만 나밖에 갈 사람이 없다고 다시 말했다.

나는 어둠 속을 '앞에 총' 하고 뛰다시피 하며 산을 올라갔다. 1소대 1분대장인 기숙사 한방 친구 서울 공대생 김종우가 어둠 속에서 나를 쳐다보았다.

그런데 이상하게도 나는 힘든 줄 몰랐다. 산비탈을 한참 오르고 또 오르니 그제서야 동녘이 훤히 트며 앞이 보이기 시작했다. 순간 이대로 가다간 적에게 들킬지 모르겠다는 생각이 들어 잠시 그자리에 서서 숨을 돌렸다. 주위는 쥐죽은 듯이 조용했다.

그때 마침 산마루가 어렴풋이 올려다 보였다.

나는 중대장 지시대로 "아군이다! 17연대다!" 하고 몇 차례 소리를 질렀다. 그 순간이었다. 산꼭대기에서 빨간 불덩어리들이 나한테로 한꺼번에 날아왔다. 예광탄이다. 예광탄은 사격 목표를 알릴 때 쏘니 상대방이 저놈 잡아라! 하는 신호에 틀림없었다.

나는 그자리에서 도망쳤다. 이제 전방 상황을 알았으니 내 할 일은 끝났다. 나는 산비탈을 달려 내려와 중대장에게 상황을 보고했다. 중대장은 빨리 내려가자며 중대를 이끌고 하산했다.

날이 밝았다. 옆 능선으로 많은 병력이 내려오고 있었다. 그런데 대열이 가까이 오자 지휘관으로 보이는 장교가 "어떤 놈이 산꼭대기에서 소리쳤나?"며 막 야단이었다.

그때 나에게 예광탄 세례를 퍼부었던 부대에 틀림없었다. 결국 그 산마루에는 아군이 있었다는 이야긴데, 일선에서 적과 대치하고 있을 때 상대방에게 이쪽을 노출시킨다는 것은 상식 밖의 일이다. 그런데 우리 중대장은 무슨 생각으로 나더러 "아군이다! 17연대다!"라고 소리 지르도록 했는지 알 수가 없었다.

그날 우리는 어느 야산 능선에 호를 팠다. 돌이 많아 야전삽으로 잘 파지지 않았다. 호는 결국 자기 몸이 들어가야 하니 상당히 넓고 깊게 파야 한다.

그 작업을 한참하고 있을 때 이동 명령이 떨어졌다. 또 어디로 가는 모양이었다. 그런데 방향이 이상했다. 남쪽이

다. 남쪽이면 후퇴나 다름없다. 그러나 우리는 명령 지시대로 움직일 따름이다.

저녁 시간이었다. 걷고 또 걷는데 주위가 차차 어두워졌다. 선두에 선 중대장이 앞에서 누군가 하고 말을 주고받는 것 같더니 상대방이 다짜고짜 중대장의 뺨을 때렸다. 상대방은 대위였다.

나는 영문을 알 수가 없었다. 소령이 대위에게 맞다니? 어떻게 된 일인가? 우리 중대장이 소령이 된 지는 며칠 안 되었고 상대는 고참 대위여서 전부터 잘 아는 사이였는지도 모른다. 아무리 그렇다 손 치더라도 서로 언제 죽을지 모르는 마당에 전우보다 소중한 것이 어디 있단 말인가?

나는 군대의 논리를 도저히 이해할 수가 없었다. 우리 중대장이 다소 모자라는지 아니면 사람이 너무 좋은지 혼자 착잡한 기분으로 걸음을 재촉했다.

길은 어디가 어딘지 알 수가 없었다. 물이 흐르는 계곡을 걸어갔다. 해가 지고 달이 떴다. 달빛이 나뭇가지 사이로 비추었다. 나는 싸움터가 아니고 꿈을 꾸고 있는 것만 같았다. 그리고 먼 훗날 만일 살아있으면 다시 한 번 찾아오고 싶었다. 그토록 주위가 내 마음을 사로잡았다.

그날 밤 우리는 넓은 시골 마을 같은 데서 묵었다. 알고 보니 안강(安康)이었다. 그동안 경주에서 기계로 몇 차례 오가며 지나간 곳인데 기계에서 바로 오지 않고 어떻게 돼서 이렇게 멀리 돌고 돌아 안강에 왔는지 도무지 모르겠다.

우리는 텅빈 과수원 농가에서 밤을 보내고 아침에 철길을 따라 계속 경주 쪽으로 갔다. 농가를 떠날 때 중대원 하나가 뜰에 서있는 주인 잃은 황소를 총으로 쏘아 넘어뜨렸다.

그는 적이 내려오면 그놈들이 배불리 먹는다는 논리였다. 하기야 옳은 말이다. 그러나 죄 없고 말 못하는 가축의 그 큼직한 몸이 힘없이 쓰러지는 것을 보고 한없이 서글펐다. 도대체 전쟁은 왜 하며 서로 죽이려고 하는가? 나도 적과 부딪치면 죽든지 살든지 싸울 수밖에 없겠지만 생각 없이 서 있는 가축을 이렇게 쓰러뜨리는 일은 감히 생각하지도 못했다.

철길을 따라 가노라니 다리가 나왔다. 우리는 텅 빈 안강역을 지나 결국 경주 방향으로 가고 있는 것이 분명했다. 이유야 어떻든 분명히 후퇴다. 그런데 주위에는 도대체 오가는 군인이 없었다. 모두 어디로 갔을까? 연대 주력은 아직 우리 뒤에서 적과 대치하고 있는지 또는 이미 어느 지형을 이용해서 공격 내지 방어 태세에 들어갔는지도 모르겠다.

군 작전에 대해 백지일 수밖에 없는 대학생이 그것을

어떻게 알겠는가? 나는 내 갈 길을 갈 따름이었다.

시간은 어느새 오후로 들어가고 있었다. 철교를 지나 여전히 철길을 따라 가노라니 나즈막한 언덕이 나타났다.

오른쪽은 비교적 높은 야산이고 왼쪽에 언덕이 있었는데 우리는 그리로 올라갔다. 중대장이 여기에 호를 파라고 했다. 학도병 60명이 이 언덕을 지킨다는 이야기 같았다.

언덕 북쪽으로 우리가 걸어온 철길과 멀리 안강 시내가 잘 바라다보였다. 여기에 호를 파라는 이유를 알 것 같았다. 언덕 위는 밤나무인지 도토리나무인지 큰나무가 여러 그루 서 있어서 햇빛을 가려 주었다. 나중에 어떻게 되든 마치 보금자리를 찾은 기분이어서 우선 마음이 편했다. 주위는 여전히 조용하고 앞에는 움직이는 것이 아무 것도 없었다. 만일 무엇이 나타난다면 물어보나 마나 적이라는 생각이 들었다.

나는 거추장스러운 철모를 벗어놓고 소총탄들을 깨끗이 닦아 철모 가득히 채웠다. 총알에 흙이 묻으면 발사했을 때 총구에 이물질이 녹아 붙어 다시는 총을 쏘지 못하게 된다고 배웠다. 무거운 수류탄도 두 개 같이 나란히 놓았다. 이제야 전투한다는 기분이 들었다.

나는 분대장, 낮에는 분대원들을 재우고 밤이면 깨어있도록 해야 했다. 낮에도 한 사람은 주위를 살펴야 하는데 그러다 보니 분대장은 마음 놓는 때가 없었다.

이렇게 해서 어느새 이틀이 지나갔다. 그런 대로 조용했으니 다행이라면 다행이었다. 그러나 아무리 생각해도 이상하다. 며칠 동안 앞에 아무 것도 나타나지 않는 것이 오히려 이해가 가지 않았다. 우리 연대 병력은 도대체 어디에 있는가?

오른쪽 즉 동쪽은 넓은 논밭을 지나 동해안이다. 그리로 가면 포항인데 지금쯤 포항은 어떻게 됐는지 모르겠다.

우리 17연대는 수도사단에 속해 있다고 들었고 포항전선에는 북한의 인민군 사령관 무정(武亭)이 와있다는 이야기도 들려 왔었다. 그러면 수도사단 김석원 장군과 바로 대치하고 있는 셈이다. 명장 김석원과 용장 무정의 대결!

김석원 장군이 있으니 다소 마음이 놓이긴 하지만 워낙 대세가 기울어져 지금 이 지경이 됐으니 역시 걱정은 가시지 않았다.

밤이 깊어 가는데 어디서 총소리가 들려왔다. 좌측 전방으로 좀 떨어진 곳인데 그것은 마치 일대 사격전이 벌어진 듯 요란했다. 눈에 보이지 않지만 아군과 적군이 대치하고 쌍방 간에 총을 쏘아대고 있는 것이 분명했다.

나는 순간 측면에서 지원 사격을 하는 동시에 적이 그 틈을 타서 이쪽으로 오지 못하도록 견제하는 것이 좋겠다는 생각이 들었다.

나는 보병 전술같은 군사학 따위를 배운 적이 없지만 사람이 하는 노릇 별 것 있겠는가, 그렇고 그렇지 하는 심정이었다. 그래서 분대원들에게 그 방향으로 일제 사격을 하자고 했다.

우리가 이렇게 총을 쏘아본 적은 일찍이 없었다. 조용하던 주위가 갑자기 총성으로 소란해졌다. 그 순간 전방의 총성이 멎는 것 같았다. 바로 그때 중대장한테서 총 쏘지 말라는 연락이 왔다. 주위는 다시 조용해졌다. 잘했는지 잘못한 것인지 알 수 없으나 그날은 그렇게 지나갔다.

3일 째 되던 날이었다. 중대장이 저녁에 전초병 둘을 전방에 배치하라고 했다. 기계에서도 그랬지만 이번에도 나더러 그렇게 하란다. 나는 부분대장인 내 동생과 평소 그와 친하게 지내던 학도병을 같이 앞에 내보냈다. 그런데 전초병의 임무는 적이 나타나면 예광탄을 하늘로 쏘아 올리는 일이었다.

드디어 때가 된 듯 했다. 이제 우리 앞에 나타나는 것은 적 밖에 없다고 알고 있었으나 이렇게 전초병을 배치하게 되고 보니 비로소 실감이 났다.

대체로 적이 공격해오는 것은 야밤이 지나 새벽이 가까운 무렵이다. 그래서 불효(拂曉)전투라는 말이 옛날부터 있는데 우리 군대에서 지금도 이런 표현을 군사용어로 쓰고 있는지 모르겠다.

그리고 공격할 때에는 먼저 적진에 포탄 세례를 퍼붓는다. 포격으로 적진을 쑥대밭으로 만든 다음 유유히 올라간다는 상식적인 원칙에서다.

그런데 그날따라 해가 지고 어두워지자 우리 있는 데로 포탄이 떨어지기 시작했다. 처음에는 한두 발 떨어지더니 그 빈도가 점점 잦아졌다.

드디어 일이 나는가보다 했다. 적의 포탄은 떨어지며 푹! 하고 땅 속 깊숙이 박힐 뿐 폭발하는 것이 별로 없었다. 즉 불발탄이 그렇게 많았다. 얼마나 다행인지 모른다. 이러한 갑작스런 포격은 적이 온다는 신호에 틀림없으니 모두 정신을 차리고 각자 자기 자리를 지켰다.

밤이 깊어지며 저 앞에서 갑자기 빨간 불이 몇 개 하늘로 올라갔다. 약속 대로 적이 나타났다는 신호다. 우리는 일제히 총을 쏘기 시작했다. 그토록 고요했던 주위가 삽시간에 수라장으로 변했다.

일선에 나와 이렇게 총을 쏘아보기는 처음이었다. 아직 보이는 것은 없으나 M1 소총의 사거리는 상당하니 우리는 쏘고 또 쐈다. 총열에 불이 날 정도다. 철모에 담았던 여덟 알 클립을 하나씩 소총에 갈아 끼우기가 바빴다. 총소리에 귀가 멍한데 전초병으로 나갔던 동생이 나타나서 "나 왔다!"고 했다.

그제야 나는 큰일 날 뻔했던 것을 알았다. 전초병이 철수하기도 전에 우리가 총을 마구 쏘았으니 얼마나 어리석고 위험한 짓이었을까?! 그러나 이제 그들이 무사히 돌아왔으니 근심이 사라지고 무서울 것이 없었다.

"분대장님!" 하며 BAR 사수가 달려와서 노리쇠가 말을 듣지 않는다며 울상이었다. BAR은 자동소총으로 M1보다 무거워서 대개 몸집이 큰 사람에게 맡기는데 그 덩치로 이 수라장에 애원하고 있으니 한심스럽고 한편 화도 났다.

그러나 어찌 하리! 나는 이름만 분대장이지 더구나 BAR에 대해 아는 것이 없었지만 홧김에 그 몸통을 잡자발로 힘차게 노리쇠를 내리밟았다. 순간 노리쇠가 철커덕! 하고 제자리에 들어갔다. 분대장 체면이 선 셈이다.

BAR 사수가 돌아가자 중대장 연락병이라는 자가 달려와서 중대장이 수류탄을 달랜다고 한다. 기가 찰 노릇이다. 수류탄은 오래전에 두 개씩 지급했는데 사람들은 무겁고 쓰는 일이 없다보니 논바닥 같은 데 버리는 것이 예사였다.

그러던 자들이 사태가 급하니까 수류탄 생각이 났다는 이야기다. 나는 무슨 소리 하는 거냐고 소리치고 그 연락병을 쫓아 버렸다.

그러자 전방 어둠 속에 시커먼 그림자가 여기저기 나타나고 말소리까지 들려왔다. 순간 나는 펄떡 일어나 소총 개머리판을 오른쪽 겨드랑이에 낀 채 검은 그림자들을 향해 총을 쏘아댔다. 겁도 무서운 생각도 없었고 그렇다고 정확한 표적을 겨눈 것도 아니다.

나는 "이 개새끼들아!"하고 고함을 지르며 그저 마구 쐈다. 이 작은 야산이 순식간에 생지옥으로 변했다.

그러나 그것도 잠시였다. 옆에서 갑자기 거센 파도가 밀려오는 것 같은 듣지 못하던 소리가 났다. 중대가 한꺼번에 도망치기 시작한 것이다.

이제 나 혼자 버틸 재간은 없었다. 나는 땅바닥에 있던 철모를 집어 쓰며 도망쳤다. 뒤에서 인민군이 바로 쫓아오는 것만 같았다.

퇴각로는 철길뿐이었다. 달리는 동안 주위가 차차 밝아왔다. 오른쪽은 산비탈이고 왼쪽은 낭떠러지로 그 밑에 넓은 강이 흐르는 것이 보였다. 그러나 우리는 철길을 벗어날 때까지 달릴 수밖에 없었다.

얼마나 달렸을까? 날이 완전히 밝았다. 바로 옆으로 강변이 나타나고 그 건너로 넓은 들이 보였다. 우리는 무조건 강물로 뛰어들었다. 건너편으로 나갈 생각이었다. 강물은 다행히 깊지 않고 고작해서 허리 정도였다.

뒷 산마루에는 벌써 적이 올라왔는지 총알이 위에서 날아와 강물 여기저기에 떨어졌다. 그렇다고 물속에서 뛸 수도 없었다. 총알은 하나도 맞지 않고 모두 빗나갔다.

우리는 드디어 강 건너 넓은 터에 일단 모였는데 둘러 보니 한 사람도 다친 데가 없었다. 학도병들은 조금도 놀 라거나 무서웠다는 기색이 없었고 마치 어려서 전쟁놀이 라도 한 얼굴들이었다. 나는 동생과 종우 얼굴을 보고 비 로소 서로 웃었다.

우리는 젖은 옷을 말릴 겨를도 없이 남쪽으로 걸어갔다. 학도병 중대에는 말이 중대지 상급자가 없었다. 마땅히 있 어야할 소대장도 선임 하사관도 고참도 없고 있는 것은 소령인 중대장과 이등병인 우리뿐이었다.

중대장은 전북 이리농업학교 출신이라고 들었는데, 물론 그런 것이 문제가 될 순 없지만 시골 사람 그대로 순진했 다. 그러나 한편 군인다운 데도, 이른바 군인으로서의 요 령도 없어 보였다.

소령이라는 계급으로 60명밖에 안 되는 우리들 학도병 중대를 맡은 것부터 군대 조직으로서 이상하다면 이상했 다. 학도병이라고 특별히 배려했다는 것일까?

우리는 이제 위험지대를 벗어나 어디론가 남쪽으로 내 려갔다. 경주와 안강, 포항을 잇는 외길 도로는 먼지가 일 고 오가는 군인과 차량으로 일대 혼잡을 이루었는데 모두 생기가 없고 지친 얼굴들이었다. 여기에 적의 포탄이라도 떨어지는 날엔 그야말로 끝장이다.

서북쪽으로 보이는 산줄기 능선에는 이미 적이 올라가

있어서 이 꼴을 내려다보고 알 터인데 이상하게도 포사격이 없었다. 벌어진 상황으로 볼 때 이미 포항과 안강 등은 적의 수중에 든 것이 뻔했다.

우리는 길 한쪽으로 1소대가 앞에 서고 그 뒤를 2소대가 따라 갔다. 모두 총을 어깨에 메고 힘없이 걷고 있었다. 해가 어느새 중천에 뜨고 무척 더웠으나 짜증 부릴 기력도 없었다. 그러자 중대장 연락병이 뛰어오더니 2소대 1분대장을 중대장이 부른다고 했다. 하필이면 또 나를 부르는가? 앞에 1소대 1분대장도 있는데 …? 나는 앞에 총을 하고 연락병과 함께 달려갔다.

길 한가운데 미군 대령이 구경 45밀리 권총을 우리 중대장에게 내밀고 있지 않은가!? 마치 영화의 한 장면 같았다. 나는 놀라서 왜 그러는가 물었다. 중대장은 다급한 어조로 이렇게 말했다.

"이 자식 우리가 후퇴하는 줄 알고 못 가게 막는데, 지금 우리는 나리국민학교에 가서 재편성하도록 연대장 명령을 받았다고 빨리 말 하라"며 중대장은 울상이었다.

나는 지금까지 학교에서 영어를 배웠으나 서양 사람과 말을 해본 적이 없었다. 그러나 그런 걸 생각할 때가 아니었다. 나는 다짜고짜 "We are ordered by regimental commander to be reorganized at Nari primary school" 하고 미군대령에게 말했다.

문법적으로 제대로 됐는지 아닌지 모르지만 내 즉석 작문에 미군 장교는 권총을 허리에 찬 호이스터에 집어넣으며 나더러 짚차에 타라는 시늉을 했다.

중대는 그 자리에 모두 앉았다. 미군 대령은 수도사단 고문관인 모양인데 차를 돌리더니 경주 방향으로 달렸다.

도중에 헌병 초소가 나타나자 나리국민학교가 어디 있느냐고 묻는 것 같았다. 고문관은 다시 차를 돌려 나를 우리 중대 있는 데서 내려주고 어디론가 사라졌다. 우리는 이동을 계속했다.

오후가 되어 중대는 시골 국민학교로 보이는 곳에 도착했다. 나리국민학교인 듯했다. 그늘에서 잠시 쉬고 있노라니 중령으로 보이는 사람이 나타나서 우리를 정렬시키고 일장 연설을 시작했다. 요점은 앞으로 학도병들은 모두 대대로 가서 분대장을 맡아야 한다는 이야기였다.

재편성한다는 것이 이것을 말했던 모양이다. 하기야 지금 17연대 병력이 많이 소모되어 하는 수 없는 조치인지도 몰랐다.

순간 대열이 술렁거렸다. 학도병들의 불만이 터져 나올 기색이었다. 그때 중령이 대열 가운데 병사 하나를 나오라고 하더니 들고 있던 지휘봉으로 마구 때렸다. 무슨 불만이 있느냐 하는 것 같았다.

이 장면을 보고 있던 내가 "왜 때리는가?" 하고 소리쳤다. 장교가 깜짝 놀라 "너는 뭐냐?"하며 나한테로 얼굴을 돌렸다. "우리는 학도병이다. 우리는 지금까지 한 덩어리로 싸웠으며 흩어질 수 없다. 차라리 특공대로 보내라!"고 내가 대꾸했다. 중령은 더 이상 말이 없었다.

그 무렵 수도사단장 김석원 장군이 미 고문관과의 불화로 해임되고, 17연대장 백인엽 대령이 임시로 그 자리를 맡았다는 이야기가 들려왔다. 이리하여 우리에게 큰소리치던 중령은 17연대 부연대장으로 연대장 대리 근무를 하고 있던 모양이다.

우리는 나리국민학교에서 나와 인근 부락으로 들어가 하루 이틀 쉬었다. 농가는 아직 전화에 휩쓸리지 않았기 때문에 그런 대로 있을 만했다.

나는 비로소 동생과 한가로운 대화를 했다. 우리는 이렇게 잘 있는데 지금 아버지 엄마는 얼마나 걱정을 하고 있을까 하고 고향 생각에 잠겼다.

이따금 적의 포탄이 우리 있는 곳으로 떨어졌다. 그동안 소강상태 같았던 전방 상황이 다시 움직이기 시작한 모양이다.

그렇다고 이제 놀라는 사람도 없었다. 이런 분위기에 익숙했다기보다 모두 그런 일에 신경을 쓸 기력도 없었는지 모른다. 경주가 눈 앞이니 그저 앞날이 내다보였다. 이런 식으로 간다면 얼마 안 가서 부산이다….

경주와 안강, 포항을 잇는 국도에 57밀리인지 75밀리인지 알 수 없으나 대전차 직사포가 몇 문 배치되어 사방(土方)역 뒤에 있는 형제산(칠보산이라고도 하는) 산마루에 포격을 가했다.

그때마다 길가 논의 누렇게 무르익고 고개를 숙인 벼가 미친 듯이 쓰러졌다. 평화와 혼란이 공존하는 세계의 모습이다. 저녁에는 예광탄이 수없이 날아갔다. 야간 공격인 듯했다.

전쟁이라고는 하지만 옆에서 구경하는 재미도 없지 않았다. 다만 이렇게 농사를 끝내고도 주인들은 온데간데 없는 현실이 그저 서글펐다.

하루는 이승만 대통령이 흰 맥고모에 흰 옷 차림으로 나타나서 여기가 마지막 방어선이라며 일선 장병들을 격려했다. 인민군이 38선을 넘어온 지 이제 3개월 밖에 안됐는데, 그 사이에 우리는 한번 제대로 싸워보지도 못한 채 이곳 낙동강 지역까지 밀려, 이제 포항에서 영천 대구 마산까지 이른바 '부산 교두보'만 남게 됐다.

그런데 안강에서 경주까지는 평야지대니 이런 기세로 인민군이 밀고 내려오면 우리 운명은 불 보듯이 뻔했다. 그런 뜻에서 노(老)대통령의 말은 옳았다. 그러나 어찌하랴? 어쩌다 이 지경이 됐는가?

6·25를 모르는 사람은 그때 남한의 한국군이 어째서 그렇게 맥없이 처음부터 쫓겼는가 의심할 것이다. 그리고 북한의 인민군은 어쩌면 그렇게 강했던가 하고 놀랄 것이다. 6·25가 터지자 처음 3개월 동안 인민군이 강했고 반면에 국군이 약했던 것은 사실이다. 그것은 우리가 초전부터 한 번 제대로 싸워보지 못하고 멀리 낙동강까지 밀려 내려간 것으로 증명이 됐다.

그런데 실은 그 내막을 보면 그럴 수밖에 없다. 즉 저쪽은 처음부터 확실하고 뚜렷한 목표 아래 사전에 철저한 준비가 돼 있었으며, 병력에서 무기에 이르기까지 거의 완전무결했다.

일일이 숫자를 나열할 것도 없다. 그들은 처음부터 소련제 탱크를 앞세웠는데, 이쪽에는 소총밖에 없었으니 어떻게 싸울 수 있었겠는가?

탱크전에는 우선 바주카포가 있어야 한다. 우리는 2·36인치니 3·5인치니 하는 두 종류의 대전차포를 6·25가 일어난 이듬해 중간 무렵에야 비로소 받았다. 당시 나는 통역장교로 미군 교관이 이에 대해 설명하는 것을 일선에서 우리 장병들 앞에서 통역했기 때문에 이런 사실을 잘 알고 있다.

당시의 최신 무기라는 것은 이것뿐이 아니고 57밀리와 75밀리 무반동총도, 그리고 화염방사기도 같은 무렵 일선

전투부대에 처음으로 지급되었다. 그러나 바주카포나 화염방사기 같은 무기는 병사들이 싫어했다. 그런 무기는 적에 접근했을 때 써야하는 것들이기 때문이다.

한국군이 탱크를 실전에서 쓰기는 1951년 연말 가까운 백마고지 전투로 기억한다. 사정이 이러니 그때까지 우리는 맨주먹으로 싸운거나 다름없었다. 이러한 사실을 전쟁 와중에서 바로 눈으로 보고 몸으로 겪은 자 아니고서는 알 수가 없다. '백문이 불여 일견'이라는 오래된 말도 있지만 사실 그렇다.

지금쯤 서울은 어떻게 됐으며 내 고향 평양에서는 사람들이 무슨 소리를 하고 있을까? 전라도는 이미 저쪽에 넘어갔고 부산을 중심으로 경상북도 일부만 남았으니 이러다가 대한민국은 어떻게 되는 것일까? 일반인들, 비전투요원보다 우리들 군인의 운명은? 이런 생각 저런 생각이 오가는 가운데 그야말로 운명의 날, 결정적 순간이 다가오고 있는 것을 아무도 몰랐다.

드디어 우리 학도병 중대에 특공 명령이 떨어졌다. 목표는 역시 형제산이었다. 생긴 모양이 긴 능선 한가운데가 다소 꺼지고 산의 남봉과 북봉이 마치 형제처럼 마주 보고 있어서일까?

공격 목표인 형제산은 우리 있는 데서 멀지 않았고 한눈에 잘 보였다. 산은 전체가 나무 한 그루 없이 풀에 덮여 있었고 전반적으로 밋밋하며 특색 있는 기복도 굴곡도 없었다.

그렇다고 악산도 육산도 아닌 하나의 지극히 평범한 야산에 지나지 않았다. 높이가 300미터도 안돼 보이니 단숨에 뛰어오를 수 있을 것만 같았다.

바로 여기 문제가 있지 않을까 싶었다. 공격하며 몸을 숨길 데가 거의 없었다. 용감하게 싸우는 것은 좋으나 날아오는 총알을 어떻게 할 것인가? 그런데 지금 이 마당에 누가 그렇게까지 세심하게 공격 방법에 신경을 써주겠는가? 사단이나 연대의 작전 참모들?

그자들이 형제봉의 생김새를 한 번이라도 머리에 그려봤을 것 같지 않았다. 그리고 탁상공론이나 했을 것이 뻔했다. 여기를 탈환하지 못하면 경주까지 일사천리라는 다급한 생각에만 사로잡혀 있었을 것이다.

그러나 이제 모든 것이 끝장 같았다. 죽든 살든 갈 수밖에 없는 길이 눈 앞에 닥쳤다는 느낌뿐이었다.

1950년 9월 14일. 드디어 우리는 공격에 나섰다. 전날인 13일 저녁 어둠을 틈타서 그동안 며칠 쉬었던 농가를 나와 형제산이 바로 눈 앞에 보이는 지점으로 이동했다. 그날따라 종일 비가 오고 강물이 불고 있었다.

우리는 길게 늘어선 강둑 여기저기에 파여있는 이른바

산병호에 두세 사람씩 들어갔다. 산병호는 우리보다 앞서 공격에 나섰던 병사들이 파놓았던 모양이다.

그 산병호 안에서 우리는 그날 밤을 지새야했다. 위에 걸친 쌀가마에서 빗물이 뚝뚝 떨어졌다. 언제까지 이 차가운 빗속에 쭈구리고 앉아 있어야 할 것인가? 차라리 산으로 기어오르며 몸을 놀리는 편이 백 번 나을 것만 같았다.

그러자 분대장 집합하라는 전갈이 왔다. 소대장이 부른다는 이야기였다. 소대장은 이때 처음 얼굴을 마주 보았으며 이름도 모른다. 그는 첫마디가 현지 임관한 아무 것도 모르는 소대장이니 대학생 여러분들 잘 부탁한다고 자기소개를 했다.

소대장은 어둠침침한 호 안에서 말없이 배낭을 풀더니 이것저것 물건들을 꺼냈다. 그래봤자 총구를 닦는 몇 가지 소기구와 그때 쓰는 기름같은 것들인데, 우리 눈에는 모두가 신기하게 보였다. 제대로 군대 생활을 하지 못한 학도병들이 이런 물건을 만져 볼 기회가 없었으니까. 사실 우리는 입대해서 일선에 나올 때까지 총을 세 발씩 쏘았을 뿐, 수류탄 같은 것은 구경한 일도 없었다.

소대장이 그의 손때가 묻은 소품들을 모두 우리에게 나누어 줄때 나는 그의 마음을 읽은 듯해서 기분이 무거웠다. 그는 현지 임관이라고 했으니 필경 하사관 때부터 싸워온 그야말로 역전의 용사일 게다.

그가 내일 벌어질 칠보산 공격전이, 그것도 풋내기 학도 병들을 데리고 감행하게 될 특공대의 운명을 모를 리가 없었으리라. 그러나 그는 이에 대해 말이 없었다. 자기는 아무 것도 모르니 대학생 여러분만 믿는다는 것이 그와 우리와 나눈 처음이자 마지막 인사였다. 그리고 그는 다음 날 우리가 보는 앞에서 그대로 쓰러졌다. 마치 이 일을 예기했던 것이나 다름없는 죽음이었다. 그 운명의 날이 바로 9월 14일이었다.

들리는 이야기로는 안강에서 이곳으로 밀려 내려온 뒤 수일이 지나는 동안 17연대는 매일같이 형제산을 공격했으나 그때마다 희생자만 내고 대대 병력을 소모했다고 한다. 그래서 우리가 재편성 명령을 받았던 모양이다.

나리국민학교에서 있었던 일이 생각났다. 결국 학도병 중대는 특공대로 나갈 수밖에 없었다. 그때 내가 차라리 우리를 특공대로 보내라고 했던 것을 연대 최고 지휘관이 회상했는지도 모른다. 그러나 올 것이 온 것이다. 불평도 불만도 없었다.

우리는 필승을 다짐하지도 않았다. 가는 데까지 가는 것이며 그 길밖에 없었다. 형제산의 적을 물리치지 못하고 여기서 다시 밀려 내려가는 날에는 정말 끝장이다.

너 나 할 것 없이 동해 아니면 남해에 빠져 죽는다. 전술 전략이 다 어디 있느냐? 모두 헛소리다. 되가는 일이 불

보듯 내다보였다.

며칠 전 우리는 방어전을 멋있게 겪으며 친구 하나도 잃지 않았다. 그런데 이번에는 방어가 아니라 공격이다. 방어전과 공격전의 장단점은 뻔하다. 방어는 뚫리기 마련이고 공격은 언제나 희생이 따르지만 우세하다고 하는데 이제 이런 전쟁의 논리를 몸소 체험하고 증명하게 됐다.

그러나 이상하게도 공격을 눈앞에 두고 조금도 무서운 생각이 없었다. 비 오듯 날아오는 적의 총탄을 뚫고 나가야 할 터인데 죽고 사는 생각이 전혀 없었다. 역시 젊고 철이 없던 것일까?

우리는 아침 일찍 강둑 산병호에서 나와 강을 건너기 시작했다. 그날따라 밤새 내린 비에 강물이 불어 어깨까지 찼다. 우리는 M1 소총 총구로 물이 들어가지 않도록 두 어깨 위에 가로 올려놓고 물 속을 헤쳐 나갔다. 내 뒤로 키가 작은 사병 하나가 물이 깊어 애를 먹고 있어서 내가 돌아가라고 소리쳤다. 물론 그가 어떻게 됐는지 그뒤 일은 모른다.

그런데 첫날 산기슭에 붙으면서 그 몇 시간 사이에 60명 중대 병력 가운데 40명 가까이 쓰러졌으니 이 전투는 누가 보아도 일대 실패작이었다.

그 패인은 연대나 사단의 작전 참모들의 전투에 대한 무식과 무능과 무책임 탓으로 볼 수밖에 없다. 그러니 그

155

졸렬한 작전 계획과 명령에 복종하고 말없이 따랐던 학도병들만 한없이 불쌍했다.

이유는 간단하다. 도대체 몸을 숨길 수 있는 데가 한 곳도 없는 빤빤한 산비탈을, 그것도 맑은 날 대낮에 기어오르라는 것이니 공격조는 적에게 완전히 노출될 수밖에 없었다. 여기에 무슨 용맹이 필요한가?

이런 때 산마루 능선 일대를 계속 포격하거나 연막탄으로 덮어 적이 고개를 못들고 눈을 가리도록 해주었더라면 또 모른다. 고작 머리를 썼다는 것이 공격부대가 강을 건너기도 전에 산기슭에―아마도 공격 대기선이었던 모양인데―연막탄을 쏘았으나 하얀 연기는 바로 바람에 모두 날려 아무런 효과도 없었다.

적은 난데없이 연막이 산기슭에 쳐지는 것을 내려다 보고 공격이 곧 있을 거라고 알았을 것이다.

이런 식의 전법은 굳이 전술을 익히지 않아도 상식적으로 알 수 있는, 교본 치고도 아주 차원 낮은 전술 교본에나 나올 법한 이야기가 아닐까? 그러나 어찌하랴, 나는 2소대 1분대장으로 소대장 바로 뒤를 따라 분대 11명 선두에 서서 숨을 데가 전혀 없는 빤빤한 사면을 올라갔다.

우리 분대는 나를 선두로 10명의 대원이 거의 1열 종대로 사면을 기어 올라갔는데 그러자 바로 산마루에서 무섭게 총탄이 날아오기 시작했다. 당연한 이야기다. 나는 순간 몸을 낮추었으나 더 이상 어떻게 할 수가 없었다.

내 앞과 좌우로 흙덩어리가 퉁기며 하늘로 날았다. 동시에 박격포탄으로 보이는 폭음이 앞뒤에서 터졌다. 드디어 전투가 시작된 것이다. 모든 생각이 멈추는 순간이었다. 시간이 잠시 멎었는지도 모른다. 나는 무의식적으로 땅바닥에 엎드렸다가 몸을 절반 일으키고 서너 발 전진하고 또 엎드렸다.

내 앞에는 소대장밖에 없었다. 그도 역시 서너 발 뛰고는 몸을 낮추며 칼빈 소총을 들고 뛰다시피 했는데 어느 순간 그자리에서 쓰러졌다. 이제 앞에는 아무도 없었다. 총알은 여전히 비오 듯하고 여기저기 흙을 파혜쳤다. 그런데 어찌된 일인지 나는 맞지 않았다.

뒤에서 누가 맞았다는 소리가 들렸다. 순간 정신이 들었지만 이 마당에 어떻게 하겠는가? 어느새 해는 중천에 뜨고 햇살이 뜨거웠다. 그러자 부분대장으로 뒤에서 올라오던 동생의 소리가 들려왔다. 누군가 맞아 쓰러졌다는 것이다. 평소 착실하고 말없는 학생으로 동생과 그동안 잘 사귀어온 어려보이는 학생이었다.

나는 동생더러 그 친구 데리고 내려가라고 소리 질렀다. 이렇게 총알이 비 오듯 쏟아지는 속에서 어떻게 싸울 것이며 누가 살아남겠는가? 그렇다고 모두 후퇴할 수도 없었다.

얼마나 시간이 흘렀을까? 우리는 조금도 앞으로 나아가지 못하고 거의 같은 자리에 있었다. 총알은 더욱 거세게 쏟아졌다. 김종우가 분대장인 1소대는 어디로 붙었으며 중대장은 지금 무엇하고 있는가? 갑자기 무엇인가 암담한 생각이 들었다.

그동안 사실 나는 실의에 빠져본 적도 없고 심신에 피로를 느낀 일도 없었다. 항상 패기 있고 분투하는 기분으로 나날을 지내왔다.

순간 뒤에서 동생 목소리 같은 것이 들려왔다. 총에 맞았다는 것 같았다. 나는 깜짝 놀라 "누구냐? 왜 그래?"하고 소리쳤다. 역시 동생 영식이었다. 나는 정신이 들어 그 길로 밑으로 내려갔다.

그때까지 나는 앞만 보고 있었는데 이제 돌아서니 여기저기 병사들이 땅바닥에 쓰러져 있었다. 그 사이에 모두 죽은 것이다. 내 분대만해도 11명 가운데 9명이 쓰러지고 이제 나하고 또 한 명 남았을 뿐이었다.

동생은 복부를 맞았다. 다른 데도 아니고 복부니 가망이 없다는 것을 나도 안다.

나는 남은 친구와 둘이서 동생을 끌고 밑으로 내려갔다. 산기슭에 묘가 하나 있었는데 거기 중대장이 엎드려서 M1 소총을 쏘고 있지 않은가! 나는 화가 나서 앞에 우리 병사들이 있는데 이렇게 뒤에서 총을 쏘면 어떻게 하느냐고 대들었다.

중대장은 충혈된 눈을 부릅뜨고 지원 사격을 하고 있다고 엉뚱한 소리를 했다. 나는 어처구니없어 말문이 막힌 채 그대로 내려갔다.

밑에 농가가 한 채 있었다. 나는 친구와 둘이 동생을 부축해서 그 집 마루에 누이고 들것을 만들었다. 위에서는 총격전이 계속되고 있겠지만 이제 그런 것 신경 쓸 겨를도 없었다. 그렇다고 동생을 더 이상 어떻게 해야 할지 몰랐다.

우선 이곳을 벗어나 위생병이라도 만날까 하는 생각뿐이었다. 그러나 지금 이 마당에 무슨 위생병이 있겠는가? 나는 동생에게 경주에 육군야전병원이 있으니 그리로 가자고 신음하는 그를 달랬다. 동생은 고통을 못 이겨 죽여달라는 말만 되풀이 했다.

시간은 사정없이 흐르고 우리는 이러지도 저러지도 못했다. 그러자 동생 얼굴이 이상했다. 처음에는 잠든 줄 알았는데 살빛이 다르다. 동생은 그대로 간 것이다.

나는 동생을 붙들고 울부짖었다. 이래야 아무 소용도 없으나 내가 할 수 있는 것은 이것뿐이었다.

얼마나 시간이 흘렀는지 모르는데 누군가가 1소대 1분대장 김종우가 죽었다고 알려왔다. 나는 친구와 둘이서 그곳으로 달려갔다.

조금 떨어진 산기슭에 역시 농가 한 채가 있었는데 그 뒷뜰같은 곳에 김종우가 누워있었다. 그 모습은 차마 눈뜨고 볼 수가 없었다. 얼굴을 보니 종우가 확실했다.

우리는 둘이서 야전삽으로 그 옆을 파고 종우를 밀어넣고 흙으로 덮어주었다. 그리고 동생한테 돌아왔다.

강 건너편에 밤나무 숲이 보였다. 강물은 그 사이에 줄고 줄어서 무릎 밑까지 내려갔다. 우리는 동생을 들것에 눕히고 밤나무 숲으로 가서 땅을 파고 묻었다. 전쟁터에 묘지가 어디 있으며 매장에 무슨 절차가 있겠는가?

전쟁이란 원래 상식을 벗어난 행위며 상황이다. 사회적 관례나 규정 따위를 벗어난 것이 전쟁이다. 사람이 죽고 사는 문제를 이러니저러니 따지는 것부터가 잘못이다.

나는 이 뙤약볕에서 동생을 조금이라도 시원한 나무 그늘 밑에 잠들게 하고 싶었다. 그런데 저 형제산 비탈에 수없이 쓰러진 젊은이들을 어떻게 하면 좋을까?

나는 미처 그 생각을 할 마음의 여유가 없었다. 있었던들 소용없는 일이었지만, 나는 그 길로 연대본부로 돌아가서 통곡했다. 주위에서 내 사정을 알고 모두 침통한 얼굴을 했다. 이때 무슨 위로와 격려가 있겠는가? 할 말이 없으니 모두 침묵할 뿐이었다. 그날 밤은 밤이 아니었다.

밤이란 이를테면 쉬는 시간인데 쉴 수가 없었다. 바로 옆에 있던 동생이, 오랜 세월 같이 지내던 친구가 모두 온데간데 없어졌다. 나는 허공을 바라보며 눈물을 멈추지 못하고 밤을 지새웠다.

날이 밝았다. 나는 한 고참병과 둘이서 다시 산으로 올라갔다. 산은 어제와 달리 조용했다. 총성도 그리 들리는 것 같지 않았다. 물론 산허리에 사람이 보일 리가 없지만 학도병들이 아직도 그곳 어딘가에 붙어있을 것은 틀림없었다. 이제 우리는 그리로 올라가려는 것이다.

나는 분대장이지만 이미 내 분대는 없다. 어제 전멸했다. 그러나 2소대 소속이니 소대를 찾아가야 했다.

함께 가던 고참은 중사였는데 알고 보니 고향이 같았다. 즉 이북 평양에서 왔다고 했다. 우리는 이때 처음 만났지만 이른바 전우로서 오래 사귄 친구처럼 다정하게 이야기하며 걸어갔다.

그런데 내 걸음이 빨랐던지 어느새 나와 그와의 사이가 10여 미터 벌어지고 나는 산기슭 조금 높은 데로 올라서고 있었다. 중사는 아직 저 밑에 오고 있는 것 같았다.

갑자기 폭음이 들렸다. 그 순간 나는 정신을 잃고 그자리에 쓰러졌다. 얼마나 시간이 흘렀는지 모르겠는데 누군가 나를 부르는 것 같았다. "김형!" 정신이 들어보니 저 밑에 서울대 농대생인 김명철이라는 학도병이 나더러 괜찮은가 물었다. 그때 뒤따라오던 고참병이 땅바닥에 앉아서 괴로워하는 것이 보였다.

그는 몸에 걸쳤던 우비를 두 손으로 찢더니 그 자리에 쓰러지고 다시는 일어나지 못했다. 폭음은 거기서 났던 모양인데 도대체 무엇이 어떻게 됐는지 알 수가 없었다. 하여간 그 폭발로 그가 치명상을 입었고 돌덩어리가 날아와 내 왼쪽 가슴을 파고 들어갔다.

나는 왼쪽 옷이 찢기고 벌겋게 물든 것을 보자 이젠 죽었구나 싶었다. 바로 심장을 다친 것 같았기 때문이다. 그런데 이상하게도 아프지 않고 피도 흐르지 않았다. 왼쪽 옷 찢긴 데에 손을 대니까 작은 돌덩어리가 몇 개 굴러떨어지고 속옷에 피가 묻어있었다. 결국 나는 우리 공격조에 합류하지 못하고 다시 연대본부에 돌아가서 벌어진 상황을 보고했다.

고참병은 나를 데리고 공격조를 찾아가다 이런 변을 당했다. 사람 운명이란 정말 알다가도 모를 일이었다.

아무도 몰랐던 인천 상륙작전

그날은 9월 15일, 그때만 해도 9월 15일이 영원히 기록될 날이 될 줄 아무도 몰랐다. 오후가 되어 학도병들이 모두 지쳐서 허둥지둥 돌아왔다. 형제산 전투가 일단 끝난 셈인데 이상한 생각이 들었다. 어제 그토록 심했던 적의 저항이 오늘 따라 덜했다는 이야기다. 하여간 엄청난 희생을 입었지만 우리 학도병 특공대가 대대 병력으로 탈환하지 못했던 형제산을 드디어 손에 넣었다. 그리고 이제 다른 부대와 임무를 교대하고 모두 돌아왔다.

그런데 우리는 쉴 틈도 없이 어디론가 가고 있었다. 17연대 전체가 이동하고 있었다. 우리는 며칠 전 나리국민학교로 가던 대로 경주 방향으로 내려갔다. 경주와 안강을 잇는 이 길은 오가는 군인과 차량으로 북새통을 이루었다. 장병들은 모두 지친 얼굴에 먼지를 뒤집어쓰고 꼴이 말이 아니었다. 지휘관도 군기도 있어 보이지 않았다.

그런 와중에 낯익은 얼굴이 눈에 띄었다. 대학예과 시절부터 잘 아는 1년 선배 윤하정(외무차관, 대사 역임) 씨가 아닌가? 그는 민간인 차림으로 미군 장교와 이야기 하고 있었다. 그가 대학 강의에 나오지 않고 미군 부대에서 아르바이트 한다는 이야기를 들은 적이 있는데 역시 그 재주로 일선에 나온 모양이었다.

윤하정 씨는 나를 보자 놀랐는데 나는 동생과 종우가 사방리 전투에서 전사했다고 했다. 그는 거의 무표정이었다. 그가 무슨 말을 하겠는가?

우리는 저녁녘에 경주역에서 열차를 타고 갔는데 그 곳은 이름도 처음 듣는 '부산진'이었다. 부산이 한반도 남단의 항구 도시인 것은 알고 있었지만 '부산진'은 또 어디인지 몰랐다.

우리는 여기서도 어디론가 갔다. 도대체 어디가 어딘지 알 수가 없었다.

그날 밤 중대장이 불러서 갔더니 우리는 이제 하와이로 간다며, 그래서 영어 공부를 해야겠다고 했다. 난데없이 무슨 소리하는 것인지 정신이 얼떨떨했다. 우리가 지금 어째서 하와이로 간단 말인가?

인민군에게 쫓겨 일단 한국을 떠났다가 다시 전투태세를 갖추고 돌아온다는 이야긴가? 그런가 하면 일본으로 건너간다는 소문도 돌았다. 하여간 무슨 일이 있어도 단단히 있는 것 같았다.

지금 있는 데는 학교 건물 같았는데 여기서 하루 이틀 보내며 우리는 몇 가지 작업을 했다. 한번은 영어 아는 사람 나오라고 해서 갔더니 장병 3,000명의 이름을 모두 영어 표기로 고치라고 했다.

그래서 몇이서 기계적으로 그 무미 건조한 일을 했다. 명단 끝에 군용견 몇 마리 이름도 써넣었다. 도대체 무슨 이야긴지 갈수록 모르겠다.

하루는 몸에 걸친 것들을 모두 벗고 미제 물건으로 갈아입었다. 뿐만 아니라 군화까지도. 사실 지난 3개월 동안 일선에서의 우리 차림은 말이 아니었다. 철모와 M1 소총을 빼면 나머지는 초라하기 짝이 없는 국산품들이었다.

164

물론 그런 것에 우리는 조금도 개의치 않고 지금까지 지내왔는데 무슨 바람이 불었는지 알몸에 이렇게 미제로 휘감고 뒤집어썼다.

그래도 그것이 무엇을 뜻하는지 감을 잡지 못했다. 중대장도 마찬가지였다. 17연대 장병 가운데 이 모든 일을 아는 사람은 오직 연대장 백인엽 대령이었을 것이다.

백인엽 연대장은 안강전투 때 잠시 17연대를 떠나 수도사단장으로 가 있었다. 김석원 장군의 후임이었는데 그때 백 대령은 그 계급으로 사단장 대리 근무를 했다.

그러던 그가 지금 다시 원대로 돌아와 우리 앞에 나타났다. 그것은 안강 전선에서 빠져나온 17연대가 새로운 임무를 띠고 있다는 이야기도 되는데 그것이 무엇인지 우리는 전혀 알아차리지 못했다.

어느날 전 장병이 출동 준비를 하고 운동장에 나가 섰다. 연대 병력이 이렇게 한데 모여서기는 지난날 대구에서 있고는 처음이었다. 이승만 대통령의 사열이 있다는 이야기였다.

왜 지금 새삼스럽게 대통령이 전투 부대를 사열하는가? 단순히 일선 장병의 사기를 올리기 위한 것 치고는 좀 이상했다.

우리가 정렬하고 서 있노라니 누군가 뒤에서 나를 발로 걷어차며 "배낭 바로 메"라고 소리쳤다. 계급은 확실치 않

165

은데 장교였다. 내가 어깨 부상이라고 했더니 그러면 의무
대로 가라고 한마디 던지고 그는 그대로 지나갔다.

이 소리에 나는 정신이 들었다. 이제 의무대로 가면 시
시각각으로 변하는 상황에서 친구들과 떨어질 것 같았다.
나는 어깨가 아파도 참고 태연하게 배낭을 바로 멨다.

야간에 부대가 이동했다. 그리고 어디론가 가더니 큰 건
물 안으로 들어갔다. 엄청나게 큰 창고 같은데 그렇다고
학교 강당도 아니었다. 하여간 우리는 그 넓은 공간에 줄
을 지어 앉았다. 이제 갈 데도 없었지만 갈 수도 없었다.
일종의 연금 상태나 다름없었는데 어떤 작전명령을 기다
리고 있는 것이 분명했다.

해는 지고 시간이 얼마나 됐는지 모르겠다. 시계 가진
사람이 없으니까. 식사가 나왔다. 미군용 C레이션이 아닌
가? 정말 뜻밖의 일이니 배고픔보다는 호기심이 앞섰다.

안강전투 생각이 났다. 후퇴하고 있을 때 미군이 있던
곳을 지나며 C레이션 쓰레기 더미가 눈에 띄어서 혹시 그
속에 커피나 설탕 봉지 또는 코코아 덩어리 같은 것이라
도 떨어져 있지 않을까 살폈다. 정말 처참한 꼴이었다.

그런데 어쩌면 그렇게 아무 것도 없을까! 눈에 띈 것은
작은 플라스틱 스푼과 깡통 따개 따위였다. 언제나 주먹밥
한 덩어리를 먹고 살아온 우리 처지와 비록 야전식이긴

하나 C레이션을 먹던 미군 병사들의 처지가 새삼 비교되어 한심스럽고 한없이 서글펐다.

그런데 느닷없이 웬 C레이션인가? 도대체 앞으로 어떻게 되는가? 생각할 수록 이상하기만 했다. 앞서는 팬티와 양말며 미군용품으로 몸치장을 시키더니 지금은 식사까지 그렇다. 언젠가 중대장이 하던 이야기가 머리를 스쳤다. 하와이 아니면 일본? 만일 그렇다면 한국 땅을 떠난다는 이야기다. 그것도 인민군에 쫓겨서. 부산 페리메터에서 이동해왔으니 생각이 더욱 착잡했다.

그렇다고 넓은 창고 안은 마냥 침통하지만은 않았다. 장병들은 지쳤는지 앉은 채 모두 잠들었다. 얼마나 시간이 흘렀을까? 갑자기 분위기가 어수선해졌다.

드디어 부대가 움직이는 모양이다. 그러자 창고 한쪽이 열렸다. 벽인 줄 알았는데 큰 문이었다. 그리고 바로 밖에 시커먼 물체가 가로막고 있었다. 자세히 보니 거대한 선박의 옆구리 같았다. 군함이었다. 드디어 미국 군함으로 어디론가 가는 것이 확실해졌다.

우리는 지시대로 갑판에 올라가서 좁은 계단을 통해 밑으로 내려갔다. 선실이었다. 화장실은 10여 명 공용으로 개방되어 있었다. 이런 데서 어떻게 변을 본단 말인가? 의심이 갔다. 밑에 있는 캐빈으로 내려가면 다시 갑판으로 올라가지 못했다.

모든 것이 극비리에 움직이는 모양이었다. 일이 이쯤 되니 궁금증이 한층 더해갔다. 우리는 모두 잠자리에 들어갈 수밖에 없었고 어느새 잠이 들었다.

어디선가 종소리가 울려왔다. 식사시간을 알리는 종소리라고 한다. 간밤에 어두운 데를 내려왔던 계단으로 다시 올라가서 갑판으로 나왔다.

어느새 아침이었다. 멀리 육지가 보였는데 거기가 어딘지 알 수가 없었다. 해를 보니 배가 북으로 가고 있었다. 갑판에 미 해군요원이 서있길래 그에게 다가가서 "노스?" 하고 조용히 물었다.

그는 고개를 약간 끄덕거렸을 뿐 더 이상 반응이 없었다. 나는 그제야 우리가 인천 상륙작전에 참가하는 것을 알았다. 그리고 이 이야기는 이제 삽시간에 공개되다시피 했다.

이 바다 한가운데를 가며 이제 무슨 비밀이 필요하겠는가? 순간 인천 송도가 눈앞에 떠올랐다. 물론 자세한 것은 알 수가 없지만 군함이 인천 아니면 어디로 가겠는가 말이다.

장병들의 사기가 올랐다. 전쟁이니 언제 무슨 일을 겪을런지 아무도 모르나 하여간 낙동강까지 쫓겼다가 단번에 서울로 올라가게 된 것만 해도 숨통이 터졌다.

미 군함 즉 LST가 1개 연대 병력을 실은 모양이다. 어제 밤인지 새벽에 부산진을 떠났는데 아직 해는 중천까지 오르지 않은 가운데 일로 북진했다. 사방에 아무 것도 보이지 않는 것으로 보아 지금 바다 한가운데를 가고 있는 것이 분명했다. 배에서 식사가 세 번 나왔으니 배를 꼬박 하루 탄 셈이다.

날짜는 확실치 않은데 여하간 아침녘에 인천 송도 앞바다에 도착한 것 같았다. 넓은 바다에 크고 작은 군함들이 여기 저기 떠있었고 그밖에 이렇다 할 움직임이 없었다. 상륙작전 하면 요란하게 들리는데 주위가 너무 조용했다.

우리는 일렬로 서서 천천히 갑판 위를 걸으며 내릴 준비를 했다. 바로 그때 미 해군 요원이 나더러 잠깐 서라며 카메라를 들이댔다. 그 많은 군인 가운데 하필 나더러 서라고 하는가?

나는 카메라 앞에 포즈를 취했다가 갑판에서 내려뜨린 큰 그물 같은 줄사다리를 타고 밑으로 내려갔다. 작은 보트가 파도에 흔들리며 우리를 기다리고 있었다. 드디어 이런 식으로 그 많은 장병이 월미도에 상륙했다.

인천은 조용하기만 했다. 물론 일찌감치 해안 일대와 도시 요소를 포격으로 제압했을 것이고 그 흔적은 도처에서 볼 수 있었다.

즉 월미도 해안 일대의 소나무들이 뿌리 채 뽑히거나 부러져 있었고 도시 한 가운데 여기저기에서 검은 연기가 하늘로 치솟고 있었다. 이따금 쿵! 하고 함포 사격 소리가 나는가 하면 공중으로 벌건 불덩어리가 서울 방향으로 날아갔다. 예광탄이었다.

우리는 열차편으로 노량진으로 이동했다가 계속해서 서빙고로 갔다. 그러는 동안 적의 저항 같은 것은 전혀 없었다. 인민군이 인천 상륙작전으로 허를 찔려 혼비백산해서 일찌감치 도망쳤는지도 모른다.

인천 상륙작전이 9월 15일이었다는 것은 학도병 중대와 깊은 관계가 있었다. 그것은 우리가 경주 북방 사방리에서 형제산을 공격하던 둘째 날이었다. 14일 그토록 치열한 공격전으로 우리가 엄청난 피해를 입었는데 다음날인 15일에 산마루의 적진이 비교적 조용했다는 것은 무엇 때문이었을까?

결국 바로 그날 인천 상륙작전 소식에 멀리 낙동강까지 내려갔던 인민군이 후퇴로가 차단되기 전에 도망치기 시작했던 것이 아닐까? 맥아더 사령관의 작전은 이렇게 해서 희생자를 줄이고 빼앗겼던 곳을 단시일에 다시 찾는데 엄청난 공을 세운 셈이다.

그러나 14일 사방리 전투에서 동생과 친구들이 죽지 않았으면 우리는 지금 웃어가며 서울로 다시 올라오고 있을 것을 생각하니 가슴이 무너지는 것 같았다.

서빙고에서 한강을 건너려고 수륙 양용 장갑차를 기다리고 있는데 강가에 흑인 병사 하나가 쓰러져 있었다. 죽은 것이다. 원래 몸이 뚱뚱한지 아니면 물에 불어 그렇게 됐는지 알 수 없으나 보기에 좋지 않았다. 그때의 느낌은 전쟁터 여기저기 쓰러져 있는 전사자들을 보았을 때와는 다른 감정이었다.

미군이 여기를 지나가고 시간이 꽤나 된 듯한데 이 시체만 그대로 있다는 것이 마치 버린 것 같아 마음이 아팠다. 이국 만리에서 싸우다 죽어간 그를 아무도 돌보지 않은 채 저렇게 버려둔다면 이 전쟁에서 싸우고 있는 우리도 결국 그럴 것이 아니고 무엇일까 생각하니 순간 우울해졌다.

서빙고에서 수륙 양용 장갑차로 한강을 건너 무학여고 앞을 지나 면목동 뒷산에서 하룻밤을 지냈다. 멀리 서울 시내가 여기저기 불타며 하늘이 불그스름했다.

아침이 되어 드디어 서울 시내로 들어갔다. 장병들의 발걸음은 바쁘면서도 가벼웠다. 우선 적의 저항이 없으니 모두 희희 낙락했다.

그런데 을지로 6가 사범대학 붉은 벽돌 건물을 점거할 때 그 선봉에 섰던 어느 소대가 인민군이 건물에 장치했던 부비트랩(폭발 기만장치)에 걸려 소대원 여럿이 죽고 다

치는 돌발사고가 일어났다.

그렇지 않아도 무서운 백인엽 연대장이 이런 사고를 묵과할 리가 없었다. 그는 소대장을 교정 뒤뜰에 세워놓고 즉결 처분했다는 소문이 들려왔다.

놀라서 나가 보았더니 이미 시체는 없고 그 자리에 소대장의 것으로 보이는 안경이 주위를 벌겋게 물들인 속에 떨어져 있었다. 아무리 소대장의 잘못이라고 해도 지금까지 역전에서 살아남고 3개월 만에 서울로 돌아오는 젊은이들의 뛰는 가슴을 무참하게 밟아버릴 것까지는 없지 않은가? 나는 서글픈 마음과 동시에 화가 났다.

나는 을지로 5가 모서리에 나가 잠시 경비를 서게 됐다. 거리는 온통 벌집을 쑤신 듯했고 어지러웠다. 전봇대의 전선들이 끊어진 채 땅까지 늘어져 있었고 사람들은 우왕좌왕 했다. 한 노파가 다가와서 나를 붙들고 왜 이제 왔느냐고 울먹였다. 나는 말없이 무표정하게 서 있었다.

시내에서 이제 총성은 들리지 않았고 더 이상 불타는 일도 없었다. 이른바 9·28 수복이었다. 17연대는 퇴계로 일신국민학교에 CP(지휘본부)를 정했다. 여기서 앞으로의 작전명령을 기다리며 전열을 정비하는 모양이었다. 국군이 평양과 원산 방면으로 진격하고 있다는 소식이 들려왔다. 이제 우리 부대는 어느 쪽으로 가게 될런지 몰랐다.

다행히 평양 쪽이라면 집에 들러 부모와 누나 동생들을

만날 수 있을 것이다. 그러나 그럴 때 한 가지 걱정이 있었다. 동생 영식의 전사를 어떻게 알릴 것인가? 갑자기 마음이 무거워졌다.

하루는 학교 담 옆에 앉아 밖을 내다보고 있었는데 마침 대학 철학과 동문인 임춘갑이 지나가고 있었다. 내가 깜짝 놀라 소리치자 그도 놀랐다. 이런 우연이 있을까 싶었다.

나는 바로 중대장에게 달려가 사유를 말하고 잠시 외출 허가를 받았다. 그때 나는 전날 중앙청사에 갔다가 영어책 몇 권을 얻은 것이 있어 그것을 가지고 친구 집에 갔다.

그의 집은 가까운 남산 기슭에 있었는데, 집에는 부인과 어린 애들이 있었다. 나는 이 책들을 두었다가 제대하면 찾아가겠다고 했다.

몇 달 뒤에 1·4 후퇴로 서울이 다시 인민군 손에 들어가고 사회가 극도의 혼란에 빠질 줄 누가 알았으랴? 그날 일신국민학교로 돌아오니 새로운 운명이 기다리고 있었다.

5. 너는 살아야 한다

사병에서 통역장교로

우리가 퇴계로 일신국민학교에 있는 동안 낮에는 하는
일이 없었고 밤이면 건물 주변 경비에 나섰다. 그러던 어
느날 중대장이 부른다는 연락이 왔다. 지난날 안강 전선에
서 중대장은 무슨 일만 있으면 나를 불러대곤 했으나 지
금은 부를 일이 없을 터인데 하고 갔더니, 중대장은 느닷
없이 "너는 동생이 죽었으니 살아야 한다, 앞으로 대학으
로 돌아가고 고향에도 가야하지 않겠는가? 그래서 전투부
대에서 빼주겠다"는 이야기였다.

나는 처음에 그게 무슨 소리인지 몰랐으나 연대본부의
인사과 즉 S-1으로 보내주겠다고 했다. 결국 나는 그날로
학도병 중대에서 같이 고생하던 친구들과 헤어져 낯선 인
사과로 자리를 옮겼다.

도대체 군대의 인사 행정이 무슨 일을 어떻게 하는지
관심이 없었으나 거기서 하는 일 없이 하루 이틀 있다 보

니 지금까지 몰랐던 군대 내부 모습이 보이기 시작했다.

지금 군대는 그렇지 않겠지만 당시는 이렇다 할 보직을 가지지 않은 장교가 연대 본부에 붙어서 놀고 있었던 것 같다. 때는 전시인데 언제 봐도 그런 사람들이 하는 일 없이 주변을 빙빙 돌고 있었다. 나는 대학에서 고학하며 공부하던 종우와 동생의 죽음이 새삼 가슴 아팠다. 중대장은 그 점을 알고 나를 전투부대에서 빼주었다.

하루는 미국 병사 둘이 들어와 두리번거리기에 어떻게 왔느냐고 물었다. 그들은 미국으로 돌아가게 됐는데 인민군 소총을 스베니어로 가지고 가고 싶다며 연대장을 만나게 해달라고 했다.

그때 마침 연대장이 지나가길래 그 뜻을 전했더니 연대장이 다짜고짜 "Who sent you?"하고 소리쳤다. 미군 병사들은 그 기세에 겁을 먹었던지 그길로 나가버렸다.

연대장은 장병들에게 무서운 존재였다. 나는 그런 줄도 모르고 연대장과 정면에서 말다툼 한 일이 있었지만, 아침 점호 때마다 건물 옥상에 병사들을 세워놓고 "받들어 총!"을 시키고 지나가며 군화로 병사들의 정강이를 까는 일이 예사였다.

다행히 나는 한번도 여기에 걸려들지 않았지만 병사들은 총알 날아오는 전투보다 이런 기합을 더 무서워했다. 이렇다고 소위 군기가 잡히는지 모르지만 군인은 그런 일

175

을 참을 수밖에 없었다.

하기야 백인엽이라는 사람이 군인으로 남다른 데가 있었으니 그의 17연대가 일찍부터 이름이 났을 것이고, 한때 안강, 포항 전선에서 수도사단장 대리 군무를 했을 것이며, 이어서 미군이 주도한 인천 상륙작전에 그의 연대가 뽑혀 참가할 수 있었으리라.

그러니 이러한 그가 언젠가 승진해서 장군이 되는 것은 어렵지 않았으리라고 나는 보았다.

그뒤 나는 일본의 군사 전문가가 쓴 「한국전쟁사」에서 백인엽 연대장은 그때그때 전황을 상부에 보고하면서 그에 대한 작전명령이 내려오는 것을 기다리지 않았다, 상황이 수없이 바뀌기 때문이라고 평한 것을 본 적이 있다. 이것은 백인엽이라는 일선 지휘관의 능력을 엿보게 하는 좋은 예라고 나는 생각한다.

하루는 인사과에서 잡일을 하고 있었는데, 연대장이 밖에서 들어오며 나더러 "나 좀 빠르지 않나? 여기에 별을 그려 달라!"며 자기 철모를 벗어 던졌다. 알고 보니 바로 그날 준장으로 올라가며 육군본부 정보국장이 됐다는 이야기였다.

그런데 당장 어떻게 무엇으로 별을 그린단 말인가? 내가 당혹스러워 하고 있을 때 옆에 있던 누군가 재빨리 철모를 가지고 어디론가 사라졌다.

어느 날 신문이 눈에 띄어 들여다보았더니 '통역장교 모집'이라는 광고가 크게 나왔었다. 나는 바로 중대장을 찾아가 통역장교 시험을 치겠다고 말했다. 시내 배재고등학교에서 영어시험이 있었다.

이렇게 되어 나는 사병에서 하루아침에 통역장교가 되어 17연대와 끝내 헤어지게 됐다. 지난 3개월 동안 사선을 두 번이나 넘으며 살아온 학도병들은 그뒤 어떻게 됐는가? 듣기에 평양 아닌 평강, 원산 방면으로 진격하다 인민군 패잔병의 기습을 받고 그나마 남았던 학도병들이 거의 전사했다는 것이다. 사방리 전투 때 "김형!" 하고 나를 불러일으킨 농대생 명철이도 이때 전사했다.

6·25가 터졌을 때 누구보다도 피신하기에 빨랐던 젊은이들이 9·28 수복이 되고 아군이 북진한다니까 생각이 달라졌는지 통역장교 모집에 몰려들었다.

그 수는 얼마였는지 모르지만 그 가운데 200명이 뽑혀 100명이 바로 인천으로 옮겨졌다. 국군과 UN군이 북진하며 인민군 포로가 매일같이 늘어나서 그 심사에 통역이 필요하게 되어 인천에서 바로 평양 근처의 진남포로 간다는 이야기였다. 그 100명 속에 나도 끼었다.

그렇게만 되면 나는 뒤늦게라도 고향 평양에 가게 되니 얼마나 마음이 설렜는지 모른다. 그런데 인천에 있는 동안 아무런 소식이 없었다. 가까이 포로수용소가 있어 하루는 그 옆을 지나가다 내 눈을 의심했다.

청량리 대학기숙사에서 아주 친하게 지내던 윤종주(훗날 서울여자대학 교수, 2006년 사망) 얼굴이 보였다. 나는 소리 질러 철망을 사이에 두고 그와 만났는데, 그는 6·25 때 도강을 못하고 서울 거리에서 인민군에게 붙잡혀 끌려가다 도망쳤다고 했다. 그런데 사람의 운명이란 알다가도 모를 일이다.

그의 동생은 육사 8기생으로 마침내 17연대에서 만났으며, 안강전투에서 같이 싸웠는데 그때 계급이 대위였다. 윤은 수용소에 있을 때 영어도 하고 타자도 칠 수 있어서 미군장교의 눈에 들어 편히 지내고 있었다.

그러자 시간이 흐르며 전국이 불리해지고 평양행은 무산됐다. 우리는 다시 서울로 돌아와 명동의 가톨릭 성당에서 다음 지시를 기다리게 됐는데, 무료한 시간이 흘러가며 통역장교들은 저녁마다 모여서 장기 자랑을 하거나 영어로 자기가 살아온 길을 말하고 스무고개 같은 것도 했다.

그런데 거기 모인 사람들 가운데는 전투 경험을 한 사람이 하나도 없었다. 모두 서울에 숨어 있다가 9·28 수복이 되며 이제는 살았다고 나온 대학생들이 대부분이었다. 솔직히 말해서 앞으로 상황이 어떻게 벌어질지 알 수 없고 어차피 군대에 끌려갈 바엔 안전한 통역장교라도 되는 것이 좋겠다는 생각에서 나선 젊은이들이라고 해서 안 될 것 없었다.

우리는 시간 있을 때마다 몇몇이 둘러 앉아 잡담으로 시간을 보냈는데 이때 나는 안강전투 이야기를 했다. 그런데 이 이야기에 특히 관심을 가진 사람이 있었다.

조경철(천문학자, 연세대, 경희대 교수)이라는 젊은이였는데, 그는 노래 솜씨가 일품이고 성격이 활달해서 누구에게나 호감을 안겨주었다.

조는 알고 보니 중학교 후배여서 더욱 친근해졌는데, 그는 전투 경험이 있는 나를 따라 일선에 나가게 되면 좋겠다고 했다. 정말 기대하기 어려운 일이지만 그것이 그대로 들어맞는 날이 왔다.

평양이 드디어 점령되고 UN군이 압록강까지 진출했다는 믿어지지 않는 소식이 들려온 지 얼마 되지 않았는데, 그토록 유리하던 전국이 급전환하며 1·4 후퇴라는 비운을 맞게 됐다. 그해 겨울은 유난히 추웠다.

우리는 방한복도 없이 청량리에서 열차 편으로 대구로 내려갔다. 후퇴인지 여유있는 대책인지 알 수 없으나 하여간 객차도 아닌 화물차에 실려 춥고 배고픈 기나긴 시간을 보냈다. 옆에서 누군가 건빵을 먹고 있었는데 그것이 그렇게 쳐다보였으니 처량한 심정이었다.

인천 상륙, 9·28 서울 수복, 사병에서 일약 통역장교로 변신, 그러나 무엇보다도 6·25 직후 피난길에 군에 들어가 몸을 던져 방어전과 공격전을 그것도 철저하게 겪던 일들이 눈앞을 스쳤다.

이제 대구에서 기다리는 것은 일선 전투부대로 발령을 받아 나가는 일뿐이다.

그러던 어느날 우연하게도 조경철 중위와 함께 보병 제 9사단으로 전보 명령을 받았다. 조경철은 너무 좋아 어쩔 줄 몰랐다. 일이 이렇게 들어맞을 수가 있을까 싶었다.

당시 9사단은 강원도 광산 지대인 상동에서 창설됐다. 조 중위는 일선에 나갈 때 어느새 군에서 지급 받은 옷과 모자를 벗어던지고 머리에서 발 끝까지 미제로 바꾼 뒤에 당시 미군 장교들이 주로 입던 이른바 휠드코트까지 걸치 는 몸치장을 했다. 이에 비해 나는 한국군에서 받은 옷 그 대로니 초라하기 그지없었다.

그런데 연대에 부임한지 며칠 안 되서 조경철은 연대 군수과 장교 눈에 걸려 몸에 걸쳤던 미제를 몽땅 뺏기고 대신 통역장교 장비도 아닌 구경 45밀리 미제 권총 한 자 루를 얻어 차고 돌아왔다. 결국 그는 이 권총 오발로 다리 에 부상을 입고 의무대에 실려 갔지만, 다행히 상처가 가 벼워 치료를 받고 바로 돌아왔다.

부대가 광산지대에서 처음으로 이동하기 시작했는데 그 첫 번째 주둔지가 임계(臨溪)라는 곳이었다. 알고 보니 이름이 귀에 익은 정선(旌善) 북쪽의 산간 마을이었다. 주위가 온통 산이고 보이는 것은 머리 위로 조금 트인 하늘뿐이다. 강원도 산골이란 말은 들었지만 정말 이런 데가 있었나 싶었다. 가까이 물소리가 나서 나가보았더니 산기슭으로 폭이 좁은 냇물이 거세게 흐르고 있었다. 물은 맑고 깊지 않았는데 바닥이 온통 돌이었다.

날씨가 종일 흐리고 음산하더니 저녁녘에 눈발이 날렸다. 그러지 않아도 마음이 스산한데 날씨까지 이러니 더욱 우울했다. 이제 나는 중위 계급장을 달고 이렇게 일선에 나왔으나 아직 머리에는 학도병 분대장으로 지냈던 지난 3개월의 인상이 그대로 자리 잡고 있었다. 그래서 남달리 더욱 기분이 그러했는지도 모른다.

좁은 시골길을 가운데 두고 농가가 몇 채 있었다. 모두 빈 집이었다. 우리는 그중 하나를 골라 숙소로 잡았다. 여기 며칠 있을런지 모르지만 하여간 이런 데라도 있어서 다행이었다.

부대는 상부의 작전 명령을 따라 움직이고 있겠지만 지금 우리가 적과 대치하는 최전방으로 이동하고 있는 것만은 틀림없었다.

지난해 9월 중순, 낙동강 전선까지 밀고 내려왔던 북한의 인민군이 인천 상륙 작전으로 허를 찔려 갑자기 썰물처럼 패주하기 시작했다. 그 뒤를 국군이 그야말로 파죽지

세로 추격해서 북녘 압록강까지 밀고 올라갔으나 느닷없이 중공군이 투입되어 그 인해전술에 밀려 이른바 1·4후퇴 사태가 벌어졌었다.

물론 이런 정황에서 UN군은 참혹한 후퇴 작전을, 그리고 중공군 역시 막심한 피해를 입어서인지 쌍방 간의 추격전과 반격전은 일단 38선을 중심으로 소강상태에 들어간 듯 했다.

그러는 사이에 서부전선에서 UN군은 개성(開城)을 적에 내주었고, 중부와 동부 산악 지대를 맡은 국군은 38선을 넘어 북부 산악지대로 조금씩 진격하고 있었다.

이렇게 되어 우리가 임시 체류하고 있는 임계는 지난날 인민군이 내려왔다 돌아가면서 이래저래 피해를 입을 수밖에 없었던 곳이라 마을 전체가 부서지고 남은 것이 거의 없었다.

임계에 있을 때 통역장교 둘이 더 왔다. 고려대학과 서울대 공대생이었으니, 연세대의 조경철과 서울대 문리대의 나 이렇게 4개 대학생이 모인 셈이다.

그런데 우리는 명색이 통역장교일 뿐 대학 시절에 누구나 영어를 제대로 해본 일도 없는 처지였다. 하지만 마음이 편치 않은 것은 말이 통하지 않는 것보다 문을 닫은 대학이 언제 다시 열리겠는가, 그리고 이 전쟁에 언제 어떠한 결말이 날 것인가가 문제였다. 이런 풀리지 않는 난

문을 안고 결국 우리는 그날 그날을 사는 수밖에 없었다.

그러던 어느날 북쪽 산골짜기로 사람들이 여럿 내려왔다. 군인이 아닌 것으로 보아 피난민이 틀림없었다. 그들은 일단 군에서 조사를 받고 후방으로 가게 되는데 문제는 그들 가운데 낀 젊은 여자들이다. 이들 대부분은 연대 본부에서 붙잡아 놓고 잡일을 돕게 하는 것 같았다.

하기야 여자들의 입장에서는 후방으로 가봐야 갈 곳이 있는 것도 아니고 우선 먹고 자는 일이 걱정인데, 군대에 남아있으면 당장은 그런 일들이 해결될 뿐만 아니라 앞으로 군대가 북쪽으로 이동하면 자기 고향으로 자연 돌아가게 될 터이니 더욱 좋을 수도 있다.

그런데 젊은 여자들이 군인들 사이에서 끝까지 편히 지낼 수 있다는 보장이 없다. 어느날 그런 여자가 우리를 찾아왔다. 강릉 북쪽 판교리에서 부농의 집안으로 학교 교사였던 남편이 인민군에 끌려가고 부모가 피난 중에 살해됐다는 그야말로 비참하고 딱한 처지의 여자였다. 그녀는 우리와 함께 있다가 국군이 진격하면 고향으로 돌아가고 싶다고 했다.

당시 연대 고문관은 4명이고 따라서 통역장교도 같은 수가 있었다. 통역장교들은 모두 대학생들이니 그야말로 한창인데다 이렇게 일선에서 내일을 모르는 삭막한 하루하루를 보내고 있는 처지에 젊은 여자가 나타나서 모두

183

좋아했다.

그러나 여자의 입장에서는 여간 조심스럽지 않고 매사에 신경이 쓰일 것은 당연하다. 나는 성격상 사람들과 농담을 별로 하지 않는 데다 동생과 친구를 잃은 그 악몽에서 아직 깨어나지 못하고 있었다.

그래서 더욱 여자에 대해 무관심 했는데, 그것이 그녀의 마음에 들었던지 언제나 내 곁을 떠나려하지 않았고, 심지어는 한방에서 잠잘 때 나와 벽 사이에 눕곤 했다. 나는 원래 잠자리가 흩어지는 일이 없어 그녀는 더욱 좋아했던 것 같다.

하루는 미 고문관 소령과 주변을 돌아보고 있었다. 농가가 거의 부서지고 그 자리에 살림살이가 널려 있었다. 전화가 휩쓸고 지나간 흔적이 역력했다.

미군 장교는 한국 농촌의 이런 모습을 흥미있게 둘러보다 유기 그릇 하나를 들고 와서 이것 무엇에 쓰는가 물었다. 요강이라고 했더니 그는 내 말에 들었던 그릇을 놓고 돌아섰다.

아직 서울에도 수세식 변소가 일반 가정에 보급되기 전이었으니 이런 시골의 변소는 그야말로 원시적일 수밖에 없었다.

그러나 전쟁터에서 미군인들 어찌하랴! 그들도 도리없이 농촌 변소를 그대로 사용했다. 그들은 이런 변소를

'shit house'라고 불렸는데 우리말로 바로 '똥간'이었다. 문명이니 문화인이 따로 없다는 생각이 들었다. 한편 전쟁의 비논리성 야만성을 눈 앞에서 보는 듯했다.

부대는 전방의 상황에 따라 이동 속도와 시기를 조절하고 있었던 것 같다. 그러나 더 이상 후퇴하지 않고 조금씩이라도 전진하고 있으니 다행이었다. 그렇다면 무슨 희망이라도 있는 것일까? 심정이 답답할 뿐이었다.

우리는 대관령에서 강릉으로 내려가는 도중 구산리와 금산리라는 곳에서 며칠씩 머물렀는데, 드디어 강릉을 거쳐 북쪽 판교리로 올라가는 날이 왔다. 우리와 같이 있던 여자의 고향이었다. 그녀는 기쁨을 감추지 못하고 자기 집으로 돌아갔다.

한동안 부드럽던 방 공기가 갑자기 싸늘해진 듯했다. 여자의 힘이란 그런가보다. 어느날 저녁에 우리는 그녀가 사는 데를 찾아갔다.

석교리라고도 하고 판교리라고도 했는데 여하튼 그 언저리인 것만은 틀림없었다. 강릉에서 속초로 가는 국도에서 바다 쪽으로 약간 벗어난 곳에 그녀의 집이 있었다.

말로만 듣던 구십 구 칸짜리 큰집으로 벌써 연대가 군수물자 창고로 쓰고 있었다. 그녀는 큰 집 한쪽 구석방에 있었는데 우리를 보자 너무 반가워 어쩔 줄 몰랐다. 사실 전쟁터에서 여자의 몸으로 조용히 있었으니 그녀로서는 행운 중의 행운이었다.

부대는 한때 38선을 넘어 양양 부근까지 올라갔다가 작전명령이 바뀌었는지 강릉으로 다시 내려와 그곳 농업중학교에 잠시 주둔했다. 1951년 4월 중순이었다. 옆에 과수원이 있어 나는 저녁이면 과수원 길을 혼자 조용히 거닐곤 했다.

그러던 하루 과수원 주인으로 보이는 촌로를 만났다. 그는 자식들이 대학에 다니고 있었는데 6·25로 모두 군대에 갔다며 그들의 소식을 몰라 답답해하고 있었다. 이야기를 주고받다가 내가 학도병으로 일찍이 뛰어들었다는 소리에 무척 반가워하고 동정하는 눈치였다.

이렇게 강릉에 있을 때 대학 동기인 한평교와 만났다. 그는 전남 진도가 고향이었는데, 학교에서는 과가 달라 사귄 적이 없었으나 이런 데서 알게 되니 무척 반가왔다. 우리는 학창 시절 이야기며 내가 소총 소대 분대장으로 싸우던 이야기로 나날을 보냈는데 그는 첫날부터 몹시 우울한 표정이었다. 알고 보니 고향에 두고 온 아내 생각 때문이었다.

그는 경기고 출신으로 조용한 성품에 살결이 희며 허약한 체질로 보였다. 그는 저녁이면 마주 앉아 신세타령을 하며 집에 두고 온 아내 생각에 울먹였다. 그러나 명색이 장교요 이 시국에 대학생인 그가 그렇다고 비관 속에 나날을 보내는 것이 나로서는 이해할 수 없고 어떤 면에서는 화가 났다.

나는 고향을 잃고 이제 이 전쟁에서 동생마저 잃었다. 젊은이들 특히 대학생이 나서지 않고 누구더러 싸우라고 할 것인가? 하는 것이 언제나 내 주장이요 논리였다.

그는 훗날 현리 전투에서 끝내 실종되었는데, 우리가 중동부에서 서부전선으로 이동하고 있을 때 뒤쫓아 왔다. 현리에서 후퇴하는 수라장에서 남달리 허약해 보이던 그가 제대로 도망치기도 어려웠으리라.

그는 중공군에 잡혔다가 미군의 대대적 반격 때 혼란에 빠진 중공군의 눈을 피해 남쪽으로 도망쳤다고 했다. 그러고 보니 그는 마냥 허약하지만 않았던 모양이다. 그렇지 않으면 고향에 두고 온 마누라를 생각하고 있는 힘을 모두 쏟았는지도 모른다.

1951년 봄 중동부 전선의 현리 전투는 한국 전사에 길이 남는 참패의 역사였지만 나 개인으로서는 5년간 군대 생활에서 잊을 수 없는 체험 가운데 하나였고 또한 잊을 수 없는 사람과 만난 것도 이 무렵이었다.

우리 9사단 3개 연대는 동해안을 오르내리다 끝내 대관령을 넘고 진부에서 상남 고개를 지나 인제 남쪽 현리라는 협곡지대로 들어갔다. 그 무렵 나의 일기에는 아래와 같이 적혀 있다.

51년 4월 25일

어제 강릉을 갑자기 떠나 이곳 험악한 산악지대 용포(龍浦)
땅에 오게 됐다. 우리 부대가 산악지대에서 동해안으로 옮겨
간 것이 불과 한달 전 이야긴데 중부 전선의 정세 때문에 이
렇게 되고 말았다.

상남(上南) 골짜기를 올라가며 잡목 숲속에 유난히 흰 자작나
무 서너 그루가 서있었고 갈기갈기 찢긴 흰 구름이 높은 산등
성이를 넘어가는 것을 보았다. 모두 내가 좋아하는 자연의 경
치였지만 이렇게 긴급 출동 명령으로 움직이는 우리로서는
하나의 설움의 대상 밖에 되지 않았다.

51년 4월 28일

서부전선의 불리로 인해 우리 중부전선도 그쪽과 보조를 맞
추기 위해 후퇴하지 않으면 안 되게 되었다. 중부에서는 적을
물리치려고 분투를 다해왔고 특히 우리 연대는 하루 밤 새 4
개 고지를 점령했던 것인데, 그러한 귀중한 희생의 결실도 무
의미한 것으로 되고 말았으니 더욱 눈물겨웠다.

나는 후퇴하고 있는 병사들이 거의 스무 살도 안 된 앳된 얼
굴들을 하고 있어 알고 보니 23연대 학도병들이었다.

51년 5월 4일

연대 정훈과에서 보내온 진중신문(陣中新聞)에 '童子軍'(동자
군)이라는 시 한편이 눈에 띄었다.

어제밤 달밤에 몰려왔던
적의 야습을 물리쳤으니
귀여운 15세의 童子軍

우리 참호 바로 앞에서
동자의 시체 대여섯
원한스럽게 죽어있었다

꽃봉오리 떨어뜨린 것은
그 뉘의 장난인지 모르건만
뜨거운 눈물이 쏟아지는 구나
                        童子軍

나는 이 시를 읽고 또 읽었다.

그리고 지난 날의 나의 학도병 시절을 생각하고 감개무량 했
다. 그때 우리 중대 내 분대에도 이런 동자군이 몇 있었는데
그들은 모두 북진 중에 죽었다.

51년 5월 10일

인접 부대인 30Rgt가 오늘에야 겨우 적을 물리치고 운봉산
(980고지)을 점령했다는데 이 기쁨 밑에 숨어있는 수많은 생
명의 소멸을 생각하고 가슴이 아팠다. 전투 전까지만 해도 그
들은 자기의 수명을 모르고 하루 빨리 전쟁이 끝나면 평화로
운 고향땅을 찾아갈 것을 꿈꾸었을 것이다.

운봉산 고지 탈환은 기쁜 소식이면서도 설움의 대상이기도
했다. 나의 안강전선 사방리 285고지 전투가 생각났다. 거기서

영식이 종우 등 모두가 갔다. 그들은 젊고 promising한 학도들로 자기에게 충실하고 자기를 속일 줄 모르는 인간성을 지니고 있었다. 그들은 직업군인이 아니었고 자기 이념과 주위를 그리고 무엇보다도 humanism을 최고도로 끝까지 간직하고 발휘했던 자들이었다.(글 가운데 Rgt는 regiment의 약자로 연대라는 뜻)

어느날 소양강이 내려다보이는 고지 능선에 배치된 대대의 상황을 보려고 연대장과 미 고문관이 같이 나섰다. 일행이 산기슭에 이르자 고문관은 다리가 아파서 산 밑에 있겠다고 했다. 고문관이 안 가는데 내가 따라갈 필요가 없었지만 연대장 일행과 함께 나도 올라갔다.

산마루에서 인제가 멀리 내려다보이고 산 밑으로 강이 굽이치고 있었다. 소양강이라고 했다. 인제는 거의 파괴되고 건물같은 것은 별로 없었으며 그 모습은 마치 잉카 제국의 폐허같이 보였다.

이곳 현리니 인제니 하는 곳은 강원도 산골 마을인데, 같은 도내의 정선과 인계처럼 사방이 산에 둘려있고 그 사이로 하늘이 올려다 보였다.

이런 데서 앞으로 도대체 얼마나 있을런지 모르나 하여간 지금은 전투 중이니 하루하루가 불안과 긴장의 연속이었다. 그런데 다행하게도 주변에서 총성이 들리지 않으니 아직 적과의 접촉은 없는 모양이었다.

하루는 S-3 작전과에서 김창원(훗날 창원기계공단 부사장)이라는 소위가 상황판을 들고 찾아왔다.

연대본부에는 S-1에서 S-4까지 4개 부서가 그 소관 업무에 따라 고문관과 상의할 일이 있어 찾아오곤 했다. 그 가운데서도 작전과 일이 많았는데 김 소위와는 이렇게 해서 서로 얼굴을 대하게 되었다.

이렇게 접촉하다보니 그는 일반 장교와 다른 데가 있었다. 즉 군인이라기보다 마음을 터놓고 이야기할 수 있는 친구같은 인상이 그에게 있었는데 알고보니 평양의 같은 중학교 후배였다.

그는 1·4후퇴 때 내려와 육군종합학교를 거쳐 바로 일선에 나오자 수색소대 소대장을 맡았다고 한다. 당시 종합학교 출신이라면 흔히 소모장교라는 별명이 붙을 정도로 단명했다.

그런데 그는 명이 길어 수색소대에서 살아남고 게다가 연대본부 작전과에 근무하게 됐으니 일선에서 그런 행운도 쉽지 않다.

당시 우리 천막에는 일종의 분위기가 있었다. 나는 커피를 끓여놓고 이야기하기를 좋아했고 그렇지 않으면 조용히 책을 읽고 있었다.

일선이란 상황이 조용할 때 그 많은 시간을 무료하게 보내기 쉽다.

물론 통역장교는 일반 병과 장교와 처지가 다르긴 하지만 하루하루를 어떻게 보내는가는 언제나 본인에게 달려 있다. 전방이 조용하면 연대본부의 장교들도 비교적 한가로운 시간을 가지는데 그런 생활 속에서 김창원 소위는 내 천막으로 자주 찾아왔다.

어느날 색다른 상황 보고가 고문관에게 전해졌다. 전방에서 적의 차량의 심상치 않은 이동이 포착됐다. 자동차 헤드라이트가 일정한 장소에서 점멸하는 것이 수십 번 관측됐는데, 이것은 적의 대부대가 이동하고 있다는 것을 의미했다.

물론 그것이 소위 적의 양동작전일 수도 있지만 그렇다 하더라도 무엇을 노리는 양동 작전인가도 문제였다. 그날 밤이었다. 9사단 전면은 이상이 없었으나 좌측 인접 부대인 5연대가 뚫렸다는 불길한 소식이 들려왔다. 이것이 사실이라면 정말로 큰일이었다. 그 소리에 우리는 잠을 잘 수가 없었는데 드디어 올 것이 오고야 말았다. 당장 후퇴하라는 연대본부의 연락이었다.

우리는 짐이라 할 것도 없었지만 서둘러 고문관들과 함께 남쪽으로 짚차를 돌렸다. 이곳 현리라는 데로 들어올 때 우리는 하진부에 잠시 머물렀다가 북쪽 방향으로 좁은 산길을 타고 한참 올라가 상남이라는 고개에서 계곡으로 내려갔던 기억이 난다.

그 계곡에 내가 흐르고 인제로 가는 외길이 나있었는데 그 좁은 일대가 현리였다. 기동력을 우선으로 하는 미군이 이런 험한 산악 지대를 기피하고 한국군이 맡도록 한 까닭을 알 것 같았다. 오늘날 현리는 내린천과 계방산 등으로 래프팅, 통나무집, 휴양, 등산 등으로 이름난 곳인데 반세기 전 여기서 처절한 전투가 벌어졌던 것을 아는 사람이 얼마나 있을까 싶다.

그렇지 않아도 좁은 강변의 산길은 이 한밤중 삽시간에 북새통을 이루었다. 군인들과 크고 작은 각종 차량이 한데 모이고 거기에 105밀리 곡사포부대까지 끼어들어 이제는 오도가도 못하게 되었다.

들리는 말로는 우리가 넘어서 빠져나가야 할 남쪽의 상남 고갯길이 막혔다고 한다. 초저녁에 5연대 전면을 뚫고 내려온 중공군의 선두가 산등성을 타고 내려와서 상남 길목을 가로막았다는 것이다.

후방 사단에서 오던 차량이 이곳을 지나다 갑자기 따발총 사격을 당했다고 하니 이제 정세는 급전하였다.

우리가 강가에서 어찌할 바를 몰라 서성거리고 있을 때 동이 훤히 텄다. 날이 밝으면 무슨 대책이 있겠지…? 그러자 지휘관들이 모여 특공대를 상남으로 보내 막힌 데를 뚫자는 의견이 나온 모양인데 나서려는 군인들이 없었다.

군대는 군기와 명령이라고 하지만 모두 헛소리였다. 하는 수 없어 105밀리 곡사포를 그쪽으로 돌려 포사격을 해보았지만 별로 소용이 없었다.

포사격이란 관측을 해야 포격이 정확한가 판단하는데 이 판국에 누가 어디서 그런 관측을 하겠는가?

그러는 사이에 해가 높이 떠올랐다. 느닷없이 미군 수송기가 날아와 군수 물자들을 떨어뜨렸다. 필요한 것들을 보내줄 터이니 물러서지 말고 싸우라는 이야기 같았다. 그러나 그 많은 중요 물자들은 고스란히 적에게 넘어갈 지경이었다. 병사들은 하늘에 영롱한 색깔들의 낙하산 꽃이 피는 것을 보자 그쪽으로 달려갔다.

그들은 낙하산 천을 먼저 차지하려는 속셈이었다. 전방에서 이런 것들을 목에 걸고 다니는 사병들이 더러 눈에 띄었다. 그것은 머플러에 안성맞춤이었다. 당시 이 지역은 3군단 관할이었는데 군단장이 헬기로 이곳 상황을 돌아보고 바로 돌아갔다. 전쟁이란 필경 사람이 하는 것이지만, 상황에 따라서는 고위층의 작전 지휘도 아무런 소용이 없었다.

모르긴 해도 상남을 점거한 적의 병력이라야 그 사이에 얼마나 불었겠는가? 고작해서 일개 분대 아니면 많아야 소대 규모에 지나지 않을 터인데 사단 병력이 이것 하나 뚫지 못하고 있었다.

한마디로 군인들은 죽기 싫었다는 이야기다. 이런 때 성능이 뛰어난 무기도 소용이 없다. 그것을 쓸 사람이 없으니까. 내가 알기엔 당시 군인들은 적의 따발총 소리만 들어도 기가 죽었다.

그러니 큰 병력이 중요하지 않고 따발총 가진 한두 명만 있어도 된다는 이야기다. 상남의 문제는 진짜 전의에 불타는 특공대, 그것도 1개 분대나 1개 소대 병력으로 초전에 박살이 가능했다고 본다.

그것이 안 되어 결국 3군단은 그날부터 무너지기 시작했는데, 이 일로 후일 해체됐고 당시 우리 쪽 병력과 무기의 손실은 그야말로 천문학적 숫자였으리라고 본다.

현리에서 이제 남은 길은 하나 밖에 없었다. 그대로 하루 더 있다가는 적의 대부대에 포위당해 이 골짜기에서 모두 죽거나 포로로 끌려가는 수밖에 없었다. 이미 부대 전체가 전의를 잃었으니 그 결과는 보나마나 했다.

그러자 누구의 지시라 할 것도 없이 장병들이 옆의 산을 기어오르기 시작했다. 그 모습은 일대 장관이었다. 강가는 어느새 폐기물 장소로 돌변했다.

아직 날은 밝지 않았으며 건너편 산줄기에서 예광탄이 여기저기에서 하늘로 날아갔다. 적군의 신호가 틀림없었다. 이 시간에 아군이 그곳에 있을 리가 없었으니까.

이제는 누구의 명령이나 지시를 기다릴 것 없으며 남의

눈치를 보거나 남의 걱정을 할 필요도 없었다. 내 힘 있는 대로 달려서 어딘지 모르나 갈 수 있는 데까지 가야 했다.

숨이 끊어질 것 같았지만 쉴 틈도 없이 산비탈을 기어 오르고 또 올라 능선이 거의 눈 앞에 나타났다. 바로 그때 총알이 옆을 스쳤다. 계곡에 벌써 적이 와서 우리를 보고 쏘고 있다는 이야기였다.

나는 순간 몸을 날려 산 능선 저편으로 굴렀다. 이제는 적의 사계(射界)를 벗어났으니 안심이다. 앞뒤로 우리 장병들이 같은 방향으로 가고 있었다. 도대체 방향이나 목표를 제대로 알고 가는 것인지도 모른 일이다.

얼마나 걸었을까? 무턱대고 가고 있는 사이에 해가 중천에 떴다. 주위는 고요하기만 했다. 우리가 지금 전쟁을 하고 있다는 생각이 전혀 없었다. 그러면서 그저 걷고 또 걸을 뿐이었다. 물이 흐르는 곳에 다다랐다. 큰 강은 아니었으나 그렇다고 작지도 않았다. 어느새 왔는지 강가에는 먼저 온 많은 장병들이 쉬고 있었다.

모두 이제는 위험 지대에서 벗어났다는 기분들이었다. 연대장과 참모진도 보였다. 이런 모습을 보니 우선 안심이었다. 누군가가 다가와서 고문관실 쌀 받아다 점심 준비하라고 했다. 남의 식량까지 지고 온 사람은 누굴까? 정말 이제는 살았다 싶었다.

바로 그때였다. '쿵'! 하고 박격포탄 터지는 소리가 났다. 얼굴을 드니 강 건너에 한 발 또 떨어졌다. 그리고 산마루에서 기관총 소리가 났다. 순간 그야말로 순간 온 천하가 적막에 깔렸다.

장병들이 일제히 산마루를 쳐다보며 누구라 할 것 없이 "적이다!"하고 소리쳤다. 그때 연대장이 주위를 둘러보며 적을 공격하라고 명령했다. 그러나 이 마당에 누가 그 말을 듣겠는가? 모두 도망치기 시작했다.

물론 나도 달렸다. 강변 골짜기가 삽시간에 도망하는 사람으로 메워졌다. 앞뒤에서 "악!" 하고 사람들이 쓰러졌다. 유탄에 맞은 것이다. 나는 이 혼란 속에서는 마음대로 달릴 수가 없어 강 저편을 쳐다보았더니 그쪽에는 사람이 별로 없었다.

그래서 그쪽으로 건널 생각으로 강물에 뛰어들었다. 강 깊이는 무릎 정도 밖에 되지 않았으나 물살이 빠른 데다 바닥의 돌들이 몹시 미끄러웠다. 위에서 병사 하나가 떠내려 왔다. 나는 우선 그 사람을 붙들어 세우고 둘이 서로 팔을 잡고 가려던 길을 돌아섰다. 왜냐하면 건너편에 적의 박격포탄이 자주 떨어졌기 때문이다. 그때 나는 지급받고 한번도 입어본 일이 없는 토끼털 파카를 어깨에 걸치고 있었는데 물에 젖어 천근만근이 되어 그 아까운 물건을 물 속에 내던졌다. 군복 바지주머니에 들어있던 두툼한 일기장이 온통 물을 먹었지만 그렇다고 이것까지 버릴 수는 없었다.

얼마나 달렸을까? 산도 깊은데다 벌써 해가 지고 있었다. 미 고문관 하나가 길가에서 다람쥐를 잡으려고 애쓰고 있었다. 서양 사람은 우리와 달라 주로 육식을 즐기는 식문화 속에 살아오다 보니 고기 생각이 간절했던 모양이다.

날이 어두워지면서 주위도 조용해졌다. 이제는 적도 따라오지 않는 것 같았다. 4월이라도 산 속의 추위는 대단했다. 사람들이 빈 농가에 들어가서 모두 곯아 떨어졌다. 한편 밖에서는 공터에 볏짚을 쌓아올려 여기에 불을 지르고 그 주위에 둘러서서 몸을 녹이고 있었다. 그런데 이 어둠 속에 저렇게 불을 피우면 적에게 노출될 우려가 있을 것 같은데 사람들은 우선 추워서 그런 생각을 할 마음의 여유가 없었던 것 같다.

밤이 깊었다. 몇 시 정도가 됐는지 모르나 동 틀 시간도 멀지 않았다. 농가 좁은 방에는 사람들이 서로 끼어 앉은 채 곯아 떨어졌고 밖의 볏짚 불도 서서히 꺼지고 있었다.

바로 그때였다. 누군가 "적이다!" 하고 고함지르는 소리에 모두 후다닥 하고 도망치기 시작했다.

여기는 도대체 어딜까? 아무리 둘러보아도 알 수가 없다. 주위가 온통 흰 눈에 덮여 있었다. 현리에 있으면서 눈구경을 못했는데 여기는 딴 세상이었다. 그러자 오르막길이 나타났고 여기저기 사람들이 누워 있었다. 지쳐서 잠자는 건지, 아니면 죽은 것인지 모르겠다. 지쳐서 쓰러졌다 해도 이대로 있으면 종말은 뻔했다. 며칠 동안 먹은 것도 없고 도망치느라 있는 힘 다했을 터이니 사람이 살 수가 있었겠는가?

도망가는 병사들 가운데서도 요령 좋은 사람들이 있었다. 대부분 농촌 출신이어서 그런지 농가에 숨겨 놓은 것들을 잘 찾아내서 그런 대로 허기를 메우고 있었다.

이렇게 병사들이 감자나 고구마 따위를 구어 맛있게 먹고 있는 옆에서 장교 계급장을 단 사람이 물끄러미 쳐다보고 있었다.

오대산이라는 소리가 간간이 들려왔다. 물론 말로만 듣던 표고 1,500 고지인 오대산이었다. 그렇다면 오대산을 넘어 남쪽으로 내려가면 하진부다.

그제야 살았다는 생각이 들었다. 그 지긋지긋한 현리 골짜기로 들어갈 때 지나갔던 바로 거기다. 이제 바닷가 강릉도 멀지 않다고 생각하니 살 것 같았다.

오대산을 내려오자 불에 탄 절터가 나타났다. 유명한 월정사였다. 6·25 초전에 낙동강까지 밀렸다가 다시 밀고 올라갔으니 이래저래 마을들은 파괴되고 성한 곳이 하나도 없었다. 전화에 휩쓸린다는 말이 실감났다.

우리는 텅 빈 산야를 걷고 또 걸어 드디어 하진부에 도착했다. 이제는 총성도 포성도 들리지 않았다. 그저 천하가 고요하기만 했다.

하진부에는 헌병들이 서성거리고 있었는데 우리를 보자 강릉으로 가라고 알려주었다. 그래서 우선 트럭에 올라탔다. 트럭에는 쌀가마가 가득 실려 있었는데 알고 보니 강릉이 목표가 아니고 그대로 남쪽으로 내려가는 모양이었다.

차에 탄 장교 한 사람이 9사단 집결지가 대화라고 했다. 대화라면 하진부에서 바로 남쪽으로 내려가면 될 것을 이렇게 바닷가로 나와 돌아갈 필요가 없지 않느냐고 했더니 그쪽 길이 막혀서 못 간다는 것이었다. 중공군이 벌써 거기까지 내려갔다는 이야기 같았다.

트럭은 무슨 생각인지 강릉을 지나 내려가다 태백으로 방향을 틀더니 태백에서 다시 차를 돌려 이번에는 해안선을 따라 그대로 남하했다. 도대체 어떻게 하자는 걸까? 그렇다고 누가 일일이 지시하는 것도 아닌 것 같았다.

그런데 이 모든 길이 나로서는 처음이었고 어디가 어딘지 알 수가 없었다. 그저 지나가는 방향과 그때그때 지명을 머릿속에 욀 뿐이었다. 그 이름은 묵호니 삼척이었다. 차는 삼척에서 크게 우회전 하더니 산 속으로 들어갔다.

몸은 피로했지만 모든 것이 신기하고 정신은 맑았다. 특히 경치가 그야말로 일품이었다. 역설 같지만 이북에서

38선을 넘어 공부하러 서울에 온 학생으로서 6·25가 아니었던들 이렇게 남한 구석구석을 돌아다닐 수는 없었으리라. 전쟁이 끝나면 다시 찾아보고 싶었다.

트럭은 영주, 봉화라는 곳을 지나 다시 북상하는 듯 했다. 그리고 내성이라는 데를 거쳐 계속 올라가더니 드디어 대화에 왔다. 9사단 집결지였다. 현리에서 후퇴하기 시작한지 3일이 지나고 있었는데, 그 사이에 병력 소모가 어느 정도인지 알 수 없으나 이렇게 한곳에 모이게 되어 무엇보다도 반갑고 힘이 났다.

여기서 흩어졌던 부대를 재정비 한 뒤 현리 쪽으로 내려오고 있을 중공군 반격에 나서려는 것일까? 하루 정도 있었을까 했는데 이제 중동부에서 서부 전선으로 이동한다는 소리가 들려 왔다.

지리멸렬한 3군단 병력으로는 더 이상 중동부 전선을 감당하기가 어렵겠다고 판단했는지 화력과 기동력이 강한 미군이 이쪽을 맡았다고 했다.

그리하여 9사단은 밤새 이동했다. 트럭 행렬은 텅 빈 서울 거리를 지나가는 것 같았다. 인천 상륙 후 몇 달 머물렀던 서울이지만 1·4 후퇴로 또 빼앗겼다가 다시 찾은 서울이다.

그러나 이 전쟁 와중에 내일을 모르는 처지에서 서울은 나에게 그저 그리울 뿐 아무런 의미가 없었다.

사람이 살긴 사는 건지 또는 밤이어서 그런지 서울 거리는 쥐 죽은 듯 조용했다. 그러자 차는 서울을 벗어나 북상했다. 의정부를 향해 고갯길을 오르는 것이 어둠 속에서도 분명했다. 그리고 포천에서 크게 좌회전 하고 어떤 터널 같은 데를 지나갔다.

그렇게 가면 연천을 거쳐 철원으로 올라간다. 터널을 지나갈 때 악취가 코를 찔렀다. 이곳에 숨어있던 인민군이 아군 전투기의 네이팜 공격으로 몰살됐다고 한다. 중동부의 그 지긋지긋했던 산악 지대를 이제 벗어났구나 했더니 그것도 아니었다. 이곳 서부에 와서도 한국군의 진로는 여전히 산악 지대였다. 평야로 알았던 서부 지방에도 이런 산악 지대가 있는 줄 미처 몰랐다.

그날밤 이 산속에서 자려는데 포성이 들려왔다. 고문관이 놀라 어디엔가 전화로 "Our's or their's?" 하고 다그쳐 물었다. '아군 포냐 적군 포냐?' 하는 이야기였다.

결국 우리는 서부를 거쳐 중부 전선에 투입됐다. 그리하여 처음에 간 곳이 금화(金化)였는데, 보기에도 험상궂은 603고지가 북녘에 버티고 있었다. 문제는 바로 이 고지인 듯했다. 603고지는 특히 '저격능선'으로 널리 알려진 피아 간의 전략적 요충 지대였다.

9사단에서 이 603고지를 처음 공격한 부대는 30연대였다. 이때 30연대는 수차례 공격으로 병력만 소모하고 오르락내리락 했다. 그 악전고투 상황을 미 고문관이 한번 나에게 이렇게 말했다.

30연대는 '요요 레지멘트'라는 것이다. 나는 처음에 무슨 말인지 잘 알아듣지 못했다. 그러자 미군 장교는 "You don't know yoyo?"해서 그때 비로소 애들이 가지고 노는 장난감 요요인 것을 알았다.

30연대가 603고지를 뺏고 빼앗기며 요요처럼 오르락내리락 하고 있다는 뜻이었다. 이러한 603고지를 30연대와 교체해서 28연대가 공격에 나서는 날이 왔다.

하루는 고문관이 같이 올라가 보자고 했다. 아군의 공격을 지원하던 미군이 포사격을 잘못해서 우리 병사들이 희생당한 사건이 일어났는데 그 현장을 조사하러 나섰다.

미군 관측장교가 아군을 적으로 오인했던가 아니면 포병이 포탄의 작약을 잘못 넣어 포탄이 제 거리를 날지 못했는지 알 길이 없었다.

하여튼 전쟁이라는 부조리가 빚은 비극 중의 비극이 아닐 수가 없었다. 정말 우울한 하루였다. 이렇게 죽어도 결국 조국을 위한 전사일 터이니… 그들이 죽는 순간에도 그들의 고향에서는 애들이나 아내 또는 부모 그리고 친구들이 그들이 오늘도 무사하길 바라고 있었을 것이 아니겠는가?

전쟁터는 절망과 비애 속에 묻힌 곳으로 매일이 암담하면서도 그래서 더욱 사람에 따라 휴머니즘이 응고될 수도 있는 것 같다. 사람이 그립고 서로 나누는 대화에 진정과 진의가 담기는가보다. 지난날 현리 산골에서 김창원과의 만남이 그런 기회였고 그와의 인연이 그 후 평생 서로를 따라다녔는데, 그뒤 금화에 와서는 이정형(李定衡) 소위와 만나 한때 즐거운 시간을 보냈다.

이 소위는 후리후리한 키에 성격이 적극적이고 그 앞에 절망이 없는 듯이 보였다. 그는 저녁이면 우리 있는데 와서 정담을 나누곤 했는데 그 분위기는 살벌한 전방같지 않았다.

그러나 이 소위와의 만남은 전방 상황이 바삐 돌고 내가 후방으로 오게 되어 그리 오래 가지 못했다. 그런데 먼 훗날 그야말로 서로가 옷을 벗고 이제는 초로인생을 살고 있을 때 서울 어떤 모임에서 우연히 부딪쳐 서로 놀랐다.

그동안 생사를 모르다가 이렇게 만나서 그간 어떻게 지냈는가 따위의 이야기는 하지 않았다. 그리고 당장 다음날 다시 만나 일선에서 있었던 이야기들을 했다.

이정형 소위는 6·25 때 육군종합학교를 나와 바로 9사단 28연대에 배속되면서 최전방 소총 소대 소대장으로 나갔다. 당시로서는 그럴 수밖에 없는 일이나 이렇게 부임한 소위들은 많이 죽었고 소모 장교라는 말까지 나돌았던 것이다.

최전방 주저항선에서 첫날 저녁을 맞았을 때 소대원이 식사를 가져와서 보였다. 군대 밥통인 반합 두 개가 하나는 8부, 하나는 반도 안 되게 밥이 들어있었다. 그러면서 이것이 그날 분대원 전부의 식사라고 말했다.

그 까닭을 물은 즉 취사반에서 언제나 이렇게 준다고 했다. 이 소리에 소대장은 순간 머리에 피가 올랐다. 그는 아침에 당장 취사반을 찾아가 반장을 후려갈겼다.

그때 선임 장교가 나타나 이 소위에게 "군소리 말라"는 투로 나무랐다. 이정형은 그 선임자를 그 자리에서 때려 눕혔다. 이것 먹고 어떻게 사병들이 싸운단 말인가? 쌀은 모두 어디 갔는가? 그런데 이 사건은 그것으로 끝나지 않았다.

대대장이 이 소위를 당장 전방에서도 최전방인 전초 기지로 내쫓아 연대장도 모르게 달포 동안이나 버려두었다. 그러자 일이 백일 하에 드러날 날이 왔다.

이정형 소대가 침투해 온 적과 싸우다 희생자가 나서 결국 소대장이 문책을 받게 되면서 전초 근무를 달포나 무리하게 시켜 병사들을 과로케 한 것이 원인이었다는 결론이 났다.

이정형 소대장은 면책과 동시에 제2 선으로 물러나 당분간 휴식을 취하게 됐다. 전쟁의 부조리, 군의 부조리의 또 하나의 경우인 셈이다.

6·25란 알고 보면 장병들의 전의를 손상하는 일이 비일

비재 했다. 고급 지휘관일수록 그 막강한 권한으로 치부하고 주색에 빠지며… 이 소위 말로는 1·4후퇴 때 금화, 사창리, 도마치 고개의 울창했던 참나무 숲을 모두 베어서 팔아먹은 주역들이 朴과 金과 尹과 李였다고 하는데, 그들의 구실인 즉 전술면에서 사계 청소를 했다고 할런지 모른다. 그뿐만이랴, 일선 부대에 차량 보급이 있으면 그 자리에서 타이어들을 모두 헌 것으로 바꾸고 새것은 후방에 가져가는 것이 예사였다.

최전방 연대장들이 모여 포르노 영화를 보는 정도는 애교로 받아들일 수 있다. 그들이 일선에서 무엇을 하겠는가? 그러나 한쪽에서는 굶주림을 하소연도 못한 채 사병들이 싸우며 죽어가고 있다.

나는 학도병으로 철없이 뛰어 들어가 쉽지 않은 방어전과 공격전을 분대장으로 치른 입장에서 뒤늦게 레마르크의 「서부전선 이상 없다」라는 전쟁소설을 일선에서 보며 그날그날을 보냈다. 동생과 친구들이 눈앞에서 죽었으니 살아남은 내가 나약해 질 수가 없었으며 그들이 못다 한 것까지 내가 해야겠다는 생각을 하지 않은 적이 없다.

내가 통역장교로 긴 세월 일선 연대에 있으면서 주위에 많은 여자들을 두고 있었으나 훗날 결혼할 때까지 동정을 지키며 조용히 제 길을 간 데는 그런 자책과 자부가 있었던 것이 사실이다.

일선이란 언제나 싸움만하고 비참하며 부산한 것은 아니다. 1년을 통해 계절 따라 자연의 풍치를 느끼게 하는 것은 전쟁터에 대한 반작용인지도 모른다.

중동부 현리전투에서 도망칠 때 강물에 뛰어 들었다가 엉망이 된 진중일기에 이런 글이 있다.

6월 6일

날씨가 의심스러울 정도로 맑았다. 어제 밤새도록 쉴새없이 들려오던 아군의 포성도 멎은 지 한참 됐다. 고문관 Major Cruz가 "Everything is quiet!"라고 말했다.

나는 통신대가 잠시 들렸던 빈 헛간에 혼자 누워 20여 일만에 처음으로 한가한 시간을 가졌다. 이때 지난날을 회상하며 素月의 '山有花', 藤村의 '椰子の實' 그리고 Longfellow와 Wordsworth의 시를 읽어보았고 종군 이래의 생활을 진중일기에서 찾아보았다.

어디선가 꿩이 울었다. MLR에서는 황진이 하늘 높이 나르고 포성이 은은히 들려오고 있지만 자연은 역시 유구하다. 중동부 전선에 있을 때 연대장이 이와 같은 이야기를 고문관에게 통역하라고 하길래 나는 하는 수 없이 미숙한 영어로 이렇게 말한 적이 있다.

Birds are enjoying spring in the midst of shower of bullets and artillery firing.

사방을 둘러보니 여기저기 산재한 농가들은 모두 잿바닥이 됐고 그 속에 살림살이였던 가마, 독, 그릇 같은 것들이 온통

부서지고 깨진 채 흩어져 있었다. (MLR은 Main Line of Resistance, 주저항선)

9월 9일

한 주간 휴가를 마치고 전방으로 돌아갈 참이었다. 고문관 Capt. White가 Jeep로 나를 데리러 온다고 했다. 그런데 이날 연대장 이하 몇몇 장교들과 함께 서울에서 주연이 있었다. 나는 이런 일에 흥미가 없어 차에 남아 그동안 구한 책이나 보려고 했는데 다행인지 그 주연에 같이 가자는 말이 없었다. —중략— 나는 오늘 저녁 술값이 50만원이라는 이야기를 듣는 순간 생각이 착잡했다. 전시에 이렇게 쓰여 지는 돈치고 결코 많은 것은 아니겠지만, 지금 최전방 어느 고지 어느 산 병호에서 피를 흘리며 죽어가는 병사들을 생각할 때 부대의 간부라는 자들이 위로라는 미명 하에 이렇게 주연을 베풀어야 하는 것일까?

시간이 흘러 나도 저녁을 먹어야 하겠기에 근처 음식점을 들어가 보았다. 그때 호주머니에는 천원짜리 한장이 있었지만 이것이면 혼자 저녁 한끼야 되리라고 생각했다. 그런데 천 원짜리 저녁은 없었다. 나는 Jeep로 돌아와 헤겔의 「정신현상학 서설」을 읽으려고 했으나 슬그머니 화가 났다. 음식점 마담이 "대장님도 돈이 없다나요?!" 하던 말이 잊혀 지지 않았다.

물론 군인 만능시대가 된 지금, 장교라면 사람들은 무조건 "대장님"이고, '대장' 일 것 같으면 누구나 돈을 물같이 쓰는 것으로 돼있으니 새삼 그녀의 말을 비난할 것도 아니다.

전시라고 하지만 후방에서 빈둥거리며 돌아다니는 장교가 많던 시절, 군인이면 대장, 대장하면 돈, 한편 군인과 휴가, 휴가와 후방, 후방과 주색… 이러한 논리로 일관된 시절에 내가 새삼스레 돈 천원으로 저녁 굶고 기분이 우울할 것까지도 없었다.

9월 15일

일선에도 추석이 찾아왔다. 추석이라서 그런지 병사들이 여기 저기 모여서 술 마시고 노래 부르는 소리가 들려왔다.

달이 말할 수 없이 밝았다. 수일 전부터 하늘이 뚜렷한 가을 날씨로 높았다. 여기는 이름도 '밤나무골', 생각지도 않았던 추석 기분에 젖었다.

그러나 술과 노래에 잠기고 있는 한편에서는 박격포 기관총 등의 소리가 끊어질 줄 모르고 야간 전투 훈련이 한참이었다.

이렇게 전방에서 맞이하는 추석이 하필 9월 15일이니 나에게는 특별하기만 했다. 바로 1년 전 이날 나는 안강 전선에서 이틀 째 적진지를 공격하고 있었다. 그리고 바로 전날 14일에 친구와 동생 그리고 많은 동료 학도병들이 그자리에서 쓰러졌다. 그후 나의 생활은 언제 어디서나 그 날과 그들을 잊지 못하고 살아왔다.

이것이 그나마 나의 가슴에 맺힌 원한과 비애를 조금이라도 완화시켜 주는 듯싶었다.

한쪽에선 싸우고 죽는데

보병 제9사단은 중부 전선 금화(金化)에서 철원(鐵原) 지구로 이동했다. 이 지역은 당시 '철의 삼각지대'로 불린 전술 전략상 요충지대라고 했다. 그리고 9사단이 여기서 '백마부대'라는 이름을 얻게 되었다. 철원 북쪽에는 395 고지가 있고 이 고지와 마주 보고 396고지가 있어 두 고지를 두고 적과 아군은 치열한 공방전을 벌이곤 했다. 즉 396고지에는 적이 있었고 395고지는 우리의 주저항선이었다.

그러던 어느 날 미국 종군기자가 이곳 상황을 취재하러 왔다가 마침 흰 눈을 쓴 395고지의 모습이 백마 같다고 해서 이것이 그대로 부대 이름이 됐다고 한다.

395고지 자체는 산으로 험하지 않았다. 이 고지의 전략적 전술적 의미는 그곳의 놓임새에 있다고나 할까, 즉 동쪽으로 이른바 '500능선'이 이어져 평강 평야를 내려다보며, 특히 적의 주진지인 '396고지'가 '395고지'와 맞대면하고 있었다.

철원과 금화, 평강 일대는 한반도 중부에서도 중심부로 이를테면 수도 서울로 바로 이어지는 관문인 셈이다. 따라서 피차간에 이 지역을 요충지로 삼았을 것이다.

백마고지 전투는 한국전 역사에 남을 일대 격전이었다.

10여 일이 계속된 이 전투는 쌍방의 치열한 공방전으로 산의 모습이 바뀔 정도였다. 긴 능선에 걸쳐 초목이 포격에 모두 날아가고 멀리서 보아도 허옇게 토사만 쓴 것이 분명했다.

395고지 북쪽에 마치 독립봉처럼 '281고지'가 있고 여기를 28연대 2대대가 점거하고 있었다. 이 '281고지'의 지형적 특색은 공교롭게도 북쪽으로 능선이 뻗어 적 진지와 바로 연결되어 있었다. 그런데 하루는 적이 이 능선을 타고 대공세를 취했다.

그날 밤 '395고지'는 조용하고 281고지에 불이 붙은 셈이다. 이주일 대령이 후방에만 있다가 처음으로 연대장으로 부임한 지 1주일 밖에 안 되는 시점이었고, 그날 따라 대대장은 서울 가고 없었다.

전투는 초저녁에 벌어졌는데 밤이 깊어지며 '281고지'는 그야말로 불바다가 됐다. 적은 인해전술로 밀려왔고 아군은 각종 화기로 이에 대응했다.

격렬한 포격으로 전면에 부설했던 지뢰와 철조망이 삽시간에 날아가고 하루 사이에 적군의 시체가 산을 덮다시피 했다. 적의 유일한 접근로를 우리 쪽에서 그대로 두었을 리가 없었다. 중화기가 배치된 것은 물론, 중화기 중대 분대장이 참호 속에 수류탄을 쌓아 놓고 적이 접근할 때마다 하나씩 내던지는 바람에 적은 꼼짝 못하고 모두 그

자리에 쓰러졌다.

이렇게 활약한 분대장은 서울 서라벌고등학교 출신으로 체격도 좋았지만 도대체 무서움을 모르는 젊은이로 미군 은성훈장(실버 스타)을, 당시의 소대장은 동성훈장(브론즈 스타)을 받았다. 김용환이라는 그 용감했던 분대장을 나는 잊지 못한다.

이때 281고지 전투는 저녁부터 이튿날 새벽까지 계속되고 적의 전사자 300여에 아군은 한 명의 사상자도 나지 않았으니 놀라운 일이었다.

이날 저녁 전면에 적이 나타나고 공격이 점차 심해진다는 보고에 부임한지 1주일 밖에 안되고 일선 경험이 없던 연대장이 본부 천막에 혼자 앉아 있다가 나를 불렀다.

부하도 작전 지휘권도 없는 통역장교가 아무런 힘이 되지 않는 것을 그가 모를 리 없었겠으나 그래도 본부에 장교라곤 통역장교인 나밖에 없었고 나는 28연대에 오래 있었으니 결국 나를 부른 것 같다. 그때 28연대는 도깨비 연대로 소문났으니 걱정 안해도 된다고 연대장을 안심시켰다. 연대장실 무전기로 전방 상황이 들려왔는데, 중공군이 철조망에 걸려 죽어가며 엉엉 울고 있었다. 피차 슬픈 일이었다.

그토록 수라장이었던 전방이 새벽녘에 조용해졌다. 원래 공격은 저녁 야음을 타고 시작해서 새벽 동이 트기 전에 끝내는 것이 피차간에 원칙이다. 날이 밝으면 모든 것이 노출되어 후퇴하기가 어려워지기 때문이다.

고문관이 같이 현장에 가보자고 했다. 2대대 앞 격전지는 마치 큰 화재가 쓸고 지나간 듯, 여기 저기 불타오르고 아침 안개까지 자욱하게 덮여 있는 모습은 적어도 이 세상의 것 같지 않았다.

나는 고문관과 둘이서 쓰러진 중공군의 시체를 하나 둘 셌다. 300 정도 돼 보였다. 그렇게 어지럽게 벌어진 수라장 속을 병사들이 무엇인가 찾는 듯 서성거리고 있었다. 이른바 전리품에 탐이 난 모양인데 그들이 제일 좋아하는 것은 소련제 권총이었다. 사실 소제 권총은 미제와 달라 우리 손아귀에 잘 쥐어졌다.

나의 진중일기를 펼쳐보았더니 281고지 전투 모습이 아래와 같이 적혀있었다.

12月 22日

오늘 아침 신문에는 19日 전과라는 leading 아래 鐵原 西北方에서는 敵 1개 大隊 兵力의 攻擊에서 300名을 射殺하는 한便 —(중략)— 라고 아주 平凡한 記事가 起載되어 있는 것을 보았다.

19日 戰鬪라면 틀임없이 281高地의 我 2 大隊와 敵 約 1개 大隊 兵力 사이에 벌어진 交戰이었으며, 그것은 18일에서 19일에 걸치는 夜間의 激戰이었다. 聯隊本部에서는 한잠 못자고

電話와 無電을 通하여 狀況 청취와 판단에 온 精神이 集中되었다. 敵은 거의 我 主抵抗線에 접근하여 상호간에는 여기저기서 手榴彈戰이 벌어졌고 물밀 듯이 몰려오는 敵의 大兵力으로 我 방어선이 거의 무너지는 듯이 보이기도 하였다. 그러나 우리는 종내 그런 보고에는 接하지 않았고 새벽 3, 4時 頃에 이르러서는 前面이 고요하다는 報告까지 받았다.

約 한 시간 잠을 잔 듯 했을 때 나는 師團 首席 고문관과 聯隊 首席 고문관 셋이서 暗夜에 Jeep로 격전장에 달려갔다. 날이 훤히 밝아가는 281高地의 참호에는 짙은 안개가 자욱하고 그 사이를 밤새 激戰을 치른 勇士들이 活氣있고 明朗한 얼굴로 바쁘게 돌아다니고 있었다.

한 士兵의 안내로 7CO 前面으로 가면서 나는 밤새도록 쏜 M1 彈皮와 칼빈 彈皮가 마구 흩어져 있는 허물어진 산병호를 지나가며 士兵들의 얼굴과 마주칠 때마다 사실상 울었던 것이다. 7CO 前面에 接近했던 敵, 지금 내 눈 앞에 죽어 넘어져 있는 그 도저히 헤아릴 수 없는 적의 시체 만이 적의 숫자였다고 해도 그것을 누가 小數의 兵力이었고 激戰이 아니었다고 할 것인가? 나는 이러한 現實의 地獄이 存在할 것인가 自己를 疑心할 수밖에 없었다.(일기속의 CO는 company의 약자로 중대라는 뜻)

281고지 전투가 있고나서 나는 연대장에게 수훈의 공을 세운 김용환 중사를 그대로 최전방에 두면 언제 어떻게 될지 모르니 당분간 뒤에서 쉬도록 하면 어떻겠는가 말했다. 그리고 이 기회에 최전방에 대학생 출신이 몇 있는지 봐서 내가 고문관 옆에 두고 영어 보고서를 작성하도록 하고 싶다고 했다.

연대장은 오랜 후방 근무에서 처음으로 일선 지휘관으로 부임하자 터진 이번 전투가 엄청난 전과를 올려 한참 기분이 좋을 때였다. 그리하여 김용환 중사를 비롯하여 대학 출신 사병 서너 명이 뒤에서 당분간 쉬게 됐다. 그들은 내가 일선에 있는 동안 같이 있어서 모두 좋아 했는데 내가 후방으로 전출되면서 어떻게 됐는지 모르겠다.

백마고지 전투에서 내가 결코 잊을 수 없는 일이 있다. 고지 동쪽으로 조금 떨어진 두드러진 작은 무명봉 하나가 있었는데 여기를 대대가 OP로 썼다. 백마고지 쟁탈전이 여러 날 계속되던 하루였다.(OP는 observation post의 약자로 관측소라는 뜻)

이날 OP에는 연대장과 참모들이 모여 있었는데, 여기서 전방 상황이 불 보듯 훤히 바라다 보였다. 즉 아군 진지인 395고지의 후사면은 물론 맞은편 적지인 396고지의 동향도 잘 보였다.

시간이 흐르자 적이 대대적으로 내습하며 전황이 불리해 졌다. 아군이 후사면으로 밀물처럼 밀려 내려오기 시작하자 연대장 등 지휘탑이 독전 차 급히 현장으로 달려가고 나 혼자 남았다.

OP 벙커 천장에는 TS-10 전화기가 엉킨 거미줄처럼 달려 있었는데 여기저기서 소리가 났다.

나는 하는 수없이 그 가운데 하나를 들었다. 마침 탱크 중대 중대장인데 어디를 쏘라는가 급한 목소리로 물어왔다. 수화기를 든 채 앞을 내다보니 탱크 다섯 대가 횡렬로 섰고 가운데 탱크 포탑 뒤쪽에 태극기가 선명했다.

나는 395고지 전사면에 지금 중공군이 대거 붙어서 기어오르고 있으니 거기를 때리라고 했다. 내 말이 끊어지기가 무섭게 탱크들이 중앙의 태극기를 중심으로 방향을 395 고지 쪽으로 틀었다. 그리고 일제히 사격을 시작했다.

나는 지휘관도 작전참모도 아닌 하나의 통역장교에 지나지 않는데 이렇게 작전 지휘를 했으니 잘한 것인지 큰 과오를 범한 것인지 알 수가 없었다.

그러나 그때 상황으로서는 어쩔 수가 없었고 상황 판단도 그렇게 틀리지 않았을 것으로 생각됐다. 그날 상황은 우리가 395고지를 적에게 넘겨준 꼴이 됐는데 나로서는 탱크 사격에 대한 비판의 소리가 들리지 않나 신경이 갔다. 그러나 아무 말도 없었다.

백마고지 전투가 벌어지기 바로 직전에 나는 모처럼 휴가를 얻어 서울에 갔다. 당시 전선은 매일같이 조용했다. 레마르크의 전쟁소설 제목인 'All quiet on the western front' 그대로였다.

서해안에서 동해안으로 이르는 155마일 전선은 고착 상태가 된 지 오래고 쌍방은 상대방의 움직임을 탐지하느라 고심하고 있었다.

서울 종로 화신 백화점 앞을 지나다 문리대 정치학과를 다니던 통역장교 동기생을 만났다. 서로 어떻게 지내는가 하다 나더러 그렇게 일선에만 있지 말고 이참에 후방에 오면 어떠냐고 권했다. 그는 자기가 있는 미군 첩보부대에서 서울에 파견된 미군 대위가 있으니 한 번 만나보라고 했다. 그 사무실이 바로 근처 화신 뒤에 있었다. 미군 장교는 좋다며 부대에 들어가서 기다리라고 했다.

서울에서 휴가를 마치고 철원으로 돌아오자 같이 있는 고문관이 나더러 후방으로 갈 생각이 있느냐고 물었다. 그 사이에 연락이 왔던 모양이다. 사실 남들은 미군 장교와 일하다 적당히 자리를 옮기는 일이 예사였는데 나는 한번도 그런 생각을 한 적이 없었다.

나는 군인은 일선에 있어야 하고 그렇게 생활하는 것이 좋았다. 더구나 친구와 동생을 잃은 이번 전쟁에서 나 혼자 편안히 살겠다고 머리를 이리저리 굴리는 것이 싫었다. 그것은 나로서 못할 일이기도 했다.

그렇긴 한데 실은 자원입대 이래 줄곧 일선에만 있으니 때로는 후방에서 조용히 하고 싶은 일 하며 살고 싶기도 했다. 그러던 참에 서울에서 그런 일이 있었다.

바로 이 무렵이었다. 아군 수색대가 전방에서 전화선 가설 작업 중인 중공군 통신병을 잡았다. 심문하다 곧 중공군의 대대적인 추계 공세가 있다고 했다. 유명한 백마고지 전투는 이렇게 시작됐다. 나는 후방으로 전출할 생각을 집어치웠다.

겨울이 다가오고 있었다. 고문관실에서 후배인 신흥철 중위가 우리와 좌측으로 인접하고 있는 터키부대에 연락관으로 나가 있었는데 하루는 그에게서 전화가 왔다. 내용인즉 터키부대에서는 미군 군용식을 거의 먹지 않고 대부분 땅에 묻는다는 이야기였다.

나는 바로 고문관 짚차에 트레일러를 달고 터키부대로 갔다. 그리고 정문 위병에게 한국 연락장교를 만나러 왔다며 안으로 들어갔다. 미침 터키장교가 나와 어떻게 들어 왔느냐며 나를 불법 침입자 취급을 하길래 하늘에서 내려 왔다고 능청스럽게 비꼬았다. 장교는 기분이 언짢은 얼굴로 정문 위병에게 전화를 걸더니 할 수 없었던지 가라고 했다.

나는 신 중위를 만나 바로 작업에 들어가 미군용 레이션들을 파내어 트레일러에 가득 실었다. 연대로 돌아오자 전방에 나가있는 분대장들을 불러들여 이 귀한 물건들을 고루 나누어 주었다. 그러면서 장교는 주지 말고 너희들끼리 먹으라고 했다.

어느날 보전협동작전(步戰協同作戰)이 벌어졌다. 탱크 지원 아래 보병이 적진을 급습해서 요는 포로를 잡으려는 작전이었다. 이때 탱크 지원은 미군이 맡았기 때문에 한국군과 미군 사이의 연락에는 통역이 필요했다.

그래서 나는 한동안 미군 중위와 함께 탱크를 타고 리허설에 참가했다. 나는 SCR-300이라는 무전기를 메고 있었다.

드디어 작전 당일이 됐다. 아침에 나가보니 주위가 온통 흰 세계였다. 밤사이에 눈이 왔는데 탱크가 어느새 흰옷을 입고 있었다. 탱크에 백색 페인트 칠을 한 것이다. 멀리서 탱크가 보일 리 없었다.

진격 목표는 395고지에서 뻗어나간 능선이었고 주력 부대는 3대대 6중대였다. 중대장 김운기 대위는 이때 작전으로 이름이 났는데, 나는 그와 일면식도 없었지만 그는 중대장으로 선두에 서서 많은 적을 사살하고 포로까지 잡고 돌아왔다.

전차는 보통 무적같이 보이나 약점도 많았다. 무쇠 덩어리지만 포에는 약했다. 대전차 지뢰도 무섭고 일단 무한궤도가 끊어지면 끝장이다. 전차의 전면은 두꺼운 철갑을 쓰고 있어도 특히 엔진이 달린 후면이 약했다.

그래서 진격 중에 포탄이 떨어지면 후퇴하는 수밖에 없는데 이때 머리를 돌리지 않고 그대로 후진한다. 약한 후면을 보호하기 위해서다.

그날 작전이 시작되자 바로 문제가 생겼다. 넓은 철원 평야가 온통 눈에 덮이고 꽁꽁 얼어서, 전차가 이렇게 얼어붙은 논두렁을 넘어서지 못했다. 그 낮은 언덕에 걸려 전차의 무한궤도가 헛바퀴만 돌았다.

결국 공병대가 무한궤도 폭만큼 도끼로 까냈는데 그 작업이 생각보다 간단하지 않았다. 공병대는 논두렁 밑에 구멍을 뚫고 TNT 폭파 작업까지 했으니까. 이렇게 해서 의외로 많은 시간을 소모하고 드디어 전차들이 앞으로 나아갔다.

그때에는 이미 정오 가까운 시간이었고 보병들은 500 능선 일대를 거의 휩쓸고 있을 무렵이었다. 적의 포탄이 전진하고 있는 탱크 주변 여기저기에 떨어졌다. 결국 보전 협동작전은 소기의 성과를 걷은 것 같지 않았다.

전진 부대에서는 지원사격 요청이 별로 없었다. 보병들은 적이 잠들고 있을 때 기습해서 오히려 작전이 성공한 셈이다. 탱크들은 제대로 포 한발 쏴보지 못하고 떨어지는 포탄을 피해 모두 뒷걸음쳤다.

나는 중대장 탱크에 올랐다가 타렛 문을 열고 밖으로 나와 눈 위에 내리뛰고 진격 중인 병사들 뒤를 쫓았다. 그러자 적의 포탄이 떨어져 미군 탱크 중대장이 위험하니 빨리 돌아오라고 소리쳤다. 보전협동작전! 어마어마한 색

다른 대규모 작전으로 들리고 사실 그런 성질의 것일 터인데 이때 치른 것은 싱겁기 그지없었다.

크리스마스가 다가왔다. 일선 그것도 최전방에서 크리스마스가 무슨 의미가 있단 말인가? 그런데 이 무렵 많은 눈이 와서 주위를 덮었다. 다행히 전방은 조용해서 설경이 더욱 아름답게 느껴졌다. 좀처럼 없던 일인데 연대장이 불러 본부 천막에 갔더니 크리스마스가 가까워서 미 고문관들에게 여자를 보내겠다는 것이었다. 기가 찰 노릇이지만 어찌하랴! 그래서 한때 통역장교를 pimp(뚜쟁이) 라고 하기도 했다.

내 짝인 '캡틴 화이트'—우리 사이에서는 그를 '백 대위' 라고 불렀는데—는 평소 술과 여자를 좋아했다. 백 대위는 한마디로 군인답지 않은 군인이었으며 다른 장교들보다 유식한 편이었다.

그는 나보고 자기가 다른 장교들과 같은 영어를 한다고 생각하지 말라며, 영어사전을 가져오라고 하고는 'catholic' 을 찾아 뜻이 ①②③ … 으로 붙어있는 것 가운데 ③ 또는 ④를 가리키며 여기 무엇이라고 돼있는가 물었다.

보통 'catholic' 을 이른바 구교의 뜻으로 알고 있는데, 그는 '보편적' 이라던가 또는 '다방면의' 라는 뜻이 있다는

221

것을 나에게 알려주고 싶었던 모양이다. 한번은 그의 애인이라는 여자한테서 편지가 왔다. 물론 백 대위가 나를 소개한 모양인데, 그녀는 '캡틴 화이트'를 사랑한다며 잘 지켜달라고 부탁했다. 한편 내가 백 대위에게 보여준 글귀를 전해 듣고 나를 시인이며 철학자라고 극찬하는 것을 잊지 않았다.

그 글이란 아래와 같았다.

It was not stillness. Stillness is merely the absense of sounds. It was silence, because it seemed that they could say something but would not say.

'그것은 정적이 아니었다. / 정적은 그저 소리가 없을 뿐이다. / 그것은 침묵이었다. / 그들은 무슨 말을 할 수가 있었지만 / 말하려고 하지 않았으니까.'

이 글은 언젠가 외국 작가의 책을 읽다가 마음에 들어 적어두었는데, 고문관이 하도 유식한 소리를 하길래 한번 그를 골탕 먹이려고 보여준 일이 있다.

그때 백 대위가 김 중위 글인가 묻길래 그렇다고 농담 삼아 했던 기억이 난다. 그는 미국 애인에게 무료한 일선 생활을 소개하며 같이 일하는 한국군 장교 이야기를 했던 모양이다. 나는 캡틴 화이트와 이렇게 무척 친근하게 지냈다. 그는 나를 데리고 서울에 놀러가곤 했는데, 그때 영등

포 부근 —노량진이었는지도 모르지만— 길가 전신주에 기대어 사진을 찍었다.

하필 전신주 앞에서 사진인가 했더니, 후일 알고 보니 전신주 위에 'Native liquor kills' 라는 글이 적힌 간판이 있었다. 요는 '한국 술은 살인주' 라는 뜻이다. 백 대위는 사실 한국 술만 마셨는데 나더러 자기는 코리아에 많은 공헌을 한다고 했다. 술을 많이 팔아준다는 뜻이었다.

내가 서울로 휴가 갔을 때 백 대위는 자기 짚차로 데려 다 주고 데리러 왔다. 그런데 내가 약속한 날 약속한 장소 에서 책을 읽고 있는 것을 보고 그는 감탄했다. 휴가 나온 장교가 노느라 정신없을 터인데 … 하는 모양이었다.

이러한 캡틴 화이트가 아주 측은하게 보인 날이 왔다. 눈 내린 세모에 연대장이 여자를 보내준다는 소식에 너무 좋아서 다른 고문관들과 떨어진 곳에 개인용 천막을 쳤다. 소위 신방을 꾸민 셈이다.

그는 크리스마스 선물이라며 미화 10달러를 주었다. 나 는 생각지도 않았던 이 돈으로 마침 일본가는 미 군인이 있어 책을 부탁했다. 중학시절부터 즐겨 읽던 일본 철학자 아베 지로(阿部次郎)의 선집 여섯 권이 나왔다는 것을 알 고 부탁했던 것이다. 물론 그 책은 후일 내 손에 들어왔지 만 백 대위가 그토록 기다리던 여자는 끝내 오지 않았다.

고문관 중에 몸이 비대한 소령이 있었는데 이 장교도

여자 복이 없었다. 그에게 가기로 된 여자가 한 밤중에 소령 천막에서 도망쳐 우리한테로 달려왔다. 무서워서 거기 못 있겠다며 우리 천막에 있게 해달라고 애원했다.

나는 —선임 장교였다— 우선 그녀가 가엾어 그렇게 하라며, 우리 '스쿼어드 텐트' 한 구석에서 자라고 했다. 그런데 그날밤 통역장교 하나가 그녀를 끌어 당겼다. 이와 비슷한 일은 그전에도 뒤에도 종종 있었다.

당시 일선 연대에는 고문관이 네 명 있었고 여자도 그 수대로 있었으며 그들은 부부 생활이나 다름없었다. 고문 관들은 본국으로 돌아갈 때 자기 여자를 후임자에게 인계 하기도 했다.

여자들은 대개가 국군이 진격할 때 피난 가던 시골 여 자들인데, 군에서는 이들을 그때그때 후방으로 보내지 않 은 것 같다. 일선의 거친 환경에서 특히 여자가 귀하다 보 니 군인들의 생각이 정상을 벗어나기 쉬웠다.

한편 여자들은 연약한 처지에 설사 후방에 가더라도 생 계가 막연했으리라. 그래서 그들은 일선에서 허드렛일을 하며 세월이 바뀌기만 기다렸으리라.

그런 여자들로서 미 고문관과 같이 있다는 것은 여러 모로 편리했다. 여자를 아끼고 생활에 필요한 물건들이 많 고 넉넉하니까 … 그런데 하루는 백 대위가 이 여자는 넙 적다리에 'scar'(칼자국)가 있어 싫다고 했다.

그러면 그녀가 갈 곳이 어디겠는가? 나는 우리와 함께 있자고 했다. 통역장교들의 세탁물 시중이라도 하면 될 것이고 다른 데 가봐야 몸만 버린다고 타일렀다. 물론 그녀도 좋아했다.

그런데 어느날 서울대 공대생이었던 통역장교가 그녀를 자기 곁으로 끌어당겼다. 나는 물론 모른 척 할 수밖에 없었다.

군인과 여자의 문제는 새삼스러운 것이 아니었다. 특히 6·25 전쟁 때 이른바 고급 장교들의 여자관계는 사실 여부는 고사하고 조금도 화제에 궁하지 않았다. 그 점은 미군 역시 마찬가지였는데 미군 장교의 경우 한국군 장교와 달리 조금도 숨기는 데가 없이 당연하고 필요한 인간관계로 여기고 있었다.

상황이 이렇다 보니 당시 통역장교는 가운데서 그런 일을 돌봐줄 수밖에 없었다. 그렇게 되어 나도 여자들을 가까이 두고 살았는데 나 자신은 그런 일에 조금도 끌리지 않았다. 그것은 안강전선에서 동생과 친구를 한꺼번에 잃고 그 설움과 분노를 잊을 수가 없었기 때문이었다.

내가 일선 연대에 있는 동안 연대장이 4명 갈렸다. 그들의 일선 부대 지휘관으로서의 능력이란 사실상 이렇다 할 것이 없었지만 굳이 화제로 삼는다면 모두 여자 문제라고 나 할까.

그중에서도 어느 연대장은 여자를 열 명 가까이 데리고 다녔다는 이야기고 그 일을 상사 한 사람이 맡고 있었다고 한다.

그런데 그 상사의 솜씨란 놀랄 만했다. 다시 말해서 여자들을 윗사람에게 보내기 전에 자기가 먼저 맛본다는 것이었다. 거짓말 같은 사실인지 사실 같은 거짓말인지 알 수는 없지만 …

한번은 그 상사가 내가 서울에 간다는 것을 알고 같이 가자고 했다. 그가 짚차로 간다니 나도 편했다. 그는 철원을 출발하여 도중 동두천 미군 부대에 들어가자 미군 작업복을 한 뭉치 가지고 나왔다. 자세히는 몰라도 당시 유행하던 후생사업인 듯 했는데, 그것이 누구를 위한 것인지 알 수가 없었다.

결국 이런 장사는 부대 지휘관을 위해 지휘관이 내세운 한 사람이 뒤에서 부대 이름을 팔아 그런 식으로 장사한다고 보아도 좋을 듯하다.

당시 일선 부대의 후생 사업 하면 산의 나무를 베어 팔아먹는 일이 널리 알려지고 있었다. 그런가 하면 GMC 같은 수송 장비가 지급되면 그자리에서 새 타이어들을 모두 중고품과 바꿔치기 한다는 이야기도 있다. 능히 있을 수 있는 일이다. 어차피 머지않아 헌 것이 될 터이니까. 그런데 그렇게 해서 생긴 뭉치돈은 어디로 가는 것일까? 이에 대해 내가 아는 장교가 한번은 재미있는 이야기를 들려주었다. 즉 연대장이 불러 휴가 다녀오라며 자기 집에 들르라고 했다. 그는 신문지로 싼 무슨 물건을 받아들고 서울로 나가다 그것이 궁금해서 풀어보았더니 바로 돈 뭉치였다.

그때 그는 그가운데 한뭉치를 꺼내 자기 주머니에 넣었다. 그는 연대장이 이 일로 화를 낼 수도 없고 자기를 어떻게 하지 못할 것을 너무나 잘 알고 있었다. 이런 일도 전쟁터의 하나의 웃지 못 할 논리라고 나는 본다.

하여간 그날 상사는 동두천 미군 부대에서 받은 옷 보따리를 이미 선이 닿고 있는 서울의 어떤 상인에게 넘겨주고 시퍼런 돈뭉치를 받았을 것은 뻔했다. 상사가 종로 5가의 어느 음식점에 들렀을 때 통통하고 발랄한 젊은 아가씨가 그를 반기더니 같이 뒷방으로 사라졌다. 나는 그의 돈뭉치의 행방이 궁금했지만 짐작 못할 일도 아니었다.

상사는 뒷방에서 한참 있다 나오더니 저녁을 먹고 나서 서대문 우체국 뒤로 갔다. 거기가 자기 집인 모양인데 나더러 그날 밤을 묵으라고 하니 고마웠다. 그런데 젊은 여자 하나를 내 방으로 들여보냈는데 나는 좁은 방 한쪽에 있는 침대에 혼자 누웠다. 그녀는 방바닥에 그대로 누웠던 것 같지만 그렇다고 내가 신경 쓸 수도 없었다.

밤이 깊어 상사가 어디 갔다 들어왔다. 그는 내가 잠든 것을 보고 그 여자 옆에 같이 눕는 것 같았다. 나는 지금도 그 상사의 얼굴을 기억하지만 그의 이름과 그 뒤 그가 어떻게 살았는지는 알지 못한다. 한 가지 분명한 것은 그가 군에 있으며 한번도 그야말로 단 한번도 총을 든 일이 없었으리라는 것이다.

당시의 연대장은 휴전 뒤 옷을 벗고 그런 대로 사회 요직에 있다가 아직 한참 나이였는데 일찍 갔다. 아까운 나이에 제멋대로 살다 간 사람 중의 하나였다.

또한 어떤 연대장은 사내로서 이렇다 할 볼품이 없었지만 그도 무척 여자를 좋아했다. 백마고지 전투가 한참이었을 무렵 나는 고문관과 함께 대대 OP에 올라갔다. 그때 군수 참모가 나타나 연대장과 귓속말을 하는 것 같더니 그 자리에서 연대장이 슬그머니 나가버렸다.

그러자 고문관이 나더러 "커널 어디 갔는지 아는가?"하고 물었다. 나는 조금 전에 S-4 장교가 불러 같이 나갔다고 했다. 고문관은 빙그레 웃으며 여자가 와서 나갔다고 나에게 귀띔을 해주었다. 그때 나는 연대장도 연대장이지만 고문관의 센스에 놀랐는데, 그건 그렇다 치더라도 군에서 특히 일선에서 군수 참모의 역할 중의 하나가, 그것도 아주 중요한 처세술 내지는 보신책의 하나가 아니었던가 싶다.

하기야 지난날 중동부 전선 현리에서 3군단이 지리멸렬

했을 때 이른바 고급장교들의 처신은 놀랄 따름이다. 일반 장교와 병사들은 자기 무기를 하나도 버리지 않고 그 악몽의 세계에서 빠져나오느라 고생했지만, 고급 지휘관 일수록 계급장을 떼어버리고 허리에 찼던 유일한 무기인 권총까지 내던지고 도망치기에 바빴다.

계급장과 권총이 그토록 거추장스러워서가 아니라 신분이 탄로 나는 것이 두려웠다는 이야기다. 그런데 그렇게 해서 구사일생으로 사지를 벗어나자 사단장은 그날 밤 여자를 끼고 피로를 풀었다고 한다. 그 혼란 속에 도대체 누가 이런 머리를 쓰며 그 막중한 임무를 해냈을까? … 해답은 간단하다. 보좌관이 군수 참모에게 이야기해서 굿 아이디어라고 했을 것이 아니었을까?

1개 사단 3개 연대 병력이 한꺼번에 전방에 배치되는 일은 거의 없다. 그중 연대 하나는 언제나 예비 병력으로 후방에 두고 쉬고 훈련하며 만약에 대비하는 것이 원칙이다. 새삼 전술이라고까지 할 것도 없는 매사가 상식적인 것인데 우리 연대가 그렇게 예비대로 있을 때 일이다.

부대 전화 교환병의 음성이 너무 아름다워 부대 내에 소문이 났다. 필경은 거칠고 거친 사병일터인데 그 음성은 설령 여자라 해도 그렇게 미성일 수가 없을 정도로 예쁘고 매력적이었다. 그래서 연대장이 장병들 앞에서 주인공의 공로를 치하한 일까지 있다.

이 화제의 주인공인 전화 교환병이 어느날 우리 있는 데로 놀러왔다. 처음 보는 얼굴인데 남자 치고도 시원치 않았다. 결국 두 번 놀란 셈인데 하여간 그는 미성 덕분에 특별 휴가를 받았다고 했다.

고향이 어디냐고 했더니 강릉 북쪽 판교란다. 나는 놀라서 임계에서 만났던 비운의 여자에 대해 물었더니 알아도 잘 아는 처지였다. 나는 급히 편지를 써서 그녀에게 전해 달라고 부탁했다.

며칠 뒤 휴가를 마치고 돌아온 교환병이 그녀의 편지를 가지고 온 데는 더욱 놀라고 그렇게 반가울 수가 없었다. 나는 제대하고 가정을 가지고 사회에서 일을 하게 되는 등 그런 대로 세월이 흐른 뒤 그곳을 지나가는 일이 있어 들렀더니 그녀는 이미 없었다. 재가해서 대전에서 산다는 이야기였다. 물론 주소를 알 길도 없었다. 그녀의 편지는 소박한 시골 여자다운 데가 그대로 나타나 그 시절을 상기시켰다.

백마고지 전투가 소강상태에 들어가고 철의 삼각지대를 국군이 장악하게 됐다. 고문관은 자주 395고지의 주저항선을 둘러보았는데, 혹한 속에 경비하고 있는 병사들의 모습은 아무리 군인이고 최전방이라 하더라도 보기에 정말

딱했다.

식사도 그렇고 옷차림도 허술하기 이를 데 없었다. 이점 미군과 비교할 수야 없었지만, 나는 맨손으로 총을 쥐고 서있는 병사에게 끼고 있던 장갑을 벗어 주고, 다음부터는 아예 장갑을 예비로 가지고 다녔다.

하루는 전방에 배치되어 있는 중대에서 병사들의 불평 불만의 소리가 들려왔다. 중대장이 병사들의 봉급을 주지 않고 그 돈으로 서울에서 고급 시계를 사다 찼다는 이야 기다.

언제 죽을지 모르는 것들에게 그 돈이 무슨 소용이 있 겠는가 하는 논리였던 모양이다. 나는 이 소리에 피가 머 리 끝까지 치솟아 견딜 수가 없었다.

당시 연대장은 백마고지 전투가 일단락되자 일선 지휘 관들이 바뀌면서 사단 작전참모로 있던 사람이 왔는데, 그 는 나에게 영어 공부 하고 싶다며 호감을 보이기도 했다. 나는 그에게 최근 연대 내 군기에 대해 이야기했다.

연대장은 당장 그 대대의 대대장과 중대장들을 본부에 불러 일장 훈시를 하고 문제의 중대장을 사단 헌병대에 넘겼다. 중대장은 한동안 영창에 들어가 있다가 풀려나왔 지만 그뒤 소식은 모른다.

그런가 하면 어느 중대장은 공격을 앞두고 자기 봉급을 몽땅 털어 주보에서 오징어와 소주를 사다 중대원들과 둘러 앉아 일종의 전야제를 베풀며 중대의 사기를 올렸다.
눈물겨운 이야기다.

원래 군대라는 데는 별의별 인간들이 모이는 곳이라 옆
에서 볼 때 재미있는 일들도 없지 않다. 중대장 가운데 아
주 예쁘게 생긴 사람이 있었는데, 여자도 그렇게 균형 잡
힌 얼굴과 피부색을 한 사람을 보기 쉽지 않다.

중대장이 이상하리만큼 고와서 연대장은 고문관에게 그
중대장을 가리키며 연대의 자랑으로 삼곤 했다. 나는 그런
여자 같은 중대장이 일단 전투가 벌어지면 과연 어떻게
처신하는지 의문이 먼저 앞섰다.

그런데 또한 어느 중대장은 만날 때마다 몸에 걸친 군
복이 어떻게 그렇게 깨끗하고 풀까지 먹여 빳빳한지 놀라
곤 했다.

고문관이 전방의 주저항선을 돌아볼 때 중대장이 벙커
에서 나와 고문관에게 상황을 보고하는데, 그럴 때마다 고
문관은 나더러 그 장교는 어떻게 저렇게 옷을 다리미질해
입고 있는지 모르겠다고 했다. 예비대로 있을 때라도 모르
겠는데…

적과 마주하고 있는 최전방 주저항선에서의 이야기니
알다가도 모를 일이다. 그러니 중대장 연락병의 고충이 눈
앞에 선했다.

당시 우리 연대에서 가장 용맹스럽고 공이 많은 중대장

이 있었다. 연대장은 중요한 작전에는 으레 그 중대를 앞에 내세웠는데, 나는 아무리 그가 싸움을 잘해도 기회 균등이어야지 그 중대만 내보내면 어떻게 하는가 쓸데없는 걱정도 없지 않았다. 먼 훗날 그 중대장은 장군으로 승진하여 출세했다고 들었는데, 당시 그 대대의 교육관으로 있었던 김창원에게 물었더니 그는 그것이 바로 군에서 말하는 '요령'이라며 이런 이야기를 들려주었다.

김창원은 당시 소위였는데 그 용감하고 전투에 능한 중대장의 중대가 모종 임무를 띠고 공격에 나섰을 때, 중대장은 김 소위에게 이리 오라며 지형을 이용해 몸을 숨기고 있었다고 한다. 그 장소는 뒤에서 쌍안경으로 확인할 수도 없는 편리한 곳인데다 적의 위험이 전혀 없는 장소였다.

그는 전투 때마다 각 소대장을 앞세우고 싸우도록 하고 자기는 거기서 꼼짝도 하지 않고 숨어 있다가 돌아오곤 했다는 이야기다. 하기야 그러고도 전과를 올린다면 그것도 지휘관의 능력인지 모른다.

우리 사단은 다시 금화 지역으로 이동했다. 저격능선의 상황이 악화 일로에 있던 무렵이었는데 이때 사단장이 갈렸다. 그러자 얼마 안 되어 나는 육군본부에서 후방으로 가라는 전보발령을 받았다. 그동안 군의 인사가 사적으로 처리되는 폐단이 많았는데 이 고질을 고치려고 군의 인사

기본 방침이 선 모양이다.

그런데 새로 부임한 사단장이 시찰차 연대에 들렀을 때 연대장과 참모들 앞에서 느닷없이 "김 중위 후방으로 가려고 운동했나? 전방 상황이 좋지 않을 때 전방 상황을 잘 아는 김 중위가 이곳을 떠날 수는 없다"고 농인지 진담인지 알 수 없는 소리를 했다.

그래서 나는 지금까지 줄곧 전방에 있었지만 전속 운동한 일은 없고 군의 인사 방침에 따를 생각이라고 말했다.

사단장은 당시 장군 가운데서도 특히 이름이 나있는 실력자로 알려져 있었는데, 그는 자기가 육군본부에 이야기하겠다고 큰 소리 쳤다. 그러나 나는 육본 명령대로 드디어 일선을 떠나 광주 육군보병학교로 갔다.

일선에 있는 동안 나에게 소득이 있었다면 고문관인 미군 장교들과 같이 생활한 일이었다. 그렇다고 내 영어가 크게 달라진 것도 없다. 그 이유인즉 말이 되건 안 되건 자꾸 지껄여야 하는데 나는 성격상 그러지를 못했다.

그러나 그들과 가까이 있으면서 많은 것을 배우고 알았다. 미군 장교가 바로 미국인을 대표하는 것은 아니겠지만 적어도 그들의 인간성과 교육 수준 등 소중한 것을 그런대로 알았다.

미국은 세계에서 가장 부강한 나라로 돼 있으며 그것도

사실이다. 그리고 사람들은 무조건 미국을 우러러 보고 미국에서 살고 싶어 한다.

그런데 그들과 몇 해 같이 살다보니 이것저것 생각되는 점이 많았다. 물론 긍정적인 면도 있었고 반면에 부정적인 것도 적지 않았다. 세상만사 그렇겠지만 ….

한 가지 특색은 미군 장교들은 대체로 책을 많이 읽는다. 일선에서 틈이 있을 때 무엇을 하겠는가 할지 모르나 그 문제는 그렇게만 볼 것이 아니다.

만일 그런 위치에 우리나라 장교가 놓였다면 어떻게 될 것인가 한번 생각해 봄직하다.

우선 이렇게 그들이 읽고 버리는 많은 책들 가운데 특히 내 눈에 띈 것은 "For whom the Bell tolls(누구를 위해 종은 울리는가)"와 "From here to Eternity(지상에서 영원으로)" 그리고 "Arch of Triumph(개선문)" 등이었다.

나는 이런 책들을 박격포 포탄 상자에 넣고 다녔다. 이 나무 상자는 튼튼하고 손잡이가 달려서 부대가 이동할 때 아주 편리했다. 이 속에는 서울 휴가 나왔다가 길가에서 구한 책들도 들어 있었다. 당시 서울 거리에는 길가에서 주로 일본의 유명한 이와나미 문고판들을 팔고 있었다. 전쟁 중에 살림들이 어렵다보니 집에 있던 물건들을 이런 식으로 거리에 내놓고 있었다.

이때 나는 독일어 사전도 한권 구했는데 물론 일본에서

나온 유명한 사전으로 그 활자체가 옛날 독일 자모로 된 귀한 물건이었다. 따지고 보면 일선에서 독일어 사전이 소용없었지만 대학 강의에서는 영어보다 독일어 강독이 더 많아서 그때가 그리웠던 것이다. 이렇게 일선에서 끌고 다니던 박격포탄 상자는 지금도 내 서재 한구석에 있어 일선에서의 나날을 상기시킨다.

언젠가 이 상자 속에서 오래되어 누렇게 색이 바래고 만지면 부스러지는 종이 뭉치를 발견했다. 다행히 글은 그대로였는데 〈戰場斷想〉(전장단상)이라는 제목이 붙어있었다. 지난날 싸움터에서 내일을 모르며 나날을 보내던 그때가 그런대로 나타나 있어 나로서는 소중한 회상거리인데 아래와 같은 글들이었다.

戰場斷想

新兵 어릿어릿한 親舊들! 여기가 어데인지 알고 찾아왔는가?

童子軍 그 무겁디 무거운 M1小銃을 너희들도 메어야 하느냐?

奇襲部隊 嗚呼! 그래도 집이라고 情들었던 이 土窟까지도 이제 다시 돌아올지 말지 한 젊은이들이여!

部隊長 夜陰을 타고 出擊했던 奇襲部隊가 長時間의 激戰 끝에 돌아올 때를 기다리고 멀리 地平線을 바라보며 서있는 部隊長의 눈에서 말없이 주먹 같은 눈물이 떨어졌다.

HIGHWAY 트럭이 넉넉히 往來할 만큼 넓은 道路에 개 한

마리 얼씬 안하는 것이 나의 가슴을 아프게 한다.

補給　그야말로 山積되어 있는 軍需物資! 山峽까지도 끊임없이 달리는 輸送車群! 아아 이것들은 모두 무엇 때문인가?

ALL QUIET!　어제 밤도 전선에는 異狀이 없었다고!? 웃음과 울음을 잊어버리고 죽지 못해 싸우는 너희들을 알아주는 者 누구냐?

道標　茂盛한 수풀 속에 넘어진 道標! 네가 가리키는 里程에는 異常 없건만, 네가 바로 설 날이 언제 올 것인지 나는 모르겠구나!

(당시는 한자를 많이 쓰던 때라 여기서 굳이 한글로 고치지 않았다 — 필자)

전쟁이 한참 심할 때 전방에서 미군 고문관들은 모두 여자를 데리고 다녔다. 대체로 피난 나오다 갈 데 없는 여자라곤 하지만 당시 그들의 생활은 이른바 현지처나 다름 없었다.

여기 전쟁터의 특수성이 있는데, 고문관들은 우리들 통역장교들과 한 천막에 있었으며 각자 여자를 데리고 잤으니 할 말이 없다.

우리는 이러한 그들 옆에서 땅바닥에 쌀가마를 깔고 살았는데, 천막 기둥에 매달은 가스등 밑에서 책을 읽노라면 고문관이 불 끄고 자란다. 도리 없는 일이었다.

그러자 여기저기서 나무 침대가 '찌그덩 찌그덩' 소리

를 냈다. 나는 잠을 이루지 못한 채 기나긴 밤을 지내곤
했다.

고문관에는 운전병이 따로 있었는데, 그 사병과 이야기
하다 그가 휴전(休戰)을 '크리스 화이어'라고 하길래 내가
놀라서 그렇지 않고 '씨이즈 화이어'라고 했더니 무슨
소리하느냐고 대들었다.

아무리 미국사람이라도 틀린 것은 틀린 것이다. 사실 그
런 사람을 상대로 싸울 일이 아니었는데 그가 당장 돈을
걸자고 나섰다. 미국인들 가운데 물론 교양 없는 사람들이
하는 노릇이기는 하지만 이 소리에 나도 기분이 좋지 않
아 그러자고 했다.

나는 그를 데리고 고문관 대위에게 갔다. 그러자 미군
장교는 운전병을 내보내고 공부 못한 사람이니 그만두라
고 했다.

언제 어느 전선에서 있었던 일인지 확실치 않은데 그
때 고문관은 소령이었다. 하루는 우리 병사들이 와서 미군
장교 숙소를 짓고 있었다.

숙소라야 모래주머니를 쌓아올리고 적당히 창문을 내는
그런 단순 작업이었지만, 고문관이 옆에서 병사들이 일하
는 것을 보며 이러쿵저러쿵 잔소리가 심했다.

너희들은 어째서 그렇게 거꾸로만 일을 하는가 하는 것
이었다. 사역병들은 고문관의 소리가 귀에 들어올 리가 없

었지만 내가 옆에서 듣기가 아주 거북했다. 나는 한마디
하지 않을 수가 없었다.

"Major! From your viewpoint we do backwards, but
from our viewpoint you do backwards!" 당신이 보면 우
리가 반대고 우리 쪽에서 보면 당신이 반대라는 것이다.
이 소리에 소령은 말없이 작업장을 떴다.

일선 부대에 있는 동안 미군 장교들과 가끔 의견이 대
립해서 불쾌하기도 했지만 그들에게 배운 것도 적지 않다.

부대가 자주 이동할 때에는 주로 천막을 사용하지만 전
선이 교착 상태에 빠지거나 사단이 예비대로 있을 때는 벙
커 생활을 하는데, 이 벙커에는 그런 대로 정취가 있었다.

원래 서양과 우리와는 주택 형식이 달라 생활 감정도
따라서 다를 수 있겠지만 그들의 생활은 확실히 구체적이
고 합리적인 것 같다.

아무리 모래주머니를 쌓아 올리더라도 벽에 빌트·인
구조로 생활 용구를 저장할 수 있도록 하는 따위는 그 요
령이 제법이었다.

그들은 겨울에 이러한 벙커에 기름난로를 설치하고 그
위에 으레 포커레이터를 올려놓고는 둘러 앉아 이야기한
다. 이른바 '커피 브레이크'가 따로 없으니 그들과 우리
사이에는 생활 감각에 거리가 있는 것 같다.

이런 미군과 같이 행동할 때 부자유스러운 경우가 종종

있었다. 즉 고문관은 전방 시찰 나갈 때면 으레 쵸코렛바 같은 것을 주머니에 넣고 나가는데 통역관은 가지고 갈 것이 없다. 그들은 원래 남의 일에 개의치 않는 생활습성 속에 살아서 언제나 개인적이고 이기적이다. 황량한 싸움 터를 걸어가며 그는 혼자 먹기가 일쑤였다.

나는 커피가 있는 생활이 어떤 것인지 솔직히 말해서 그들과 같이 있으며 알았다. 그들은 혼자 있을 때 커피 포 커레이터를 사용하지만 부대 안의 장교식당에는 언제나 큰 통에 커피가 끓고 있었다.

그리고 그런 곳의 식탁에 씌운 탁보 하나가 전쟁터만 싸돌며 스산해진 사람의 마음을 포근하게 해주도록 세심한 배려가 되어 있다.

나는 훗날 가정을 가지면 커피가 있는 분위기를 연출할 꿈을 이때 가졌는데 그러기에는 정말 오랜 시간이 흘러야 했다.

미군 장교와 맞서다

나의 군대 생활은 6·25가 터지면서 시작하여 일선 전투 부대에서 근 3년을 보내고 휴전 직전에 후방으로 나와 1955년 10월에 제대할 때까지 만 5년 넘게 있었다.

이렇게 전방에서 후방으로 올 때 결혼하게 되어 잠시

보병학교에 있으며 광주에서 신혼 생활을 하다 서울로 올라왔다. 육군본부 고급부관실에서 한국군의 멘탈 테스트를 위한 기본 자료를 만드는 작업에 미군 장교와 한국군 장교 셋이 공동 연구를 하게 된 계획 속에 내가 끼었다.

그때 서울대 출신 대위 셋이 미국 컬럼비아 대학을 나온 대위 밑에서 연구하게 됐는데, 심리학을 공부했다는 미군 장교는 외모가 깡마르고 신경질적이었다. 같이 있어보니 외모 그대로 성격이 까다롭고 자부심이 강해서 사람 마음을 꼬집기 일쑤였다.

우리 쪽은 사범대에서 교육학을 공부하던 학생(鄭元植, 훗날 국무총리)과 문리대 심리학과 그리고 철학과 학생 등 셋이었는데, 처음에는 보람 있는 작업을 시작한 듯해서 마음이 흐뭇했다.

당시 작업장은 용산 8군 사령부 관내여서 팀장인 미군 대위는 우리를 데리고 구내 장교 식당에 가서 커피도 마시며 잡담하는 즐거운 시간도 있었다.

그러던 어느날 미군 대위가 한국 사람들은 달라는 것이 많다며 껌이니 비누, 설탕 그리고 편지지 등 하나하나 예를 들었다. 그때 우리 쪽 두 사람은 성품이 조용했거나 그런 일에 무관심 했던지 가만히 듣고만 있었는데 나는 기분이 언짢아 한마디 했다.

"그것은 우리가 가난해서 그렇다, 언젠가 우리 생활도 나아지면 그런 일은 없을 것이다." 이 소리에 미군 대위가 발끈 얼굴을 붉히며 "너는 루이센코 테오리 신봉자다. 너는 공산주의자다" 하며 음성을 높였다. 공기가 심상치 않았다.

나는 그때 일선 연대에서 있었던 일이 다시 눈 앞에 떠올랐다. 거기가 어디였는지 기억에 없지만, 미군 소령 고문관이 하루는 자기 벙커에서 설탕과 커피가 없어지곤 한다며 화를 냈다. 요는 누군가 훔쳐간다는 이야긴데 결국은 한국 사람들이라는 말일 터이니 듣기가 거북했다.

하기야 그가 화를 낼 만도 하다. 커피니 설탕을 우리가 구경도 못할 때였으니 일선 병사 아니면 고문관 심부름하는 하우스보이의 짓이기 쉬웠다. 물론 이런 일은 우리의 가난 탓이겠지만 그런 의심을 받는 것이 아주 싫었다. 그래서 나는 그 소리를 듣고 나서부터 미군 소령과 거리를 두었다. 마주 얼굴 대하기를 피했던 것이다.

이렇게 피차간에 한동안 냉전이 계속됐으나 통역장교가 그것도 일선에서 언제까지 입을 다물고 있을 수도 없었다. 생각하다 어느날 고문관에게 서로 모든 것 잊자며 "Let's pass the sponge over!"라고 말을 걸었다. 소령이 무슨 소리냐고 묻길래 이러이러한 이야기라고 했더니, 그런 때에는 "Bury the hatchet!"이라고 한다고 고쳐주었다.

이 '손도끼를 묻어라' 는 말을 듣는 순간 나는 아메리카 인디언과 대륙 침략자인 백인들 사이의 싸움을 연상하며,

언어가 사회의 산물이라는 헤겔의 말을 생각했다. 그리고 같은 영어권에서도 앵글로 색슨과 앵글로 아메리칸 사이에 이렇게 말이 다르다는 것을 알고 흥미를 느꼈다.

나는 대학생 시절에 루이센코 이론에 대해 조금 읽은 적이 있었지만 당시 그것이 어떤 이데올로기와 관계가 있다고는 생각하지 않았다.

그건 그렇고 도대체 느닷없이 나보고 공산주의자라고 하다니, 나는 이북에서 공산주의가 싫어 혼자 38선을 넘어왔는데, 전쟁이 일자 지원병으로 들어가 특공대로 나가 동생과 친구를 잃었다. 이래도 내가 공산주의자란 말이냐? 하고 대들었다. 이 말엔 팀장도 할 말을 잊고 그날 일은 그것으로 끝났다.

집에 돌아오자 대구 육군본부 고급부관실에서 전화가 왔다. 당장 내려오란다. 고급부관실 차석으로 대령이 있었는데 그가 나에게, 김 대위는 연구하라고 했더니 미군 대위와 싸움만 한다며, 사건 전말을 구체적으로 써서 영문화하고 3일 안에 제출할 것, 앞으로 군법회의에 회부될 것이니 그런 줄 알라는 등 호통을 쳤다.

대위가 대령 앞에서 무슨 변명을 할 수 있겠는가? 그런데 이상하게도 조금도 겁이 나거나 마음이 불안하지 않았다. 내게 잘못은 없었고 나도 할 말이 충분히 있었기 때문이었다.

그러나 군대에서 하는 일이라 장난 같기도 하고 사태가 앞으로 어떻게 벌어질런지 궁금했다.

고급부관실을 나와 영내를 걷노라니 대학예과에서 법대로 올라간 박태서(三星에 들어가 쉐州제지, 신세계 사장 등 역임) 동문을 만났다. 그와 나는 전공이 달랐지만 예과 시절 「淸凉里」라는 대학예과 최종기념지를 같이 편집해서 가까이 지낸 사이였다.

그는 문관으로 육군본부 어느 부서에서 일하던 모양인데 나를 보자 고급부관실 차장이 바로 우리 예과 동문이라고 했다. 됐다! 그렇다면 이젠 문제없다 싶었다.

나는 서둘러 사건 경위서를 만들어 영어로 옮기고, 칠줄 모르는 타자까지 쳐서 약속된 날 대령에게 가지고 갔다. 대령은 의기양양해서 "사범대학 출신 김영도 대위와 미국 컬럼비아 대학 출신 켑틴 브레이즈데이 하고 한판 붙는다!"고 했다.

그의 말이 끝나기가 무섭게 내가 입을 열었다.

"이 대령님!" ―그의 이름은 이계선이었다― "저는 사범대학이 아닙니다"라고 했더니 순간 그의 얼굴이 굳어지면서 그럼 어디냐고 한다. "저는 대령님과 같은 대학예과입니다!"라고 말했다.

그 소리에 대령이 벌떡 일어나며 손에 들었던 경위서를 쭉 찢어 옆에 있는 휴지통에 던지고 "아니 진작 말하지 그랬어!"하며 앉으라고 했다. 순간 우리는 옛날 청량리 학창 시절로 돌아갔다.

나는 비로소 미군 대위와 싸우게 됐던 동기를 말하고 덧붙여 그가 이 대령을 비꼰 이야기까지 털어놓았다. 즉 미국 장교 말로는 이 대령이 자기가 이씨 조선의 후예라고 한 데 대해, 그럼 자기더러 절하라는 것이냐? 고 꼬집던 이야기였다.

일이 이렇게 싱겁게 끝났는데 그날부터 이 대령의 태도가 달라졌다. 그는 장병들이 많이 오가는 영내에서 만나면 먼저 거수경례를 했다.

먼 훗날 그가 옷을 벗었을 때 시내 소공동 민주공화당 선전부장실로 나를 찾아왔다.

나는 세월도 흘렀지만 자리가 바뀌면 사람이란 이렇게 달라지는가 싶었다. 과거의 대령과 대위 때 분위기는 찾아볼 수도 없었지만 그토록 기세당당하던 고급장교의 모습은 온데간데 없었다. 그는 군에서 나와 한때 한전 부사장 자리에 있었다.

문제의 켑틴 브레이즈데이와 영원히 작별할 날이 왔다. 하루는 그가 고급부관실로 찾아왔다. 한국 근무를 마치고 귀국한다며 나에게 선물을 주고 싶다고 했다.

나는 그 자리에서 거절했지만 그는 다른 두 장교들에게도 주었으니 나보고 무엇을 주면 좋겠는가고 했다. 정 그렇다면 아놀드 토인비의 "A Study of History"를 갖고 싶다고 했더니 그는 그 책을 모른다며 8군 사령부 도서실로 가보자고 했다.

도서관에서 사서로 있는 여직원은 물론 그 책을 알고 있었다. 그녀가 서고에서 토인비 책을 들고 나오자 미군장교가 자기는 본국으로 가니 한국군 장교 캡틴 김 앞으로 주문을 부탁한다고 했다.

켑틴 브레이즈데이는 지난날 나를 공산주의자라고 몰고 연구팀에서 추방했던 일을 그 순간 어떻게 생각했는지 궁금했다.

군대란 엄격한 군의 규율이 있고 상관 명령 절대복종 등 일반 사회와는 질적으로 다른 특수 사회다. 전쟁을 주임무로 하는 곳이니 그럴 수밖에 없으리라.

그러나 군에서 필요로 하는 작전이나 규율이나 명령 등 이 모든 것은 필경 사람을 위하고 사람이 하는 것이다. 그런 의미에서 군대도 따지고 보면 일반 사회나 다를 것이 없다. 군대에서는 요령을 본분으로 삼으라는 말까지 있지만 그런 말이 통할 여지가 충분히 있는 것도 사실이다.

그래도 무슨 일이든 어디까지나 본질적인 것이 있고 한계가 있는 법이다. 군에서 살아남는 일, 군에서 남달리 고생 하는 일, 군에서 손해 보는 일 … 이 모든 일 속에서 사람은 자기 성장을 기하거나 자기 파멸을 가져온다.

나는 일찍이 일본 군대와 한국 군대에서, 그리고 극히 부분적이긴 했지만 미국 군대를 체험하며 그 사실을 몸소 겪고 재삼 확인했다.

그리고 문제는 언제나 조직보다 인간에게 있다는 것을 알았다. 나는 이런 속에서 요령을 부리지 않았고 자기를 약화시키지 않았으며 기만과 비열과 허세와는 관계없이 내 길을 걸었다.

내가 일선에만 있다가 군 당국의 전후방 근무 교체 지침에 따라 광주 육군 보병학교에 내려가서 얼마 되지 않았을 때 하루는 김종우의 형이 찾아왔다. 미처 생각하지 못했던 일인데 어떻게 내가 여기 있는 것을 알았는지 모르겠다.

이렇게 느닷없이 종우 형이 찾아온 데는 물론 까닭이 있었다. 동생의 소식을 형으로서 확인하려는 것이 분명했다. 그러나 그는 나를 보자 동생 이야기를 먼저 묻지 않았다. 그리고 자기가 꿈꾼 이야기를 했다. 아버지가 돌아갔을 때 집의 대들보가 무너졌는데 이번에는 자기 팔 하나가 떨어져 나갔다고 했다. 종우 형은 그래서 어떤 예감이 들어 찾아왔던 것 같다. 나는 그의 이야기를 들으며 새삼 프로이드의 꿈의 판단이나 정신분석 이론 같은 것을 따지지 않았다.

우리는 그날 밤 광주 시내 한 여관방에서 늦도록 마주

앉아 있었다. 나는 당시의 상황을 이야기하며 종우를 내 손으로 묻었다고 말했다. 그러나 종우의 마지막 모습에 대해선 말하지 않았다. 그는 듣고만 있었다. 더 이상 묻지도 않았고 울지도 않았다.

우리는 피난길 대전에서 남들이 모두 도망하느라 정신이 없었을 때 서로 자기 의사에 따라 총을 들었고, 학도병 60명으로 된 중대에서 종우가 1소대 1분대장, 내가 2소대 1분대장 내 동생이 부분대장으로 있었으며, 우리는 3 개월 동안 잘 있었고 잘 싸웠다고 말했다.

그러다가 국군이 쫓기고 쫓겨 경주 북방 사방리까지 밀려 최후 방어선을 쳤을 때, 그곳 형제산 전투에서 거의 같은 시간에 종우와 영식이 전사하고 40명 가까운 학도병이 쓰러졌다고 당시의 처절했던 상황을 이야기했다.

종우 형은 먼 데를 바라보고 있었다. 이북에서 같이 내려와 고학하며 대학에 다니다가 젊은이답게 총을 들었던 동생을 형으로서 측은하면서도 만족스럽게 생각하는 듯 했다.

나는 훗날 기회를 봐서 그들이 잠자고 있는 경주 북방 사방리 고전장(古戰場)을 함께 찾아가자고 했다. 뒤에 남은 형으로서 이제 할 일은 이것밖에 없었다. 그런데 그날은 종내 오지 않았다. 나는 군복을 벗기 전에, 그리고 세월에 밀려 그 주변이 변하기 전에 혼자서라도 다시 가보고 싶었다.

나는 제대할 무렵 대위 계급장이 달린 군복 차림으로 경주로 갔다. 그리고 말로만 듣던 불국사의 초입에서 그날 밤을 묵었다.

저녁을 먹고 일찌감치 자리에 누워 책이라도 읽으려고 하는데 젊은 여자가 방으로 들어와서 머리맡에 앉았다. 그녀는 혼자 이런 이야기 저런 이야기를 했다. 나는 그녀가 내방에 들어온 까닭을 몰랐다. 초라한 시골 여관에는 손님도 없었고 조용했다. 그러자 주인아주머니가 그녀더러 왜 손님방에 들어갔느냐며 밖으로 불러냈다.

날이 밝자 나는 서둘러 토함산에 올라갔다가 내려오며 그 유명한 석굴암과 불국사를 처음 돌아보았다.

산에서 내려오자 나는 바로 사방리로 갔다. 경주에서 시외버스로 달릴 때 6·25가 터진 해 여름 학도병으로 이 길을 안강 또는 기계까지 오르내리던 생각이 나서 감개무량했다.

경주에서 북으로 뻗은 국도를 한참 가노라면 길이 크게 왼편으로 돌아간다. 그때 저 멀리 특이하게 생긴 산 하나가 눈에 들어오기 시작했다. 마치 지붕 한가운데가 꺼진 큰 초가집 모양을 한 산이다. 바로 형제산이다.

산이 점점 가까워지는데 나는 잠시도 거기서 눈을 뗄 수가 없었다. 오랜만에 보는 형제산에 가슴이 설렜다. 여전히 나무 하나 없는 뻔뻔한 그때 그 모습이었다.

나는 도중에 차를 세우고 사방역을 보고 천천히 걸어갔다. 1950년 9월 나리국민학교 근처 농가에 있다가 공격 명령을 받고 우리 중대가 이동하던 바로 그 길이었다. 즉 9월 13일 저녁 목표인 형제산으로 접근하던 생각이 머리에 떠올랐다. 가을비가 내리던 날이었다.

강둑을 따라 여기 저기 파놓았던 산병호는 흔적도 없었고 그 앞을 작은 내가 소리없이 흐르고 있었다. 사방역을 지나서 형제산 기슭으로 나갔는데 당시 있던 농가 한채가 그대로 있었다. 동생을 뉘었던 좁은 마루도. 마침 집주인으로 보이는 촌노가 나와서 나는 인사 겸 지난 날 이야기를 했다.

집 뒤편으로 올라가자 중대장이 기대어 M1총을 쏘던 무덤이 나왔다. 옛날 모습 그대로였다. 나는 그 옆을 지나 위로 올라갔다. 그리고 내가 분대 선두에서 소대장을 따라 뛰어오르던 자리까지 왔다.

주위에는 아직 탄피(彈皮)와 박격포탄의 날개 같은 것들이 흩어져 있었다. 그 탄피들은 내가 쏘았던 것인지도 모른다. 나는 그 가운데 몇 개를 주머니에 넣고 계속 올라가서 드디어 산마루턱에 섰다.

인민군이 우리가 기어오르는 것을 보고 총격을 가했던 바로 그 자리에 틀림없었다. 여기서 내가 올라온 길이 한눈에 내려다보였다. 그런데 이런 데를 대낮에 올라가라고 했고, 그것도 군의 명령이라고 학도병들은 그대로 따를 수밖에 없었다.

1955년 10월에 나는 군복을 벗고 대학으로 돌아갔다. 그리고 60년대 초 민주공화당 중앙사무국에 있을 때 경상북도 지방에 출장 갔던 일이 있다. 이때 나는 경주에 들렀다가 사방리까지 잠깐 발을 뻗쳤다. 두 번째 찾는 셈인데 가슴이 여전히 뛰었다.

그날은 시간도 없어 강둑에 앉아 형제산을 바라보았는데, 그 지방 아이들이 여럿 다가왔다. 어린 눈에도 내가 낯선 길손으로 비쳤던 모양이다. 국민학교에 다니는 아이들이었다.

그들은 역시 이 부근에서 그 옛날 큰 전투가 있었던 것을 모르는 것 같았다. 내가 저 산에서 싸우고 친구들이 많이 죽었다고 했더니 이상한 얼굴로 나를 쳐다보았다. 책들을 읽느냐고 묻자 읽을 것이 없다고 했다. 아저씨가 서울 가면 책을 보내줄 터이니 같이 돌려가며 보라고 했다.

그들은 친구 가운데 하나의 이름과 주소를 알려주어 나는 약속한 대로 매달 책 몇 권씩을 보냈다. 1년 가까이 됐을 무렵 동네 어른한테서 편지가 왔다. 그로부터도 많은 세월이 흘렀다. 이제 그들은 모두 장성했을 것이고 어디서 무엇하며 사는지 모르겠다.

형제산 일원은 어느새 나의 제2의 고향처럼 됐다. 그리고 내가 죽으면 화장해서 형제산에 뿌릴 생각까지 하게 됐다. 사방리는 경주와 안강 기계 중간 부근에 있다보니 이 일대에 1950년 한여름 이리저리 헤매던 나의 발자국이 여기저기 남아있다.

마침 장남이 포항 POSCO에 근무하고 있어 한동안 해마다 이 지방을 멀리서 또는 가까이서 돌아볼 수가 있었다. 승용차로 달리며 차창으로 형제산의 원경을 보는 일도 있지만 새마을호로 바로 사방역을 지나갈 때 감격은 무엇에 비할 수도 없다. 지난날 분대원들과 함께 기어오르던 산허리와 능선이 바로 눈앞을 스치기도 하지만 그전에 우리는 이 철로를 따라 도망갔기 때문이다.

그런데 예전에 없던 큰 건물이 새마을호 차창으로 눈에 들어왔다. 그것도 철로변 언덕, 즉 우리가 적과 총격전을 벌렸던 그곳 바로 뒷편에 5, 6층 규모의 숙박 시설 한 동이 서 있었다. 세월은 흘렀어도 주위는 그때와 다름없는 야산인데 이런 건물이 들어섰으니 나는 깜짝 놀랐다.

나는 8순을 맞으며 다시 사방리를 찾았다. 그때는 등산의 경험을 살려 큼직한 배낭에 적당한 침구와 미군용 C레이션까지 챙기고 길을 나섰다. 그날 나는 열차 차창에서 보았던 러브호텔 같은 건물의 주차장에 차를 세워두고 철

차창에서 바라본 형제산

길을 따라 형제산 기슭으로 걸어갔다. 옛날 그 언덕에서 싸우다 쫓겨 도망치던 바로 그 길이었다.

거기서 형제산까지 가려면 한참 걸렸다. 나는 그 먼 길을 걸으며 차를 세워 둔 건물이 머리를 떠나지 않았다. 우리가 잊을 수 없는 격전지에 러브호텔로 밖에 보이지 않는 건물이 서있기 때문이었다.

실은 벌써부터 나는 이 철로변 언덕에서 하루밤 천막을 치고 그때 일을 회상하고 싶었다. 그러다가 훗날 형제산으로 그 계획을 바꾼 것은 그곳에 러브호텔이 들어서고 부터다.

이날 나는 산꼭대기에서 천막없이 고어텍스로 만든 미

군용 침낭 커버에 들어가서 자려고 했다. 등산에서 말하는 '비바크'인데, 6·25 때에는 이런 물건이 없었다. 그래서 언제나 입은 옷 그대로 아무 데서나 뒹굴었다. 다시 말해서 야전생활이 바로 비바크의 연속이었다. 다만 한여름 그나마 비가 오지 않았으니 얼마나 다행이었는지 모른다.

그런 점에서 미군은 사치스러운 야전생활을 한 셈이다. 그들은 콜맨 쿠킹스토우브에 C레이션 그리고 판초라는 우비까지 가지고 있었다. 추워지면 그들은 소위 닭털 침낭에 들어갔다.

미군 야전 교본에 'bivouac(비부액)'이라는 말이 나온다. 이것은 독일어 'Biwak(비바크)'와 같은 말로 야영을 뜻하는데, 등산에서는 불시야영(不時野營)이라고 한다. 나는 등산을 모르던 그 옛날 싸움터에서 석달 동안이나 그런 야영을 체험했다.

하여간 나는 늦은 시간에 무거운 배낭을 지고 옛날 공격하던 산허리를 더듬어가며 혼자 올라갔다. 전쟁이 끝난 지 50년이 지난 오늘의 형제산은 온통 잔솔에 덮여 걷기가 아주 힘들었다.

이 산은 마을 사람들조차 오를 일이 없었을 터이니 사람이 다닌 흔적이라곤 찾아볼 수 없었다. 게다가 오랜 세월 비바람에 흙이 패일대로 패어서 거의 돌밭이나 다름없었다.

날이 어두워지며 검은 구름이 몰려왔다. 정상 가까이 오를 무렵 느닷없이 천둥을 동반한 거센 비바람이 휘몰아쳤다. 예상 못했던 것은 아니니 나는 그대로 올라갔다. 위로 오를수록 빗발이 굵어지고 큰 돌들이 길에 깔려서 마치 돌산이 무너진 듯한 너덜지대 였다.

빗속에 헤드램프는 비추나 마나였는데다. 길이 미끄러워 더 이상 갈 수가 없었다. 비도 계속내리니 나는 후퇴하기로 마음먹었다. 지난날 공격에서는 동생이 쓰러졌기 때문에 도리없이 산을 내려갔지만 이날은 어둠과 비바람에 쫓겨 후퇴해야 했다.

하산도 만만치 않았다. 무거운 배낭이 위에서 내리 눌러 몸이 휘청거렸다. 길이 어둡고 미끄러워 발을 재대로 옮겨 놓기가 여의치 않았다. 그러다가 나는 엉키고 엉킨 풀숲에 발목을 잡혀 쓰러지며 좁은 골짜기로 거꾸로 박혔다. 이제 꼼짝도 못하게 됐다.

나는 위에서 내리누르는 무거운 배낭을 간신히 벗고 몸을 일으켜 그제서야 밖으로 나왔다. 그러는 사이에 주위는 완전히 어두웠고 비는 계속 내렸다. 결국 나는 옛 전쟁터에서 다시 한번 악전고투한 셈이다.

해마다 9월14일이 오면 나는 작은 꽃바구니를 들고 동작동 국립묘지의 무명용사탑 앞에 서곤 했다. 관계 직원이 현

충일도 아닌데 찾아온다며 사유를 물은 적이 있다. 그러나 지금은 용산 전쟁기념관을 찾는다. 수도사단 전몰장병 표기 속에 김종우와 김영식 이름이 있기 때문이다. 이를테면 그들이 이 세상에 와서 20여년 살다간 흔적인데 누가 그들을 기억하겠는가? 여기에 그들 이름 석 자가 새겨진 뜻을 그나마 아는 사람은 그들의 친구요 형이던 나밖에 없다.

언젠가 농협신문에서 인터뷰 요청이 있었다. 옛날 고교 교사 시절 내가 맡았던 반의 학생으로 서울대학 불문과로 올라갔던 제자가 그 신문의 편집장으로 있으며 6·25가 잊혀지고 있으니 그 어려웠던 시절의 이야기를 해 달라는 부탁이었다.

이 신문은 성격상 전국 농촌에서 읽혔던 모양인데 하루는 등산연구소로 전화가 걸려왔다. 경북 사방리에서 농사일을 하는 사람이 신문을 보고 나를 만나고 싶다고 했다.

그는 6·25 때 열 살이었는데 아빠를 따라 피난 나갔다 인민군이 후퇴하자 집으로 돌아와 보니 주위가 온통 국군의 시체로 덮여 있었다는 이야기다. 9월 14, 15 이틀에 걸친 형제산 공격전에서 쓰러진 우리 학도병들의 시체에 틀림없었다. 나는 바로 만나기로 하고 신문사에서 온 기자와 둘이 사방리로 갔다.

당시 형제산 밑에서 농사짓던 사람들이 그 시체를 운반

하고 매장했다고 한다. 나는 더 이상 자세한 이야기를 묻지 않았다. 보나마나 9월15일 인천상륙작전에 허를 찔린 인민군이 물밀 듯이 북으로 패주하자 국군은 그 뒤를 쫓느라 정신없었을 터이니 그 뒷수습을 누가 안타까이 했겠는가?

국립묘지에 비석이 있는 군인들과는 사정이 다르다. 사실 전쟁이 한창일 때 그 자리에서 쓰러진 자들의 뒤처리는 그리 쉽지 않으며, 그대로 산야에 버려지기 일쑤다. 그리고 그것으로 족하다. 원래 전쟁이란 그런 것이고 거기에서 더 이상 바란다면 무리다. 그래서 무명용사 탑이 있으며, 사실 무명용사만큼 고귀한 것도 없다. 프랑스 파리의 개선문에는 무명용사들을 위해 꺼지지 않는 불이 언제나 타고 있다.

사방리 형제산 건너편, 경주와 포항을 잇는 국도변에 전쟁 기념탑 같은 것이 눈에 띄었다. 언젠가 그 앞을 지나다 들렀더니 수도사단 제1연대의 전승탑이었다. 뒤에 남은 장병들이 이 부근에서 싸웠던 그 당시를 잊지 못해 세운 모양이었다. 그들을 위해 군 당국에서 여기만 세웠을 리가 없다.

나는 당시의 연대장 백인엽 장군을 찾아가 우리 17연대도 사방리 전투를 기억하도록 기념탑을 세우자고 간청하고 싶었다. 나와 만났던 사방리의 영농자는 마침 형제산 기슭에 큰 포도밭을 가지고 있었는데, 만일 17연대가 그런 시설물을 세운다면 자기 땅의 일부를 내놓을 생각이라고 했다.

하기야 애써 역사에 남기려고 어떤 기념물을 세워도 필경은 오랜 세월의 풍설로 망가지고 점차 사람들의 뇌리에서 사라지고 말리라. 그것뿐이랴! 나의 사방리 형제산 부근에도 언젠가는 산업 시설물들이 들어서지 말라는 법이 없다. 수도사단 제1연대 전승 기념탑은 그리 오래된 것이 아닌데 벌써 여기저기 노후 현상을 보이고 있었다.

하루는 차를 몰고 경주를 거쳐 포항으로 가다 형제산이 바로 바라다 보이는 길가 주유소에 들렀다. 그때 그곳에서 일하는 젊은 남녀 종업원들에게 건너편 산을 가리키며 그 이름을 물어보았다. 그들은 모른다고 했다. 더 이상 할말이 없었지만 나는 50년 전 바로 거기서 있었던 일을 말했다. 그러나 젊은이들은 별로 흥미를 느끼지 않는다는 표정이었다.

잊지 말라던 '6·25'가 이제 완전히 사어(死語)가 된 셈이다.

6. 무(無)에서 유(有)로

알몸으로 결혼하고

누구에게나 인생에 단계가 있다고 본다. 나의 경우는 어렸을 때를 빼더라도 그 뒤 38선을 넘으면서 큰 전환기를 맞은 셈인데, 그렇게 시작된 본격적인 첫 단계로 학창 시절이, 그리고 돌발적인 6·25 사태가 또 하나의 엄청난 전기로 작용했다. 그 와중에 결혼이라는 새 출발과 중년기 이후의 사회생활이 이어졌다.

인생에는 우연이라는 변수가 끼기 마련이지만 그런 일들이 그때그때 있었던 것 같다. 이를테면 결혼도 이런 우연의 하나로 본다.

6·25로 군대에 뛰어 들어가 3년 동안 줄곧 일선에 있다가 비로소 후방으로 오는 일 자체가 군대 생활에서 큰 전환이었는데, 마침 그 전환점에서 느닷없이 결혼 문제에 부딪쳤다.

사실 그 무렵에 결혼 생각은 해본 적이 없었다. 내일을 모르고 떠돌아다니고 있었으니, 중단된 학생생활은 언제 어떻게 이어질런지 모든 것이 의문 투성이고 막연했을 뿐이며 사회생활의 기반이나 설계조차 전혀 서있지 않았었다.

일선에서 이따금 서울에 나오면 으레 들리는 곳이 바로 학생 때 하숙하고 있던 집이었는데 그 집이 청량리 역전에서 여관을 하고 있었다. 그래서 그곳이 나에게는 고향집이나 다름없었고, 그 집에서도 온 식구가 나를 가족으로 대해 주었다.

그런데 그전에는 휴가로 서울에 나와도 별다른 이야기가 없었지만 이번에는 달랐다. 주인아주머니가 처음으로 결혼 이야기를 꺼냈다. 하기야 일선에서 후방으로 온다고 하고 세월도 자꾸 흐르니 그랬을 것이다. 그러나 결혼 상대에 대해서는 이야기가 없었다.

이런 때 흔히 지나가는 말로 하는가 아니면 어떤 생각이 있어서 본인의 의사를 타진하는 것인가 분명하지 않았다. 그러면서 그 태도가 진지하게 느껴졌다.

나는 이 집의 가정 형편을 잘 알고 있었다. 2남 3녀가 있었는데, 내가 38선을 넘어 대학예과에 들어갔을 무렵 아이들은 아직 어렸고 맏딸이 중학생이었던 것 같다. 당시 가정은 행복해보였다. 남편이 안정된 직장에 있었고 한창 나이였으니까.

그러나 인생은 모를 일, 남편이 병으로 일찍 돌아가면서
이 집에 시련이 왔을 때 아주머니가 앞으로 학생만 믿고
살겠다며 웃었던 일이 잊혀 지지 않는다.

그러던 어느 날 아주머니가 가평에 밤나무 과수원이 있
으니 맏딸과 같이 다녀왔으면 했다. 시골서 하루 묵어야
할 길이었는데 나는 어린 것 혼자 보내니 대학생이 같이
가주기를 바라는 것 같아 거절하지 못했다.

그날 나는 큰 딸과 기차로 가평에 가서 시골길을 한참
걸었다. 그런데 이렇게 오가는 길에 우리는 서로 한마디도
이야기를 한 것 같지 않다. 그때 일을 어머니가 몰랐을 리
없으니 딸을 가진 어머니의 심정은 어떠했을까 하는 생각
이 새삼 머리에 떠올랐다.

내가 후방으로 가던 날도 아주머니가 지금 딸이 대구에
있다며 광주 가는 길에 한 번 만나보라고 했다. 당시 그녀
는 6·25 전쟁이 시간을 끌며 언제 서울이 또 어떻게 될지
모르니까 멀찌감치 대구의 경북대학으로 보냈던 모양이다.

내가 대구에 내려갔을 때는 저녁 시간이었다. 마침 그녀
가 집에 있어서 우리는 오랜만에 만나 서로 반가워했다.
하숙방이 침침해서 앉아 있을 기분이 나지 않았다.

우리는 시내로 나가 저녁 식사를 같이하고 근처 다방에
들러 밀렸던 이야기를 서로 주고받았다. 그리고 나는 그길
로 광주로 내려갔다.

그뒤 아주머니는 마음을 굳힌 듯했다. 그리고 나서 소개한 것이 지금의 아내다. 이 결혼이 쉽게 이루어진 데는 그것대로 까닭이 있었다고 본다. 즉 우리 두 사람이 모두 가진 것 없었다는 점이다.

나는 이북에서 혼자 내려온 학생이니 그랬고, 상대방도 이북이 고향인데 광복 전에 남쪽으로 내려와 시골 어디선가 살았다는데 집이 넉넉하지 못했다. 다만 신부될 사람이 서울에서 역사와 전통이 있는 여학교 출신이라는 것이 내 마음에 들었다.

그 무렵 나는 서울의 학교 사정을 거의 몰랐지만 한번은 강의 시간에 어느 교수가 여자는 진명을 나와야 한다고 했던 이야기가 머리에 박혀 있었다.

상대가 바로 거기 출신이었는데, 아주머니가 신부감을 하도 내세우니까 옆에서 딸들이 그 언니는 청량리에서 제일 예쁘다고 훈수까지 들었다.

우리의 결혼 생활은 한창 젊은 나이라 그런지 부족을 부족으로 느끼지 않았고 불편을 불편으로 여긴 적이 없었다. 그러나 사실 아무리 그런 때였다 하더라도 한마디로 말이 아니었다. 처음부터 무일푼인데다 준비된 것 하나 없었으니 우리는 옷만 걸친 신세였다.

이것은 조금도 과장된 이야기가 아니다. 밥그릇과 숟가

락 그것이 우리 재산의 전부라면 전부였다. 작은 밥상도 없었으니까. 돈은 몇 푼이었던지 기억도 없는 군대 대위 봉급, 그밖에 생기는 것이 있을 리가 없었다.

신혼 때 석 달이 멀다하고 집을 옮겼는데 살림도 없었지만 리어카에 이불을 달랑 싣고 끌면 됐다. 날씨가 추워지면 아내는 군대에서 준 내 내의를 입었다.

당시 신혼생활은 육군보병학교에 근무하며 광주 시내에서 지냈는데, 그것도 일선에 같이 있던 통역장교 신흥철 중위의 집에 마침 빈 방이 있었다. 하루는 주머니에 돈이 한 푼도 없어 생각 끝에 가지고 있던 파카 잉크 한 병을 들고 나가 팔았다. 이 파카 잉크는 일선에서 후방으로 올 때 미 고문관한테서 선물로 받은 것이다.

집을 이리저리 옮겨도 언제나 단칸방이었고 그 한구석에 작은 책상을 놓고 책을 읽었고 라디오에서 흘러나오는 음악을 들었다. 라디오도 일선에서 어느 고문관이 주었다.

그 음악 가운데 귀가 열린 곡이 있었다. 브람스의 교향곡 1번이었는데 곡명을 안 것은 한참 뒤였다.

당시 내 생활의 중심이라면 아내와 마주 앉아 커피 마시는 시간이었다.

커피라고 해도 길가에서 파는 미군 야전식 C레이션에 들어있는 작은 1회용 봉지였으나, 커피 잔 만은 당시 영국군이 사용하고 있던 도자기 컵으로 받침까지 달려 있었다.

일선 벙커 안에서 미군 장교들이 즐기던 커피 브레이크 분위기가 나의 결혼 생활에 그대로 이어졌다.

이러한 결혼 생활 초기에 잊혀 지지 않는 것은 금호동 시절이다. 대학 철학과 동문인 임춘갑이 그 무렵 금호동에 살며 근처에 집이 있으니 그리로 오라고 했다.

대학예과 시절에 만나 청량리 회기동 하숙집에 한때 같이 있던 그는 친구가 별로 없었다. 당시 임은 1·4후퇴 때 이북에서 부친이 왔다가 아들이 군대에 간 것을 알고 남아 있던 임의 처자식들을 데리고 북으로 갔다. 그래서 임춘갑은 제대하고 그때까지 혼자였던 막내 누나와 함께 살고 있었다.

그런데 그가 말하던 집은 말뿐이었다. 약수동 뒷산을 넘어 금호동으로 내려가는 야산 중턱에 흙벽돌로 된 작은 집 한 채가 덩그러니 서있었다. 부엌이 있다지만 벽에 바람막이를 기대어 세워놓았을 정도고 방바닥은 드럼통을 펴서 깔았기 때문에 짚으면 쿨렁쿨렁 했다.

그러나 한 가지 마음에 드는 것이 있었다. 한쪽으로 작은 방 하나가 붙어 있어서 여기를 그런 대로 서재로 쓸 수가 있었다. 주위가 텅 빈 야산 경사면이어서 이를테면 단독 주택인 셈이고 조용했다.

나는 이 작은 방에서 일을 시작했다. 임춘갑이 종로서관에서 맡아다 준 일감으로 영어 소설을 우리말로 옮겼다.

번역하려면 사전이 있어야 했기 때문에 그것도 종로서관에서 외상으로 가져왔다.

그때의 소설은 지금도 잊혀지지 않는 'My Friend Frika' 라는 애마(愛馬) 소설이었는데, 글이라곤 써본 일이 없는 처지에서 번역이 어떻게 됐는지 모를 일이다.

임춘갑은 톨스토이의 「전쟁과 평화」와 도스또예프스키의

장남은 아빠의 군복 차림을 모른다

「까라마조프의 형제」 등을 우리나라에서 처음으로 옮기며, 뒤에는 키르께고르 선집 10 여권도 완역했다. 나는 그와 대학예과에서 만났지만 보기에 성격이 조용하고 소극적인 것같은데 어떻게 일찍이 사회 활동을 벌였는지 모르겠다. 그 무렵 종로서관이 첫 독일어 사전을 만들 때 그 교정 일을 같이 하기도 했다.

금호동에 살며 잊혀지지 않는 것은 청량리 처가에 갔다 밤늦게 돌아올 때, 아내가 첫 아이를 등에 업고 굽 높은 구두로 약수동 비탈길을 올라가던 일이다.

당시 아내는 22, 나는 31세였으니 무섭거나 피로를 모르던 때였다. 그저 우리는 앞만 보고 달렸다고 생각한다. 그

265

야말로 젊음이 유일한 재산이었다.

일반적으로 철학은 순수 학문으로 장차 대학교수가 되기 위해 공부하는 것으로 생각하기 쉽다.

교수가 되려면 반드시 대학원 과정을 더 공부해야 하는데, 당시 나는 그럴 형편이 못되었을 뿐더러 나 자신 철학은 중학 시절부터 좋아서 택한 분야로 장차 그것을 밥벌이 수단으로 생각한 적이 없었다. 그런데 학교를 나오자 당장 일터가 있을 리 없었지만 뜻밖에 육군사관학교 교수부에 철학 강사 자리가 있다고 해서 거기로 갔다. 육사 교수부에는 일선에서 만난 김창원 소령이 있었다. 그러나 시간 강사의 보수로는 생활을 할 수가 없었다.

그 무렵 신설 출판사에서 국정 영어교과서 편찬하는 일이 생겨 한동안 그 일을 했다. 또한 이런 일도 있었다. 대학 동창으로 불문과 출신인 정명환(후에 서울대 교수)이 프랑스로 유학을 떠나며 자기 후임으로 나를 추천했다.

즉 국회 사무총장 비서 자리였는데, 신문 사설을 영어로 옮겨보라고 해서 했더니 됐다고 했다. 이렇게 들어간 자리를 나는 3개월도 못되어 그만두었다. 원래 윗사람 심부름 하는 비서라는 것이 생리에 맞지 않을뿐더러 내 능력과는 상관없는 일이었다.

이렇게 떠돌이 생활을 하고 있을 때, 일선 연대 고문관의 차를 몰던 민간인 친지가 찾아와서 부천의 미군 군수기지에 있다며, 한국 근로자들의 도둑질이 너무 심해 옆에서 보기가 부끄럽고 미군 측에서도 아주 골치꺼리라는 이야기를 했다. 나는 당장 군수기지 사령관 앞으로 편지를 썼다. 그러자 바로 그쪽에서 만나자는 연락이 왔다.

나는 장차 이 길로 미국 유학이라도 가게 되면 좋겠다는 꿈을 안고 부천에 가려고 준비하고 있을 때, 공교롭게도 대학 선배인 김유탁(후에 국회의원)이 찾아와서 자기가 근무하고 있는 성동고등학교에서 영어교사를 모집하고 있으니 가보라고 했다. 채용시험이 있다는 이야기였다.

관립 고등학교에서 외국어를 가르친다면 우선 안정된 직장이 틀림없다. 나는 육사 시간강사도 미 군수기지 취직도 모두 제쳐놓고 학교로 달려갔다.

시험장에는 응시자가 여럿 있었다. 한참 답안을 쓰고 있는데, 교장이라는 사람이 나와서 독일어 하는 선생 있는가 물었다. 고개를 들고 주위를 보았더니 아무도 없었다. 결국 그날 외국어 교사 채용에는 나 혼자 됐다.

지난날, 다시 말해서 일제 때 중학을 나와 한동안 막노동을 한 적이 있었지만, 이때는 집에 있자니 답답해서 나섰다.

그런데 그 일이 중학교 담임이었던 선생 귀에 들어가 평양도립병원 사무직을 알선해 준 일이 있었고, 이번에는 친구의 정보로 응시해서 그 자리를 얻었다. 이렇게 긴 인생에서 한번은 소개로 또 한번은 자기 힘이었다.

성동고등학교에서는 영어와 독일어 등 외국어를 가르쳤는데 학생들 사이에는 인생에 대해 배웠다는 소리가 더 많았다. 나는 이때 학교 교사가 어떤 존재인가 알았다. 원래 교사란 사명감이 있어야 하는데 당시 선생들은 일종의 밥벌이 수단이었던 것 같다. 모두 살기 어려웠을 때였다.

그러나 그렇다손 치더라도 지나치거나 있을 수 없는 일들이 많았다. 예컨대 명절이 다가오면 학생들을 선동해서 선생에게 선물을 가져오도록 하는가 하면 소풍같은 때에는 아예 아무 것도 가지고 가지 않았다. 으레 학생들이 준비해오는 것으로 돼있었다. 나는 이런 일들을 사전에 뒤쫓아 가며 소화 작업을 했다. 특히 학생들에게 부모가 학교를 찾아와서는 안 된다고 강조했다. 부모는 생활해야 하고 학교는 학생 교육에 책임이 있다는 것이 내 주장이고 논리였다.

하루는 무슨 일로 한 학생이 교무실에 끌려와 선생한테 꾸지람을 듣고 있었는데, 그 학생이 느닷없이 책상 위에 놓여있는 두툼한 사기잔을 선생을 향해 던지고 교무실에서 뛰쳐나갔다. 컵은 다행히 빗나갔지만 순간 교실 안에 적막감이 흘렀다. 물론 나와는 상관없는 일이었지만 교사의 체면도 체면이고 그때의 학생의 행동이 끝내 나를 격분시켰다.

나는 벌떡 일어나 도망치는 학생 뒤를 쫓았다. 학생은 교정 한가운데를 달려 교문 쪽으로 달아났는데, 마침 점심 때여서 학생들이 2층과 3층 교실 창가에서 모두 내려다보고 있었다.

나는 학생들이 읽을 리가 없는 영문 잡지 'Reader's Digest'에서 적당한 문장을 골라 교실 복도에 내걸고 해석한 학생에게 작은 상을 주기도 했고, 무슨 일로 몰몬 교도인 미국 청년이 학교를 찾아왔을 때 그들에게 영어 시간을 잠깐 맡겨보기도 했다.

교사 시절에 잊혀 지지 않는 일이 또 있다. 어느 해인가 신입생을 뽑을 때 다리를 저는 학생이 지원을 했다. 그가 1차 필기고사에 합격해서 2차 면접을 했다. 그런데 교장이 배석한 교사 전체회의에서 그를 합격시킬 수 없다는 의견들이 나왔다. 그때 나는 혼자 그 학생을 받아주지 않으면 대한민국에서 그가 갈 곳이 어디 있느냐고 강하게 나갔다.

선생들은 만일 그를 받아주면 다음부터 그런 학생들이 우리 학교로 몰려온다며 그때는 어떻게 할 것인가 제법 그럴 듯한 이론을 내세웠다. 그러나 나는 물러서지 않았다. 설사 그렇더라도 명색이 교육기관인 관립학교에서 이런 학생을 외면하고 배척한다는 것은 도의에도 어긋나는 일이라며 한걸음도 물러서지 않았다. 그 학생은 결국 합격하고 학교에 잘 다니고 훗날 어느 상급학교에 진학했다.

나는 이 일을 학생들에게 비밀로 했다. 천진난만한 학생들이 마음에 상처를 입을까 염려해서였다. 그런데 다음 해 같은 조건의 학생이 들어왔지만 그때에는 학교 측에서도 더 이상 문제 삼지 않았다.

그러나 교직 생활은 평범할 수밖에 없었다. 그날이 그날이었다. 나는 나이 먹기 전에 외국에서 공부를 더 하는 것이 언제나 꿈이었다.

마침 문교부에서 도미 유학생 선발 시험이 있었다. 문교부가 미국 대학의 스칼라십들을 얻어다 나누어 주려는 계획이었다. 나는 그 기회를 놓치지 않으려고 응시해서 합격했는데 뜻밖에 신체검사에서 문제가 됐다. 폐질환이었다. 결국 꼬박 1년 동안 보건소 신세를 졌다.

그 뒤에도 독일 유학의 길이 있어 1차 필기시험에 합격했으나 면접에서 떨어졌다. 영어 때는 일선에서 미군 고문관들과의 생활이 도움이 되었는데 독일어의 경우는 그런 기회가 없었다.

공화당 사전 조직에 끌려가

사람 일은 알다가도 모르겠다. 평온했던 교사 생활에 일대 전환이 찾아왔다. 박정희 군사 정권이 합법적인 정치활동을 시작할 생각으로 정당을 만드는 일에 끌려 들어갔다. 일은 이렇게 벌어졌다.

1962년 연초 어느날 교무실로 학부형이라는 사람이 찾아와 아이를 이 학교에 전학시키고 싶다고 했다. 그런 일은 우리 학교에서는 할 수 없다고 했더니 남들이 다 하는데 왜 안되는가 하며 간청했다.

그래서 여기는 관립학교니 다른 학교에 알아보라며 돌려보냈다. 며칠 뒤 같은 일이 또 벌어졌고 세 번째는 '이 학교에 있다 서울고등학교로 간 김유탁 선생을 찾아가면 안되겠는가'고 엉뚱한 질문까지 했다. 김유탁은 이 학교에서 영어선생을 모집하고 있으니 응시해보라던 선배였다.

나는 거기도 같은 관립학교인데다 그 선생은 절대로 그런 일 하는 사람이 아니라고 말했다. 이렇게 예전에 없던 일이 세 번씩이나 잇따라 일어나서 다소 신경이 쓰였지만 그것으로 끝났으니 모두 잊어버리고 있었다.

그러던 어느날 서무실에서 김 선생한테 밖에서 전화가 왔다고 알려 주었다. 도대체 밖에서 전화 올 일이 없는데…? 서무실에 갔더니 서무주임이 "김 선생 무슨 좋은 일 있느냐?"고 하며 나에 대해 요새 전화로 물어오는 일이 많다고 했다.

전화 내용은 다짜고짜 유달영 선생을 아느냐고 했다. 이름은 들어서 안다니까 그분이 김 선생 만나고 싶어 한다는 것이었다. 나는 그분 만날 일이 없다고 하니까 그분이 국가재건운동 본부장으로 김 선생께 여러 가지 자문을 얻고 싶어 하니 시간 좀 내란다.

그것까지 마다할 수가 없었다. 을지로 입구 내무부(오늘의 외환은행 자리) 옆의 캘리포니아 다방으로 바로 나오라는데 당신 얼굴 모른다니까 자기가 안다고 했다. 조금 이상한 생각이 들었다.

다방에는 그 시간에 사람이 없었다. 잠시 후 색안경을 쓴 중년 신사가 나타나더니 장소를 옮기자고 했다. 골목에 검은 짚차가 있어 그 차로 태평로 어느 큰 건물로 갔다. 텅 빈 방에 직원으로 보이는 여사무원이 타자기 앞에 앉아 있었다. 우리는 구석방으로 들어갔다.

실내에 집기나 장식물 같은 것 하나 없었고 창 밖에도 다니는 사람이 보이지 않았다. 마음은 다소 긴장됐지만 시내 한가운데니 무서울 것은 없었다. 상대방이 그제야 안경을 벗으며 종이 한장을 내놓았다. 깨알 같은 글씨가 가득 찼는데 차근차근 읽어 보란다. 조금 있더니 여기까지 와주셔서 고맙다며 다 읽었으면 도장을 찍으라고 했다. 요는 국가재건운동에 참여하라는 이야기였다.

나는 못하겠다고 잘라 말했다. 국가재건은 꼭 필요하고 좋은 일인 줄 아나 내가 지금 하고 있는 일도 이를테면 같은 것이라고 거절의 이유를 분명히 했다. 이 정도로 그가 후퇴하리라고는 물론 나도 생각하지 않았다.

그러자 그쪽에서 정공법으로 나왔다. 즉 김 선생이 6·25 때 어떻게 싸웠는지 잘 알고 있다며 나라를 위해 두 번 죽을 수 없겠는가 하며 강요 반 협박 반이었다. 나는 할 말이 없었다.

국가재건운동에 참여한다는 것이 구체적으로 어떻게 하는 것인지 의문도 있었지만 결국 나는 서류에 도장을 찍었다.

이렇게 시작된 민주공화당 생활 10년은 나의 인생에서 가장 큰 사건의 하나였다. 1945년 겨울 혼자 38선을 넘어 부모 형제 자매와 영원한 이별을 하게 된 일, 6·25 참전으로 동생과 친구를 잃은 5년간의 군대생활, 거기에 교사 시절 등이 62년까지의 주된 사건이었다.

이 15, 16년이라는 시간은 20대 초반에서 30대 후반이라는 나로서는 인생 준비과정에서 1차 이륙(離陸)이 이루어졌던 중요한 시기이기도 했다. 결국 나의 후기 인생의 전부였던 공화당 시절과 그 뒤를 이은 국회의원 그리고 이 양자를 바탕으로 한 우리나라 산악계에서의 활동 등 그 기초와 태동이 이때 이뤄졌다.

당시 정당의 사전 조직체는 대외적으로 가명을 쓰고 시내 몇 군데서 활동하고 있었다. 그 본부가 종각 뒤에 '동양무역'이라는 회사 간판을 내걸고 있었고, 지방 곳곳에 사무실을 차려놓고 그 지방 유력 인사들 즉 오피니언 리더라고 할 만한 사람들을 운동에 흡수 참여시키고 있었다.

그 무렵인 1960년대 초 국가와 사회의 꼴은 지금으로서는 상상하지 못할 정도로 어지럽고 초라했다. 거리에는 차가 다니지 않았고 기업이라곤 거의 없다시피 했다. 정치 단체들의 싸움이 잘 날이 없었고 선거하면 으레 부정선거였다. 그 유명한 3·15 부정선거로 인한 4·19 학생혁명으로 전국이 소요와 불안에 떨었다.

급기야는 데모 물결이 매일같이 거리를 휩쓸며 국민학교 학생들까지 거리로 나왔으니 5·16 군사 혁명도 일어날 만 했다.

박정희 장군이 주도한 이 혁명이 내세운 첫 목표는 이 나라에서 가난을 추방한다는 일이었다. 그러기 위해선 우선 산업화가 첫 과업이고 그것을 위해선 막대한 자본이 필요했다.

그래서 나온 것이 한·일국교 정상화로 일본에서 무상, 유상 원조를 받는 한편 세계은행에서 돈을 꾸어오는 일이었다. 오늘의 한국 번영의 근거가 된 울산 공업단지와 경부고속도로 건설이 이렇게 해서 시작됐다.

그런데 당시의 박정희 정권에 대해서 사회의 눈은 언제나 곱지 만은 않았다. 소위 민주세력이 군사독재로 이룩한 정권을 긍정적으로 평가할리야 없겠지만 적어도 당시의 사회상을 안다면 그 과정이 불가피했고 군사정권은 사필 귀정이라고 볼 수밖에 없다.

일언이 폐지하고 4·19 학생혁명으로 넘어진 자유당 정권의 뒤를 이을 정치세력이 그 당시 없었다는 것이 불행이면 불행이었다. 한마디로 수용 태세가 갖추어져 있지 못했다는 이야기다.

1962년 봄 공화당 사전 조직에 참여하며 5년간 근무해 온 고교 교사직을 사직했을 때 학교 당국이나 학생들은 그 사연을 전혀 몰랐다. 하루아침에 개인 사정이라며 사라졌으니까.

그런데 공화당 중앙사무국에서 근무하며 나는 하루도 마음 편안한 날이 없었다.

그야말로 긴장과 회의 속에서 매일 매일을 살아갔다. 성격과 취미에 맞지 않는 정치 풍토가 문제였다. 언제 무슨 일이 벌어지고 그 와중에 어떻게 휩쓸릴지 알 수가 없었다.

그러면서도 나는 다른 사람들과 달리 보였던 것 같다. 하나의 말단 요원으로 출발했는데 시간이 흐르며 한 부서에서 기회 있을 때마다 순조롭게 승진했다. 대체로 4년 마다 있는 국회의원 선거가 요원들의 승진의 직접적인 계기였다.

이때 평소 평가되어온 그 사람의 능력에 따라 자리를 옮기거나 아예 외부로 내보내곤 했다. 이것을 요원들 사이에서는 'reshuffle' 즉 체로 쳐서 걸러낸다는 말을 썼다.

공화당은 1962년 근 1년 동안 지하에서 이른바 사전 조직으로 터전을 닦고 1963년 간판을 내걸었다. 그러나 그 출발은 결코 순탄하지 않았다. 활동 운영을 위한 막대한 자금도 문제였지만 외부의 반대 세력과 내부의 불협화로 매일 술렁거렸다.

그 무렵 박정희 총재는 하루에도 몇 번씩 번의를 했고 제2인자로 돼있던 김종필 씨는 이른바 자의반 타의반으로 한동안 외국에 몸을 피했다. 이 모두가 공화당의 존폐 문제에 영향을 미쳤으며 그 틈바구니에서 사무국 요원들은 어떻게 처신해야 할지 갈피를 잡지 못하고 있었다.

민주공화당은 창당 과정에 남들을 묶어놓고 암암리에 사전 조직을 거쳐 태어나기는 했지만, 이론상 근대 정당으로 이상적인 조직과 운영이 특징이었다.

그러나 현실 면에서 정당의 유지는 결코 용이하지 않았다. 이래서 일어난 것이 한때 사무국 조직을 축소하려는 움직임이 있었는데, 필요할 때에는 잘 있는 사람을 강압적으로 끌어다 놓고 이제 와서 나가라고 하니 요원들의 불만도 대단했다.

문제가 이렇게 구체화 할 무렵 요원들은 몇 달씩 활동

비를 받지 못하고 점심도 간신히 때워가고 있었다.

당시 나는 훈련부에 있었는데, 군에서 고급 장교로 있던 부서장이 요원들을 개별적으로 불러 의사를 물었다. 무보수라도 남아 있겠는가 아니면 차제에 직장을 찾아 나가겠는가 물어보았다.

사람들은 당장 갈 곳도 마땅치 않으니 추이를 바라보며 남아있으려는 눈치들이었다. 당연한 이야기다. 그러나 나는 상대가 묻기 전에 나가겠다고 먼저 말했다. 그러면 어떻게 하겠는가고 마치 동정이나 하는 듯 묻기에 나가라는 이야기가 아니냐? 다른 사람들은 나가면 못살아도 나는 살 수 있다고 내뱉듯이 말하고 그 자리를 떴다.

나는 집으로 돌아와 마음 편하게 조용한 나날을 보냈다. 널찍한 뜰에서 아내와 둘이 커피를 마시며 그동안 막혔던 심정을 풀었다. 약자의 변이 아니라 그렇게 마음이 편할 수가 없었다. 역시 한창 젊었을 때였다.

5년이라는 짧지 않은 세월을 교편생활로 그런 대로 안정된 속에서 살다가 난데없이 정치적 소용돌이에 휘말려 이 지경이 됐다. 그러나 이상하게도 마음이 조금도 불안하거나 내일이 걱정되지 않았다.

한편 공화당은 정당으로서 활동을 하지 않을 수 없었고 따라서 중앙사무국도 움직여야 했다. 집에 있은지 한 주일도 되지 않았는데 사무국에서 전화가 왔다. 잠깐 나오라는 이야기다. 결국 나는 자진 사퇴하고 다시 호출당하는 신세가 됐다.

그런데 얄팍한 이야기지만 당에서는 나를 임시 채용한다는 조건으로 얼마간의 출장비를 주며 전북과 전남지방으로 내려가 당원들을 모아놓고 정신 강화교육을 하라고 했다.

그 강의에서 나는 중국 공산당의 큰 조직을 움직이는 실력자 모택동의 활동을 예로 들었다. 이론보다 실천이 중요하며 직접 대중 속에 뛰어 들어가서 그들과 호흡을 같이 해야 한다는 이야기였다.

서울에 돌아오자 당의 한 간부가 불렀다. 지방에서 무슨 이야기를 했길래 정보부가 당신을 조사하는가 하고 문책했다. 그때 모택동을 예로 든 것이 바로 공산당 예찬으로 이어졌던 모양이다. 그런데 당에서 이 사람은 6·25 때 학도병으로 스스로 나가 싸워 동생과 친구들까지 잃었다고 말해서 나에 대한 사상적 의심이 풀렸다고 했다.

공화당의 첫 시련은 그해 선거에 있었다. 이른바 6·3 공천 파동이 그것인데 당시 국회의원 출마자의 공천 문제를 놓고 당과 다른 유관 기관 사이에 서로 생각하는 것이 큰 차가 있었다.

즉 공화당은 악명 높은 3·15 부정 선거의 주모자들은 이번 공천에서 완전히 제거하고 참신한 인물들을 내세우려고 했는데, 정보부와 경찰에서는 정치적 현실을 생각할 때 그 사람들의 기존 지지 기반을 무시할 수 없다는 의견이었다.

이를 도표식으로 말하면 당에서는 이상 6, 현실 4를 주장하고, 다른 기관에서는 이상 4, 현실 6으로 정반대 의견이었다.

그 무렵 공화당사가 서울역 앞 에비슨 관(館)에 있었는데, 아침에 나갔더니 정문에 조직부 요원이 기다리고 있다가 나더러 길 건너 여관으로 가보라고 했다.

무슨 영문인지 모르나 여관방에 이미 여럿이 모여 있었다. 오늘 사무총장이 문제의 공천 서류를 들고 청와대로 가기 전에 그것을 저지하려는 모양이었다. 그래서 사무국 대표 다섯을 뽑았는데 내가 그 속에 들어있었다.

사무총장실 앞에는 신문기자들이 웅성거리고 있었다. 내가 앞에 서서 다섯이 안으로 들어갔다.

당시 사무총장은 육군소장 출신으로 원래 유도 선수였다는데 육중한 거구로 앞자리에 앉아 있었다. 그 자리에는 당의 간부들과 지방 조직의 대표들이 모두 함께 있었는데 분위기가 심상치 않았다.

총장은 우리를 보자 "너희들은 누구냐"며 "나가라"고 고함부터 질렀다. 그 한마디에 내 뒤에 있던 넷이 모두 나가버리고 나 혼자 남았다. 내가 여기 온 이유를 설명하자 총장은 "당신네들만 당을 사랑하느냐"며 긴 말을 하려 하지 않았다. 나는 여기 사무국의 서류가 있으니 보라고 총장 앞에 던졌다.

그런데 정치란 믿을 것이 못된다. 6·3선거에서 뚜껑을 열고 보니 그 악명 높은 3·15 부정선거 원흉들이 모두 당선됐다. 현실 6, 이상 4라는 그쪽이 주장하던 도식이 그대로 맞아들어간 꼴이다. 따라서 공화당은 원내 의석을 당초 예정대로 확보하고 집권당으로서 거보를 내디디게 됐다.

정치는 이기고 봐야 한다는데 이런 현실 속에서 살아가야 했으니 여간 역겹고 힘들지 않았다. 그런 선거를 치르며 나는 요원이라는 밑바닥 자리에서 선전부 차장으로 올라갔다.

이렇게 공화당 정부가 출범했을 무렵 나라의 살림은 여전히 엉망이었다. 기업다운 기업이 있을 리가 없었고 사회 간접 자본도 말이 아니었다. 거리에 차가 다니지 않았다면 알 만한 일인데 집권당에도 출입하는 차량이 없었다.

승용차라곤 고작해야 당의장과 사무총장 차뿐이었다. 중앙당 사무국에는 조직, 기획조사, 선전, 훈련, 총무 등 다섯 부서가 있었고 그 위에 사무차장과 사무총장이 있었다. 그리고 각부에는 4, 5 개 국이, 국장 밑에 4, 5 명의 요원이 있어 전체 인원은 100명 안팎이 아니었던가 한다.

사무국 조직이 제대로 살아 움직이려면 돈도 돈이지만 구성 요원들의 능력이 중요했다. 이런 방대한 조직 속에서 내가 유독 선전부 한 부서 안에서 계속 목숨을 유지할 수 있었던 것은 평소 자기주장과 소신을 분명히 했으며 책을 좋아하고 그때그때 필요한 글들을 쓸 수 있었기 때문이었다고 본다.

나는 공화당 중앙사무국에서 있었던 일들을 이따금 생각하고 혼자 얼굴을 붉히거나 감회에 젖곤 한다. 아직 주변이 정리되지 않았을 때 일들이다.

한편 요원들은 거의 사정이 어려워 활동비를 제대로 받지 못하고 생활이 어려웠다. 그러던 어느 날 사무총장이 아침 일찍 사무국 각 부서의 근무상태를 돌아본 적이 있었다. 마침 내가 있던 훈련부 차례가 됐는데, 총장은 당이 어려울수록 요원들이 아침 일찍 나와 각자 자리를 지켜야 한다고 틀에 박힌 훈시를 했다.

나는 평소 윗사람들이 자기 일들은 제대로 못하면서도 툭하면 아래 사람들을 못살게 구는 것이 못마땅했다.

요원들은 모두 큰 죄나 지은 듯 고개를 숙이고 말이 없었다. 그때 내가 "총장님! 차를 팔아 요원들의 활동비를 주십쇼!" 하고 퉁명스럽게 대들었다. 총장도 기가 찼던지 그대로 방을 나가버렸다.

그러던 훈련부 요원이 선전부 차장으로 승진하고 자리를 옮기게 됐다. 당의 2인자로 돼있던 김종필 씨의 기자회견이 있었는데, 그 원고를 선전부에서 준비하지 않고 훈련부에 있는 나더러 쓰라는 지시가 있었다. 그때 나는 아무말 하지 않고 받아들여 그 일을 했는데 그뒤 바로 인사이동이 있었다.

박정희 대통령은 집권하며 선결 과제로 가난을 추방한다는 목표를 내세웠다. 그러기 위해선 무엇보다도 경제개발 계획을 세워야 하고 여기에는 막대한 자금이 필요했다.

그래서 나온 것이 한·일국교 정상화였다. 밉던 곱던 일본으로부터 받을 것은 받고 꿀 것은 꾸는 수밖에 없었다. 한편 세계은행에서 필요한 돈을 갖다 쓰고 후에 갚아야 했다.

그런데 한·일국교 정상화 문제는 오래 된 반일 감정으로 국민의 이해와 동조를 얻기가 쉽지 않았다. 특히 야당의 반대가 거셌던 것은 물론이지만 대학생들의 군사 정권에 대한 반감 역시 큰 장애물이었다.

집권당은 일반 국민 여론에 호소하기로 했다. 반대 세력에서는 여론을 유도할 생각으로 결국 찬반 토론회가 열리게 됐다. 장소는 하필이면 내가 다니던 서울대학교 문리과대학이었고, 연사로 야당에서 서민호와 학계 대표로 상과대학 경제학 교수인 홍성유 그리고 여당 측에서 한 사람이 나와야 했다.

　이때 서민호와 홍성유의 주장과 입장은 보나마나 거센 반론을 펴서 많은 동조를 얻을 것이 뻔한데 이에 대항할 여당 측 인사가 문제였다. 문제가 문제니 만큼 정치, 외교, 경제 등 다방면에 정통한 이론가가 나가야 하겠지만 적당한 사람이 없었다. 실은 없었다기보다 모두 몸을 사렸거나 이왕 수세에 몰릴 것이니 그런 때에는 유명 인사보다 무명 인사가 좋다고 판단했는지 모른다.

　결전의 시간이 임박해서 당에서는 결국 선전부에서 나가라며 나를 지명했다. 나는 한·일문제에 대해 당원을 상대로 여러 번 단상에 서 봤지만 대외적인 큰 모임에는 나선 일이 없었고 그런 그릇도 못되었다.

　그러나 어쩔 수 없었다. 그날 동숭동 서울대 문리과대학 강당은 공화당 반대세력인 대학생들의 일대 집합소로 급변했다. 나는 첫 번째 연사로 등장했는데 하도 긴장해서 1900년이라는 것을 1800년이라고 엉뚱하게 입을 열어 처음부터 학생들의 야유를 받았다.

　그들의 눈에는 대 정객 서민호와 대학교수가 나오는 자리에 그렇지 않아도 미운 공화당에서 무명 정당인이 나오니 처음부터 귀를 기울일 분위기가 아니었다. 그러나 나는 평소 당원들에게 하던 이야기를 차분히 해나갔다. 다행히 청중이 차차 조용해지고 경청하는 분위기였다.

그런데 제한된 시간이 너무 많이 지나도 이야기가 끝날 것 같지 않자 주최 측에서 중지하라는 연락이 왔다. 서민호 씨에 대해서는 내용보다도 노정객에 대한 경의 표시로 청중들이 조용했을 것이고, 경제학 교수 이야기는 참고할 내용들이라고 보았던지 학생들의 관심을 끌었다. 이렇게 해서 그날 토론회는 끝났는데 나는 입안이 씁쓸했다. 지난날 대학에서 순수 학문으로 철학을 공부하던 내가 이런 자리에 서야했던 자신이 서글펐다.

정계에 몸을 두고 이른바 정치를 한다는 것은 마치 밀려다니며 쑥덕공론이나 하고 무슨 이권에 개입하거나 또는 출세하는 일같이 흔히 생각하기 쉽다. 물론 그런 식으로 살아가는 사람이 많이 있었다.

그러나 적어도 공화당 중앙사무국에서 일하고 있는 한 그것은 용납되지 않았으며 그렇게 처신하다간 생명이 길지 못했다. 뿐만 아니라 자기 직책에 대해 책임있는 일을 해나갈 때 비로소 그 자리가 유지된다. 사무국에 10년 있으면서 내가 얻은 교훈이었다. 그래서 언제나 긴장하고 노력하는 생활을 해왔다고 자부한다.

정치란 알다가도 모를 때가 많다. 그것은 예나 지금이나 마찬가지다. 한 가지 확실한 것은 정치란 아무나 하는 것이 아니며, 거기에 간여하는 사람이 반드시 상식과 양식이 있는 것은 아니라는 사실이다.

당시 공화당 정권에서 중요시 한 것은 국방 안보와 경제개발이었다. 하루는 국회 국방위원회에서 비공개 회의로 국방문제를 다루며, 수도 서울의 방어선에 대한 이야기가 있었다. 요즘 주변에 방어선을 구축해야 시민들이 안심해서 사업을 할 수 있다는 당연하면서도 고무적인 계획이 새삼 때늦게 깊이 논의됐던 모양이다.

나는 당의 선전부 책임자로 이것이야말로 국민에게 알릴 일이라고 생각하고 이에 관한 소책자를 만들어 전국에 뿌렸다.

그런데 바로 이것이 국가 기밀누설로 문제가 됐던 모양이다. 청와대에서 노발대발하고 국회 국방위원장과 당 선전부장에 대한 조사 문책 지시가 떨어졌다.

당시 국방위원장은 육군대장 출신인 민기식 의원이었는데 때마침 외유 중이어서 소환토록 됐고 나는 검찰에 불려 시내 모 호텔에서 조사를 받았다. 기가 찰 노릇이다. 그러나 나도 할 말이 있었다.

나는 도대체 사법 세계에 대한 관심이 없어 나를 조사하는 사람이 어디서 무엇을 하는 사람인지 모른다. 소위 철학하는 사람 눈에 법의 세계는 보이지 않았다.

그런데 그가 나에게 어째서 국회가 비공개 회의로 다룬 수도방어 계획을 그렇게 책자로 만들어 전국에 배포했는가 따지며 그것은 이적행위라고 생각하지 않느냐고 물었다.

나는 긴 말 하지 않고 그것은 이적행위가 아니고 '해적행위'라고 대꾸했다. 나는 이 문제를 국회가 비공개로 토의한 것 자체를 우습게 본다. 이런 문제는 널리 국민에게 알려 국민들이 나라를 믿고 마음 놓고 자기 일을 할 수 있도록 해야 하는 것이 아니냐고 오히려 따졌다.

검찰의 조사는 바로 끝났고 더 이상 문제 삼지 않았다. 한편 민기식 국방위원장은 귀국하자 김포 공항에서 관계 요원에게 끌려가고 바로 위원장 직위가 해제됐다.

한번은 이런 일도 있었다. 이효상 의원이 국회의장으로 있을 때 유럽 시찰 중 독일에 들렀던 모양이다. 당시 국내는 학생들의 반정부 소요로 대학가가 하루도 조용한 날이 없었다.

이효상 의장은 일본 동경제국대학 독문과 출신으로도 유명했는데, 독일에서 독일학생들과 대담하는 자리에서 한국의 대학생들은 괴테의 「파우스트」 같은 책을 읽지 않는다고 꼬집었다는 외신이 들어왔다. 국내학생들이 일제히 들고 일어났다.

당에서는 급히 대책회의를 열고 당내의 저명인사들이 모였다. 그 자리에는 전 외무장관이었던 이동오, 초대 공화당 사무총장을 지낸 김동환 또 누구 하는 얼굴들이 보였고 여기에 당의 정책연구실장과 선전부장이 안낄 수가 없었다.

이런 고위층 인사들의 모임에는 언제나 일정한 패턴이 있다. 다시 말해서 좀처럼 말들을 하지 않는다는 것과 그러면서 사회자의 상투어는 "이 자리에서는 기탄없이…"이다. 입을 다물고 모두 가만히 있으려면 무엇 때문에 바쁘신 양반들이… 내가 참다못해 입을 열었다. 국회의장을 당장 소환해야 한다고 했다. 그래야 학생들이 조용해진다는 것이 내 생각이었다.

그러자 노련한 정치인인 정책연구실장인 박준규 의원이 그런 말이 어디 있는가고 내 발언을 한마디로 묵살했다. 그뒤 어떻게 됐는지 기억도 없지만 그런 자리에서 뾰족한 묘안이 나왔을 리가 없었던 것만은 확실하다.

박준규 의원에 대해선 이런 일도 있었다. 바로 국회가 열리고 있을 때였는데, 본회의장에 들어가자 박 의원이 나더러 이효상 의장이 당신한테 상을 준다는데 거기 안가고 여기 오면 어떻게 하냐고 했다.

실은 대구의 팔공산에서 해마다 팔공제를 열고 공 있는 산악인에게 시상하는데 그해 내가 대상자로 뽑혀 있었다. 그러나 국회 본회의가 열릴 때 국회의원이 가긴 어딜 간다는 말인가? 나는 박준규 의원에게 따지고 들었다. 물론 그는 할말이 없었지만 사람들은 대체로 그런 식으로 세상을 살고 있었다. 당신 한 사람 나오지 않아도 국회는 돈다는 논리인 셈이다.

박정희 대통령은 도대체 어떤 분이었던가? 생전에 가까이 모셔 본 사람이 적지 않겠지만 나에게도 잊을 수 없는 일들이 있다.

에베레스트에서 돌아오자 원정대가 청와대에 초청되었을 때 나는 대장으로 대통령과 그야말로 독대(獨對) 한 적이 있다.

한 나라의 통치 지도자는 힘들고 외로운 자리다. 그런데 대통령은 나에게 느닷없이 남극대륙 이야기를 하셨는데 알아도 자세히 알고 계셔 나는 놀랐다.

1970년대 초 우리나라 산악인들이 처음 히말라야 8,000 미터에 도전 할 때, 그리고 전국에 산장을 세우려고 지원을 품신했을 때 바로 도와 주셨다. 그리고 처음 있는 독대였다.

공화당사를 소공동 비좁은 곳에서 넓은 데로 옮기려고 남산 도서관 자리를 개축 할 때 이야기다. 마침 내가 사무차장 자리에 있어서 그 일을 계획하고 추진하며 당 총재인 대통령의 재가가 필요했다.

하루는 그 일로 사무총장을 따라 청와대로 들어갔는데, 박정희 대통령은 넓은 집무실에 혼자 계셨다. 그때 대통령은 우리가 들어 온 목적을 아시고 그 일은 안된다며 그

자리에서 나가라고 하셨다. 사무총장은 아무 말도 못한 채 서 있었다.

그때 내가 "각하!" 하고 나섰다. 제가 총장 모시고 들어 왔는데 간단한 내용이니 잠깐 들어보시라고 단도직입적으로 이야기를 꺼냈다. 박 대통령은 아무 말씀도 없었다. 나는 바로 챠트를 걸어 놓고 설명했다.

그러자 대통령이 자리에서 일어나며 이것은 이렇게 하고 여기는 이렇게 하라고 구체적으로 지시했다. 훗날 박 대통령이 시해 사건으로 서거할 때까지 공화당 본부였던 남산의 당사는 이렇게 해서 그 개축이 이루어졌다.

어느날 당에서 간부들이 청와대를 예방했을 때 새삼 드릴 말씀들이 없었던지 모두 입을 다물고 있었다. 그러니 대통령은 얼마나 외로울까 싶었다. 그 때 우리는 같이 칼국수를 점심으로 마친 뒤여서 터놓고 잡담할 시간이었다.

나는 지난 번에 전국에 산장 건립을 도와주셔서 산악인들이 잘 쓰고 있다고 먼저 말씀드리고, 서울에는 실내 스케이트 링크가 있지만 남쪽 지방에도 그런 시설을 해주시면 젊은이들이 좋아하겠다고 여쭈었다. 그러자 대통령은 여기는 바다가 없는데 남쪽은 바다가 가깝지 않은가 하셨다.

청와대를 나올 때, 각하는 오늘 김 부장과 재미있는 이야기를 했다며 가끔 들어오라고 하셨다. 이것은 한마디로 그 분의 외로움을 말해준다.

한때 공화당 소속 국회의원으로 거물급 정치인이 있었다. 김용태라는 사람인데, 그가 어느 여름 한발이 심했을 때 재해대책위원장으로 농촌에 양수기를 보내는 운동을 벌인 적이 있다.

김용태 위원장은 먼저 돈을 낼만한 실업가들을 조선호텔로 불러 점심 식사를 대접하고 그 자리에서 양수기 구입자금을 모았다. 그리고 청와대로 들어갔다.

그때 나도 같이 갔는데, 김 위원장이 대통령께 내방의 뜻을 말씀 드리자 뒤에 서있던 이후락 비서실장이 불쑥 입을 열었다.

"각하! 각하! 그것은 지난번에 경기도로 주기로 한 것을 이리로 돌리면 어떻겠습니까?"

이 실장의 말이 끝나기가 무섭게 "그것은 안돼! 그것은 그것이고 이것은 이것이야!" 하고 대통령은 단호히 말씀하셨다. 이후락은 그런 사람이었고 박정희 대통령은 그런 분이었다.

나는 고등학교 교직에서 공화당 중앙사무국 요원이 됐을 때 앞으로 그 속에서 자기의 장래를 설계하고 전망한 적이 없었다. 그저 철학이 좋아 밥벌이도 되지 않는 그 길을 가며 즐겨 책이나 읽었고 집권당의 선전부장이니 사무차장은 물론 장차 국회의원이 되리라는 생각은 꿈에도 없었다. 그래서 남이 국회에 들어가도 조금도 선망의 눈으로 쳐다보지 않았다.

박정희 대통령의 3선을 위한 마지막 선거 때 이야기다. 일반 사회의 분위기는 공화당의 입장이나 견해와는 정반 대였던 것은 물론이다. 따라서 여당으로서는 이번 선거에 무슨 일이 있더라도 당선을 목표로 대선에 임할 수밖에 없었다. 그 결전장이 서울 장충단 공원에서의 유세였다.

이 일을 앞두고 이른바 고위 전략회의가 장충단 타워호 텔에서 열리고 그 자리에는 청와대, 보안사, 중정, 치안국 등의 고위 간부들이 나오고 당에서는 내가 참석했다. 토의 상황은 청중 동원문제였다.

그런대 선거 유세 때마다 이 청중동원 문제가 언제나 시비와 비난의 대상이었으며 요는 경찰과 행정 기관이 시 민들을 강제 동원했다는 이야기였다. 실은 공화당이 시키 는 것은 아니었지만….

나는 당에서 어떤 일을 해도 민심에 역행하고 당리를 위해 무리한 계획을 세우는 것에 반대해왔다. 이날 회의에 서 나는 청중 동원은 관에서 일체 손을 떼라고 했다. 공화 당은 당 조직 만으로 이 일을 해나갈 자신이 있다고 강조 했다.

회의를 마치고 나오며 채원식 치안국장이 나한테 다가 와서 "옳으신 말씀입니다!"라 한마디 하고 어디론가 사라 졌다. 경찰 최고 간부라는 사람 자신이 내심 그러면서 밖으로는 자기 소신을 밝히지 못하고 있었다.

이때 장충단 공원 대 유세에서 박정희 후보는 처음으로 눈물로 청중에 호소하고 그날 100만의 청중의 마음을 사로잡았다.

이 마지막 대통령 선거를 위해 전국의 대유세장을 헬리콥터 편으로 하루 사이에 돌아 본 적이 있었다. 그날 느닷없이 청와대 경호 총책인 박종규 실장이 전화로 바로 들어오라고 했다. 나는 박 실장과 용산 8군 헬기장을 떠나 춘천을 시작으로 원주, 청주, 대구… 하는 식으로 전국 대도시 유세장을 하루에 답사했다.

대구에 내렸을 때가 마침 점심시간이었다. 어느 한식점에서 김성곤, 이동녕 두 의원장이 기다리고 있었다. 경북 출신의 이 두 위원장은 모두 대 실업가였다. 박종규 실장이 같이 앉아 잡담을 하다 갑자기 손을 뻗쳐 이동녕 위원장 안주머니에서 100만원짜리 수표 한장을 끄집어냈다. 이것 왜 이러냐며 이 위원장이 놀란 표정을 지었으나 그 단막극은 이것으로 끝났다. 김성곤 위원장은 옆에서 웃고만 있었다.

정치란 무엇이고 권력은 또한 무엇인가? 나는 이런 자리에 앉아 있는 자신을 다시 생각케 하는 고된 하루였다.

그뒤 나는 선전부장에서 사무차장이 되었다. 그런데 무슨 일로 그랬는지 기억에 없지만 박정희 대통령이 당의 총재로서 격노하고 당시 당무위원들을 대거 제명 처분 한 적이 있다. 소위 기라성 같은 사람들이 하루 아침에 이른 바 낙동강 오리알 신세가 되었다. 그 일로 김재순 의원이 쓰러졌다.

하루는 3성 장군 출신인 모 의원이 찾아와 눈물을 흘리며 이럴 수가 있느냐며 신세 타령을 했다. 세상을 그만큼 살아온 어느 모로나 군의 고위 장성으로 알았던 이 사람의 처신에 나는 동정보다 그저 아연 실색했다.

소위 저명인사들의 처신에 새삼 놀란 일이 한두 번이 아니다. 한때 한국은행 총재를 하고 그뒤 국회의원도 몇 차례 한 사람이 찾아와 나더러 전국구 후보 명단에 넣어 달라고 했다. 사무차장에 그런 권한은 없었을 뿐만 아니라 나 자신 그 후보 속에 들어갈런지도 모르는 때였다.

나는 남들이 보기엔 정치권 한가운데 요직에 있은 셈이나 한 번도 국회의원을 우러러 보거나 높이 평가한 적이 없다. 그런데 사람들은 그 자리가 그렇게도 좋아보였던 모양이다. 돈도 명예도 필요 없다면 그런 인생도 문제겠지만 나야말로 평생을 이런 식으로 살아왔다. 나로서는 자기가 하고 싶은 일이 따로 있었다.

나는 선전부에 있으며 얻은 것이 적지 않다. 일 자체가 글 쓰고 책 읽는 일과 직결되어 있었지만, 옛날 중학 시절 부터 애착을 버리지 못했던 책과의 인연이 여기에서도 그대로 이어졌다. 다행히 충무로 입구에 아카데미 서점이라는 일본 서적을 전문으로 취급하는 데를 알게 되어 거기서 수시로 책을 구입했다.

알고 보니 서점 주인은 중학 선배로 일본 동경 상대 출신인 인텔리여서 더욱 가까워졌는데, 여기서 매달 월간 잡지도 몇 종류 구독했다. 그 가운데 주택에 관한 월간지가 있었는데 이 잡지를 통해 주택에 대한 꿈이 점점 커갔다. 그러자 그 꿈이 실현될 날이 왔다.

나는 1960년대 초 비로소 청량리 부근을 떠나 멀리 북쪽의 우이동 부근 수유리로 집을 옮겼다. 그전까지 줄곧 전세집에 살며 자주 이사하던 생활이었는데 어느날 대한주택공사에서 국민주택이라는 것을 20년 상환 조건으로 제공한다는 이야기를 들었다. 연립주택이니 아파트니 하는 개념을 사회가 아직 모를 때였다.

당시 서울의 외곽은 돈암동 미아리 고개를 넘어서며 집이 없고 바로 공동묘지가 길게 이어졌다. 그 끝이 우이동이었는데 초입에 수유리라는 넓은 벌판이 있었고 여기 한가운데 건평 13평과 15평 국민주택이 수십 채 들어섰다. 이를테면 북한산과 도봉산 기슭인 셈이다.

나는 처음에 13평집으로 갔는데 고등학교에서 같이 외국어를 담당한 김유탁 선생이 이왕이면 15평으로 옮기라고 해서 그 성화에 못이겨 15평으로 옮겨 앉았다. 이 집은 대지가 125평이나 되어 그것이 제일 마음에 들었다. 국민 주택 단지는 처음부터 담이 없어 개방된 기분이었다.

그리고 도대체 주변에 집이라곤 한 채도 없었고 근처에는 샘이 솟아 마치 풀장 같아서 애들을 데리고 물놀이를 하기도 했다.

이러한 수유리 집에 불편한 것이 있었다면 서울 시내와의 교통편이었다. 차편이 오직 서울과 의정부를 연결하는 시외버스뿐인데, 그것을 타려면 10여 분 걸어 국도로 나가야 했다.

나는 이 시외버스로 왕십리에 있는 직장인 고등학교를 왕래했다. 그러나 결혼하고 여태껏 셋방 살림으로 있다가 자기 집이라고 생겼으니 그이상 바랄 것이 없었다. 게다가 주위가 조용하고 북한산과 도봉산이 바로 눈 앞에 있어서 이런 데가 있었던가 싶었다.

그 무렵의 나의 생활을 교편을 잡던 학교의 교우지에 아래와 같은 글로 남긴 적이 있다.

집을 청량리에서 우이동으로 옮긴 것은 복절이었다. 단칸살림은 하는 수 없었다 하더라도 뜰이 좁아 하늘을 시원히 볼 수가 없었다던가, 지나가는 사람들의 말소리, 동네 아이들이 떠드는 소리는 딱 질색이다.

우이동으로 이사한 데는 여러 가지 이유가 있었지만 첫째는 이러한 위협에서 벗어날 수 있었기 때문이다.

지금 이곳에서 나는 무서울 만큼 정적에 둘러싸여 있다. 언젠가는 한밤중에 늑대 우는 소리에 잠이 깼다는 이웃사람 이야기를 들었는데, 나도 한번은 부엉이 소리에 놀란 일이 있다.

1945년 광복 직후의 이야기다. 대학예과 시절 청량리 밖에서 잠시 하숙생활을 했는데, 좀 떨어진 산기슭에 절이 있었다. 겨울철 냉방에서 책을 읽노라면 꽁꽁 얼어붙은 고요한 새벽 공기를 뚫고 목탁소리가 들려왔다.

요즘도 밤늦도록 앉아있거나 새벽 이른 시간에 눈을 뜨면 그때 일이 생각난다. 방 공기를 바꿀 겸 머리를 식히려고 넓은 뜰에 나선다. 도봉산과 북한산의 능선이 밤하늘에 뚜렷한 윤곽을 그린다. 멀리 솔밭의 검은 실루엣이 희미하다. 집들의 등불이 꺼진 지 오래고 하늘의 별빛이 한층 더 차갑다.

I crept out of bed and tiptoed softly out of the house. But l wanted to sit in the swing for a while and watch the moonlight. The whole country side was hushed and sleeping. No lights burned in any house. The moonlight was liquid silver and so bright we could see the dark outline of the woods a mile away.　　　　　　　　"Perfect Moment"

나는 잠자리를 빠져나와 소리 안내고 밖으로 나갔다…나는 잠시 그네에 걸터앉아 달빛을 쳐다보고 싶었다. 주위는 죽은 듯 고요하고 불빛이 보이는 데가 한 곳도 없었다. 달빛은 마치 수은같이 밝았고, 그 빛으로 멀리 나무숲의 검은 윤곽까지 보였다.

나는 이런 글을 읽은 적이 있는데, 그 필자의 생활을 요새 내 주변에서 찾게 되어 얼마나 기쁜지 모른다.

나는 넓은 뜰 한쪽에 온실을 만들고 담이 없는 대신 내가 좋아하는 자작나무와 낙엽송을 심었다. 그 무렵 옛날 청량리 기숙사에 같이 있던 권오균이 바로 옆집으로 이사 왔는데, 그가 대학에서 생물학을 공부하고 나무를 좋아해서 무척 힘이 되어주었다.

내가 교편생활을 그만두고 정당으로 직장을 옮긴 것은 수유리 주택에서 그런대로 생활이 안정되고 주위에 큰 길이 생기고 집들도 많이 들어서고 있던 무렵이었다. 담도 두르고 그전처럼 마냥 개방된 분위기는 더 이상 기대하기 어렵게 되어가고 있었는데, 그러자 1970년대에 들어서며 15평 단층집을 2층으로 개축하는 작업을 했다.

이렇게 마음을 굳힌 것은 고등학교 제자 가운데 한양공대 건축과를 나온 김춘웅 씨가 선생님 취미를 짐작하니 자기가 설계해서 지어보겠다고 나섰기 때문이었다. 그로서는 대학을 나오고 첫 작품인 셈인데, 건축비를 적게 하기 위해 15평 가옥의 기초를 그대로 하고 그 집에서 나오는 목재를 최대한으로 살린다는 생각이었다.

나는 이런 날이 오리라고는 미처 생각도 못했지만 책을 좋아해서 그전부터 일본에서 나오는 주택 월간지를 보고 있던 것이 이때 크게 도움이 됐다.

그 가운데 한두 가지 예를 들면 거실에 이른바 'picture window'를 내고 벽난로를 설치한 것들이다. 지금은 주택마다 큰 유리창을 내기 때문에 그런 창이 조금도 새롭지 않지만 1970년대만 해도 아주 드물었다. 벽난로는 화목을 쓸 수 없으니 하나의 장식으로 설치했는데, 'fire place'와 'mantle piece'라는 생활공간을 머릿속에 그려왔기 때문에 수유리 집을 개축할 때 그 이미지가 머리를 떠나지 않았다.

공화당 중앙사무국에 근무하던 10년은 내 인생에서 여러 측면에서 큰 변화를 가져왔다.

1967년 선전부장으로 올라가며 각 부장에게 비로소 승용차가 나왔다. 물론 운전 요원이 따랐는데 나는 그것을 기회로 집 근처에서 운전 연습을 하고 차차 시내로 몰고 나오면서 면허를 땄다. 당시 주변에는 자동차 운전 교습소가 없었고 우이동 거리도 한산해서 그런대로 운전 연습을 할 수가 있었다. 이런 일은 물론 법으로 금지되어 있었을 것이고 내 운전기사는 항상 마음 졸였으리라고 본다.

내가 이렇게 운전면허를 얻고 차를 스스로 몰고 출퇴근

하자 사무국 사람들이 모두 놀랐다. 그만큼 차 운전이 우리 생활과는 거리가 멀었던 시절이었다.

중앙사무국 즉 총무, 기획, 조직, 선전, 훈련 등 5개 부서장들은 직책상 대외 접촉도 있고 해서 사무총장이 모두 골프를 치도록 특별 지시를 내렸다. 부장들은 모두 군 복무를 했기 때문에 태릉 육군사관학교 병설 골프장에 입회할 수가 있었다. 당시 서울에는 골프장이 서너 곳 있었으나 지방에는 하나도 없었다.

태릉 골프장 입회금은 10만원, 그중 반은 당에서 충당하니 나머지 반을 각자 내라고 했다. 이렇게 되어서 골프에 참여했지만 남달리 운동신경을 자부했던 나도 골프만은 어떻게 할 수가 없었다. 성적은 언제나 꼴찌에서 두 번째, 이른바 행운상은 독점하다시피 했다. 꼴찌는 누가 차지하곤 했는지 모르겠다.

그러던 무렵 사무국 요원들이 등산 그룹을 만들어 주일마다 산에 가기 시작하면서 나를 끌어당겼다. 나는 골프보다 등산이 좋았고, 외부에서 등산대회 같은 일이 있으면 남녀 선수를 뽑아 같이 뛰며 한두 번 우승하기도 했다.

이렇게 등산 열기가 일자 열성분자들이 찾아와 이참에 우리나라 등산계에 들어가는 것이 어떻겠냐며 한국산악회 입회를 권했다. 나는 등산을 좋아하면서도 이런 조직체에 들어가서 산에 다닐 생각은 없었다.

처음엔 그런 단체가 있는지도 몰랐는데 사람들은 한국 산악회가 역사나 전통 면에서 유명하다고 했다. 좋도록 하라고 했더니 필요한 수속 절차를 밟았는데 입회원서가 요란했다. 요는 자기의 산행 기록을 적으라고 되어 있었다. 당연한 이야기다. 그런대 도대체 산행 기록이라면 뭔가 좀 달라야 하지 않겠는가? 그렇다고 매주 근교 산행을 한다고 할 수는 없고 해마다 설악산이나 지리산 같은 큰 산에 간다고 해봤자 그것을 기록이라고 할런지 모르는 이야기였다.

적어도 기록이면 당시로서는 인수봉에 길을 냈다던가 혹시 알프스의 몽블랑을 올랐다던가 하면 몰라도 그밖에 무엇을 쓴단 말인가? 나는 결국 백지로 보냈다.

그러자 준회원으로 입회를 허가하니 도장과 입회금을 가지고 본인이 출두하라는 연락이 왔다. 나는 그 자리에서 없던 일로 하고 말았다.

공화당 중앙사무국 시절에 있었던 또 다른 전기를 결코 잊지 못한다.

1971년 8대 국회의원 선거 당시 나는 중앙당 선전부장이어서 으레 전국구 의원으로 국회에 들어가게 돼있었다.

그런데 어찌된 일인지 다른 부장들은 모두 들어갔는데 서열도 빠른 내가 그 정상 궤도에서 벗어나고 대신 기획조사실장 겸 사무차장이라는 직책이 주어졌다. 물론 이때 일은 1년 남짓해서 뜻밖의 사태가 정계를 강타하면서 8대 국회가 해산되는 바람에 오히려 전화위복이 됐다.

만일 그때 순조롭게 8대 국회에 들어갔더라면 얼마 못 가 그 난국에 부딪쳤을 것이다. 그 뒤 나는 1973년에 유신 정우회 의원으로 9대 국회에 들어갔다.

이러한 소용돌이의 원인은 당시 정계의 이목을 끌었던 여당 내의 이른바 '4인 체제' 문제에서 비롯됐는데, 내가 8대 국회 진출에서 탈락된 것도 남들은 모르나 그런 와중에 휘말렸던 셈이다.

9대 국회는 임기가 4년에서 6년으로 연장되어 있었다. 나는 8대 국회에 못 들어간 덕에 임기 6년의 혜택을 받았다. 실은 이 6년이라는 임기가 유독 유신정우회 의원에게는 전 3년, 후 3년으로 갈라져 있었지만 나는 운이 좋았던 편이다.

소위 정치라는 것은 제 정신 가진 사람이 할 일은 못된다. 실은 그런 사람이 해야 하는데 세상이 그렇지 않으니 문제다.

국회는 누구나 아는 입법기관이다. 1년에 꼭 한 번 정기국회가 열려 국가의 예산을 심의하고 새로운 법을 만들거나 있는 법을 고친다. 이것이 국회의 주 업무인데 분야별로 위원회가 있어 1차적으로 그런 일들을 한다.

그래서 국회에 들어가면 누구나 그런 위원회에서 일하

301

게 된다. 그런데 여기 문제가 있다. 분야별 위원회는 그야
말로 전문성을 띠고 있어서 소속 위원은 그런 전문분야
일을 알아야 한다.

내가 국회에 들어가자 원내총무가 나보고 재무위원회에
가라고 했다. 재무의 잿자도 모르는 사람보고 가라면 어떻
게 하느냐고 물었더니 거기 갈 사람이 없다며 당신은 공
부하는 사람이니 들어가서 공부하면 된다고 했다. 기가 찰
노릇이다. 국회가 공부하는 곳도 아니고 언제 공부해서 그
전문분야 일을 다룬단 말인가. 그러나 하는 수 없이 그 일
을 맡았다.

정말 사람 일은 알다가도 모르겠다. 에베레스트 원정에
나설 때 그 막대한 소요 자금의 반을 정부로부터 지원 받
은 것은 내가 바로 재무위원회에 속해 있었기 때문이었다.
뿐만 아니라 전매청이 재무부 산하 기관이어서 원정대가
필요한 고급 국산 담배를 살 수도 있었다. 당시 '썬'과
'거북선'이 나와 있었으나 일반에게는 팔지 않고 있었다.
우리는 그것을 부산에서 에베레스트 원정용 장비 식량 등
을 선적할 때 그곳 면세 구역에서 외화를 주고 3,000갑을
샀던 것이다.

1975년 처음으로 유럽 시찰 여행을 하게 됐다. 이따금
매스컴에서 비꼬는 국회의원들의 해외 나들이다. 나는 그

전부터 유럽을 돌아보고 싶어 관련 책자들을 기회 있을 때마다 들여다보곤 했는데 이런 기회가 주어졌으니 정말 꿈만 같았다.

그런데 그 준비과정에서 같이 가는 일행이 나보고 여행 일정을 짜고 여비도 맡아서 관리하라고 한다. '왜 내가 해야 하는가'고 했더니 외국을 알고 말도 통하는 사람이 당신밖에 없다는 것이다. 국회에서 처음 만나는 우리들인데 그런 식이다. 그러나 나는 나대로 생각하는 것이 있어 하라는 대로 했다. 가고 싶은 데를 내가 정할 수 있었기 때문이다.

다행히 일행은 많지 않았고 야당에서 둘, 여당에서 둘에 재무부 직원 하나가 같이 가게 됐다. 기간도 여비도 일정하니 그 범위를 생각해서 나는 영국과 북구 3국은 제외했다. 따라서 유럽 중심부인 프랑스, 독일, 이탈리아, 스위스를 넣고 여기에 그때그때 발을 뻗칠 수 있는 베네룩스 세 나라와 스페인, 에집트의 카이로까지 일정을 잡았다.

해외여행은 언제나 공항서부터 시작한다. 그런대 사람들은 처음부터 피곤하다며 잠만 잔다. 처음 보는 곳인데도 관심이 없는 것 같았다. 게다가 카메라를 든 사람이 나 뿐이니 내가 수행 사진사처럼 됐다.

첫 기착지인 프랑스 파리에 갔을 때 일이다. 식당에 들어가자 마실 물을 안 준다고 불평들이 대단했다. 서울로

착각하고 있는 것이다. 유럽에서는 어디를 가나 '에비앙'
이라는 미네럴워터를 사서 마셔야 하는 아주 기초적인 생
활 방식도 모르고 있었다.

개선문이 있는 샹제리제 길가 키오스크에서 미슐랭 가이
드북을 샀더니 우리를 안내하던 대사관 직원이 미슐랭 책
을 아는 사람은 김 의원이 처음이라고 해서 내가 놀랐다.

당시 서독의 수도는 본이었다. 본에서 '베토벤의 집'을
구경하고 나오자 사람들이 함부르그에는 언제 가느냐고
하길래 계획에 안 들어있다고 했더니 불평이 대단했다. 나
보고 모든 일정을 짜라고 하고 이제 와서 무슨 소리냐고
했더니 대사관 직원이 알아차리고 그 전에는 함부르그가
좋았지만 지금은 여기도 좋다며 그 길로 가까운 쾰른으로
차를 몰았다. 기공으로부터 완공까지 600년이 걸렸다는
유명한 '돔'이 있는 곳이다. 물론 사람들은 그런 것에는
관심도 없었는데 시간이 늦어 돔은 모습도 보이지 않았다.

우리는 어느 비어홀로 갔다. 반나체 아가씨들이 10여명
손님을 기다리고 있었다. 함부르그보다 여기가 낫다는 말
의 뜻을 그제서야 알았다. 나는 독일 돈 100마르크씩 나누
워 주고 한 시간 후에 다시 모이자고 했다. 일행은 저마다
아가씨를 데리고 어디론가 사라졌다.

나는 한 아가씨에게 독일어로 한마디 던져보았다. 아가
씨가 놀라 독일어 하느냐며 떠들어대는데 무슨 소린지 알

수가 없었다. 그녀는 영어를 몰랐다. 재미가 없어보였던지 안내자가 우리 먼저 본으로 가자며 다른 사람들은 알아서 올 것이라고 했다.

이탈리아 로마에 들렀을 때 나는 지중해 연안 소도시 몇 군데를 보고 싶었다. 그런데 다른 의원들이 움직일 생각을 하지 않는다.

여기까지 와서 그대로 돌아갈 수는 없지 않은가? '나폴리를 보고 죽어라'는 세계 3대 미항(美港)의 하나인 나폴리와 2000년 전 베스비오 화산 폭발로 묻혔던 고대 도시 봄베이 그리고 '돌아오라 쏘렌토로' 노래까지 있는 쏘렌토 등.

나는 하는 수 없이 그곳을 일주하는 프로그램을 알아가지고 혼자 반나절을 즐겼다. 언제 다시 오겠는가 싶었다.

이탈리아에서 스위스로 건너갈 때 하늘에서 내려다보이는 알프스의 장관을 뭐라고 말하면 좋을런지 모르겠다. 내가 스위스를 우리 일정에 넣은 것은 바로 이러한 알프스를 보고 싶어서였다.

제네바에는 대학에 다닐 때 철학과 동기였던 박근 대사가 우리를 기다리고 있었는데 그는 6·25가 터지자 미국으로 건너가 전공을 바꿔 외교관이 됐던 모양이다.

대사가 우리의 일정을 묻길래 우선 가까운 샤모니에 가서 몽블랑을 보고 다음에는 체르맛으로 옮겨 마터혼을 보

고 싶다고 했다. 대사는 자기도 몽블랑에 갔었는데 체르맛
은 어디냐고 했다. 스위스 주재 대사가 그 유명한 체르맛
도 모르냐고 해서 모두 웃었다.

우리는 샤모니에서 로프웨이로 에귀 드 미디(3,843m)에
올라 1,000미터가 더 높은 알프스의 최고봉 몽블랑을 바
라보았다. 그런데 갑자기 동료 하나가 머리가 깨지는 것
같다고 울며 소리 질렀다. 옆에 있는 관광객들 보기에 창
피했지만 나는 고도 장애니 바로 내려가면 괜찮다고 그를
안심시켰다.

다음날 그는 체르맛 행을 기권하고 대사와 둘이서 골프
로 하루를 보냈다. 외국 여행이란 쉬운 기회가 아닌데 국
회의원들은 그런 기회가 주어지는 것을 그렇게 소중하게
여기는 것 같지 않다. 그러니 그때그때 무엇을 보고 무슨
생각을 하고 돌아오는지 모르겠다. 간단한 기행문 하나 쓴
것을 보지 못했으니까.

귀로를 미국과 일본을 거쳤으니 유럽 간다는 것이 마침
내 지구를 한 바퀴 돈 셈이 됐다. 돌아와서 일행에게 많은
사진을 나누워 주었는데 그들은 어디가 어딘지 거의 기억
에 없었다. 파리의 개선문이나 에펠탑 같은 데를 빼고는.

유정회 의원의 후 3년 당선자 발표가 있던 1976년 2월
중순 나는 에베레스트 원정 훈련을 위해 설악산에 있었다.

실은 그 발표가 언제 있는지도 모를 만큼 나는 속을 비워 놓은 상태였는데, 그날 아침 천막에서 나와 좀 떨어진 곳에 혼자 앉아 있었다. 때마침 눈이 많이 와서 주변의 설경이 좋았다.

그때 최수남이 달려오며 지금 유정회 의원 후기 당선자 발표에 내가 들어있다며 이것은 우리 원정대의 앞날을 알리는 희소식이라고 좋아했다. 그러던 최수남은 며칠 뒤 눈사태로 갔다. 나는 그의 죽음을 통곡하며 에베레스트와 비교도 안되는 설악산에서 맞은 이 산악 사고로 한동안 비탄 속에서 살았다.

이 9대 국회 때 잊지 못할 큰 사건이 있었다.

4·19 학생혁명 때 이기붕 일가의 몰락 모습을 당시를 아는 사람은 누구나 기억하고 있겠지만, 공화당 말기의 대통령 영부인 육영수 여사와 박정희 대통령의 최후는 온 국민뿐만 아니라 전 세계를 놀라게 한 일대 역사적 사건이었다.

1974년 8월 15일. 이날은 광복절 기념식전이 특히 남산 장충동 국립극장에서 있고, 한편 우리나라 첫 지하철 1호선이 개통되며 육영수 여사가 그 개통식에 참석하기로 되어 있었다.

그날 나는 국회의원 신분으로 현장에 있었다. 우리는 식장 입구에서 신분증과 본인을 일일이 대조하는 검열을 치루었고 주위에는 무장 경관들이 빈틈없이 깔려 있었다. 그런데 그런 삼엄한 경계망을 유유히 통과하고 범인 문세광이 들어왔다.

그는 조선호텔에서 리무진을 내달래서 VIP로 현장에 나타났으니, 원래 모든 것이 형식적이고 무책임하며 권위주의에 물든 우리 사회의 체질과 기풍이 이날 사건의 근원이었다.

우리들 국회의원은 이층에 있었다. 연단 앞에는 천진난만한 고등학교 여학생들이 자리를 잡았고, 단상에는 연단 바로 옆에 육영수 여사, 이어서 국무총리, 국회의장 또 누구누구에 서울 시장이 그 말석을 차지하고 있었다.

이때 경호 총책인 박종규 실장은 연단 바로 뒤에 앉아서 유인물을 만지작거리고 있었다. 물론 식장 안 주변에는 무장 경관들이 곳곳에 서있었다.

대통령이 연단으로 나와 연설을 시작하고 있을 때였다. 좌석 중간보다 뒤에서 옆 사람들을 헤치며 누군가 앞으로 나갔다. 있을 수 없는 일이다. 그러자 그는 권총을 탕! 탕! 하고 한두 발 쏘며 연단으로 걸어 나갔다.

순간 장내가 얼어붙었다. 시간이 멎었다. 연단에 섰던 박정희 대통령이 재빨리 뒤로 몸을 낮추었다. 그 순간 바로 옆에 우아한 모습으로 앉아 있던 육영수 여사가 그대로 쓰러졌다. 마치 연극이나 영화 장면 같았던 그때의 정황은 동사진으로 남아 있지만, 특히 단상에 앉아있던 고관들이 그야말로 혼비백산해서 도망치는 추태는 정말 꼴불견이었다. 바닥에 엎드려 모두 벌벌 기었으니까.

경호 총책인 박종규라는 사람은 그제서야 허리에서 권총을 빼들고 앞으로 뛰쳐나오며 쏜다는 것이 앞자리에 앉았던 어느 여학생이 맞아 그자리에 쓰러졌다. 결국 문세광은 경관들의 손에 붙잡혔는데 그날 경계에 나섰던 경찰관들의 총에는 실탄이 없었다는 이야기다. 물론 무슨 일이 벌어질지 모르니 그러기도 했겠지만 설사 실탄이 장전되어 있었더라도 그 마당에 범인을 향해 쏜다는 것은 생각할 수도 없다.

에베레스트에 갈 줄이야

나는 국회에 6년 있는 동안 꿈에 그리던 유럽과 미국 여행을 하게 됐고 에베레스트 원정과 북극탐험에 나서기도 했다. 1970년대에는 히말라야 원정이나 극지탐험 같은 대규모의 해외 활동에는 막대한 자금이 있어야 했는데, 그 자금 조달이 내가 국회에 있던 관계로 큰 어려움이 없었던 것만 해도 다행한 일이었다.

이때 정부의 지원은 국가 예산을 주관하는 경제기획원이 할 수 있는데, 당시 기획원 장관이 내가 국회에 들어갔을 때 재무부 장관이었고, 내가 바로 재무위원회에 속해 있던 연고로 그 지원이 그토록 수월했다고 본다.

1970년대는 시대로서 아직 어수룩했다. 세계 최고봉 에베레스트가 초등된 지 20년이 다 돼가고 있었지만 아직 미지의 세계로 도전의 대상이었다. 그리고 이에 대한 도전은 국가로서의 자존심을 내세운 싸움으로 치열했다.

그 에베레스트에 우리가 도전해서 세계 8번 째 등정국이 되었으니 전국이 떠들썩할 수밖에 없었다. 당시 한국은 바로 개발도상국에서 벗어나려는 무렵으로 이제 수출 100억불을 달성했던 때였다.

알피니즘의 역사를 보면 18세기 후기 등산이 서구의 근대화와 동시에 시작했다고 한다. 등산과 국가 경제력이 일종의 함수 관계에 있다는 이야기가 되는데, 일본이 히말라야 자이언트 14개 봉 가운데 마나슬루(8,156m)를 세계에서 처음으로 정복했을 때 수출고가 바로 100억불이었다.

1977년 9월 15일 우리 한국대가 에베레스트 정상(8,848m)에 올랐을 때 국내 매스컴이 연일 대서특필로 1면을 장식했다. 당시 수유동 집에는 느닷없이 보도진이 몰려와 아내 혼자 고생했다는 이야기를 후에 들었다.

에베레스트에서 내려오다 표고 4,200미터인 페리체에 있는 찻집에서 쉬고 있을 때 샹보체에서 '에베레스트 뷰 호텔'을 경영하는 일본인 사장한테서 원정대를 초대하겠다는 편지를 받았다. 그때 우리는 거기서 플라타스포터스 경비행기 편으로 카트만두로 돌아갈 참이었다.

우리는 샹보체에서 한국으로부터 온 전보 뭉치를 받았는데, 그것은 대통령을 비롯하여 국회의장, 국무총리 등 각계각층의 기관장들이 에베레스트 등정을 축하하는 전보였다.

우리는 몇 차례 나누어 카트만두로 돌아갔다. 그 첫 비행기로 나와 장문삼 등반대장 그리고 등정자인 고상돈 대원 등 셋이 먼저 갔다. 카트만두에는 한국에서 온 매스컴 관계 보도 요원들이 기다리고 있었기 때문이었다.

카트만두 공항에 내리자 한국일보 장강재 회장과 김조현 대한산악연맹 부회장이 우리를 맞이했다. 그리고 바로 네팔에 주재하고 있는 영국의 홀리 여사와 기자회견을 했다. 홀리는 네팔 히말라야 전역에 걸친 등반에 관한 정보를 수집해서 전 세계에 보도하는 저널리스트였다.

그런데 한편 국내 보도진들이 전하는 소식이 요란했다. 즉 우리가 서울에 도착하면 공항에서 서울 시내까지 카퍼레이드를 하고 청와대를 예방하게 된다는 것과 우리의 원정 기록이 앞으로 교과서에 실린다는 등등이었다.

사실 우리는 떠나올 때 조용했던 것처럼 조용히 돌아가고 싶었는데 일이 크게 벌어지고 있었다.

원정대는 공항에서 카트만두 게스트 하우스로 가서 일

311

단 짐을 풀었다. 호텔에는 교민들이 만든 환영 플랭카드가 나붙고 외국인 투숙객들이 찾아왔다. 히말라야 등반 활동에서 최고봉 에베레스트 원정이 언제나 가장 돋보이기 마련이지만, 그해 계절치고 첫 번째 등정이라는 데서 한국대의 성취는 더욱 사람들의 이목을 끌었다.

외국 관광객들이 둘러앉아 질문을 던졌는데, 우선 "한국의 산은 높은가?" 하고 물었다. 처음에 어떻게 답변해야 할지 망설였지만 나는 한국의 산은 낮다, 높이가 2,000미터도 안된다고 말했다.

그러자 그들은 놀란 얼굴로 그런데서 어떻게 에베레스트에 왔는가? 전지훈련은 어디서 했는가 하고 따지고 들었다. 이때 뭐라고 해야 좋을까?

우리는 돈이 없어 전지훈련을 하지 못했다며 다음과 같이 말을 이었다.

"In winter it's very cold! We have heavy snow! It blows strong wind!"

고도는 낮지만 겨울의 자연은 준엄하다는 뜻이다. 나는 그 이상 할 말이 없었다.

당시 카트만두에는 홀리 여사 외에 같은 영국인으로 마이크 체니라는 사람이 역시 히말라야 통신원으로 있었다. 그는 히말라야 정보통으로 한때 영국 에베레스트 원정대의 베이스캠프 매니저를 한 널리 알려진 사람이었다.

그런데 우리가 입산할 때 그가 우리 원정대에 포터 인력 송출 업무를 맡아서 우리와는 관계가 깊었다. 바로 이 사람이 숙소를 찾아와 느닷없이 포터 인력 송출 비용을 내라고 했다.

원정대가 램상고에서 에베레스트 베이스캠프까지 380킬로미터의 트레킹을 위해 계약됐던 600명의 짐꾼이 제대로 모이지 않았고, 모였던 포터들도 하루 이틀 지나며 모두 도망하는 사태가 발생했던 일이 있다.

그때 우리는 산중에서 도리없이 마을 사람들을 긁어모아 그때그때 부족 인력을 채워가며 위기를 모면했다. 이렇게 해서 시간과 인력에 엄청난 차질을 빚으며 우리는 에베레스트에 갔던 것이다. 바로 그 책임자인 마이크 체니가 나타나서 돈을 달라고 했다.

나는 우리 손해 배상을 먼저 하라고 했다. 그러나 그렇게 받아들일 인간이 아니었다. 등산계에서도 세계적인 명성이 높은 영국, 그 영국인 눈에 코리아라는 잘 알려지지 않은 나라가 에베레스트에 올랐다고 놀랄 그가 아니었다고 나는 본다.

우리 사이에 언쟁이 벌어지자 그는 화가 나서 나가버렸다. 훗날 그는 예상했던 대로 "American Alpine Journal"에 우리 원정대를 비방하는 글을 실었다. 뒤늦게 이 사실을 알고 나는 미국 산악연보 편집장에게 마이크 체니와 우리 원정대와의 문제를 소상하게 알렸다.

카트만두에 온 한국일보 장강재 회장이 시내 안나푸르나 호텔에 여장을 풀고 만나자고 연락이 왔다. 그때 방금 한국에서 도착했다는 고상돈 대원의 에베레스트 정상 사진을 보여주었다.

사실 그때까지 말은 안 했어도 혼자 걱정이 많았다. 카메라 조작이 시원치 않은 고상돈과 셀파 펨바 노르부가 과연 그 죽음의 지대 표고 8,848미터 지구의 꼭대기에서 사진을 제대로 찍었겠는가 하는 걱정이었다. 그런데 사진에는 절대로 빠져서는 안 될 대상이 들어 있었다. 1963년 에베레스트 정상에 중국대가 북쪽에서 올라와 묻어놓은 철의 삼각대였다.

그 삼각대가 찍혀있어야 정상이라는 것이 군말 없이 증명된다. 그제야 나는 '이제 됐다! 틀림없다'고 혼자 마음으로 확인했다.

원정대는 귀국길에 태국의 방콕과 대만의 타이페이에서 교민들의 환영을 받았다. 방콕에서 태국 주재 박근 대사와 만나 그의 공간에서 환대를 받았다. 대사는 나와 75년 제네바에서 만났기 때문에 더욱 반가웠다. 서울에 도착하니 김포 공항이 환영 인파로 그야말로 인산인해를 이루었고 카퍼레이드 차량이 나란히 서있었다.

우리는 에베레스트를 오르내리며 수염을 깎지 못한 채 그 모습으로 귀국했는데, 국내에서는 처음 있는 일이라 사람들은 눈에 타서 거무스레한 얼굴에 수염까지 자란 젊은 이들을 보고 놀라 한동안 그것이 화제가 되었다.

원정대는 청와대에 박정희 대통령을 예방하고 훈장을 받았으며 잠시 다과를 나누었다. 그때 대통령이 나를 불러 마주 앉았던 일이 있는데, 그 자리에서 대통령은 느닷없이 남극대륙 이야기를 꺼냈다. 그런데 어쩌면 구체적으로 그에 관한 내용을 상세히 알고 계셨는지 놀라지 않을 수가 없었다.

그때 대통령의 의중에는 우리나라에서도 그곳에 기지를 마련하는 것이 어떨까 하시는 것 같았다.

그런데 이렇게 청와대를 다녀오자 바로 중앙일보에서 만나자고 했다. 그리고 남극대륙 탐험에 나서라는 것이었다. 남극대륙 탐험이란 다름 아닌 남극점까지 가는 일을 말하는데, 그때까지 나는 그런 탐험에 대해 구체적으로 생각한 적이 없었다.

남들은 에베레스트에 갔으면 남극대륙도 해볼 만한 것으로 생각하기 쉬우나 에베레스트가 수직 이동이라면 남극대륙은 수평 이동이고 여기대로 특이한 대자연의 조건이 있기 마련이다.

그것을 연구하고 검토해서 계획을 세워야 한다고 보는

데 이렇게 당장 나서라고 하니 해도 너무 한다는 생각이었다. 물론 나는 그 제안을 바로 받아들일 수가 없었다.

하여간 에베레스트에 갔다 온 일로 나는 사방에 끌려다니며 원정 이야기를 하느라 한동안 정신이 없었다.

에베레스트가 이처럼 사회에 거센 바람을 일으키고 있는데 대해 나 자신은 새삼 놀랐고 의아하게 생각했다.

에베레스트는 그전까지만 해도 우리 사회에서는 거의 몰랐으며, 안다 해도 고작해서 학교에서 '세계 최고봉'이라고 가르칠 정도였던 정도가 아니었던가 본다. 실은 그것을 둘러싼 싸움이 세계 등산계에서 어떻게 벌어지고 있는지 당시 소위 산악계 사람들도 잘 모르는 것이 현실이었다.

에베레스트에 가게 되어 만나는 사람들에게 이야기를 하면 에베레스트가 알프스에 있는가? 또는 마나슬루보다 높은가? 이런 질문이 돌아왔다.

나는 중학교 다닐 때부터 산을 좋아했지만 이렇게 에베레스트 원정까지 생각한 적은 없었다. 그리고 자기가 훗날 세계 등산의 역사를 공부하게 되고 등산 관계로 여생을 바쁘게 살리라고는 꿈에도 생각하지 못했다. 나는 등산을 인생의 전공 과제로 여기고 등산가에는 정년이 없다는 주장을 하게 됐다.

그런데 우리나라에서 에베레스트 원정 문제를 처음 제

기한 것은 내가 아니었다. 그 문제가 나왔을 때 대한산악
연맹의 이사회에서 강력하게 발언하고 역설했던 사람은
모두 고인이 된 최수남, 강호기, 한정수 등 당시 우리 산악
계에 이름난 '하켄클럽' 회원들이었다.

특히 한정수는 성균관대학교를 나온 산악인으로 에베레
스트에 대한 지식이 많았다. 세대로 보아 일본말은 물론
알리 없고 그렇다고 영어 실력이 그다지 있어 보이지 않
았지만 나는 그가 크리스 보닝턴의 에베레스트 관계 서적
을 이것저것 들춘 흔적을 보았다. 물론 에베레스트 원정
문제가 구체화 되며 그 훈련 과정에 전국에서 젊은이들이
모여든 것을 보면 이른바 산악인들의 정열과 의욕들은 적
어도 나보다 앞서 있었다.

결국 에베레스트 등정의 성공은 이들의 성원으로 이루
위졌다고 할 수 있다. 다시 말해서 일반 사회의 관심은 전
무에 가까웠다. 다만 한국일보 회장 장기영 씨의 남다른
지원이 유일한 우리의 무기요 강력한 후원이었다.

에베레스트 원정 사업이 추진되고 있던 무렵의 우리 사
회는 사실 에베레스트에 대해 모르기도 했지만 알았더라
도 관심이 없었고 어떤 형식으로라도 도와줄 힘이 없었다.

당시 이름 있는 기업체나 기관에서는 모두 지원을 거절
했다. 그 대표적인 예가 코롱상사와 KBS였다.

누구보다도 먼저 지원에 나서야 할 이 업체와 기관이

무관 했다는 것은 당시 에베레스트 원정이 우리 사회에 어떻게 비쳤는가 잘 말해준다. 그런데 원정대가 출국하자 KBS가 동사진 요원을 급파해서 이 일로 한때 유일한 후원자였던 한국일보와 KBS 사이에 시비가 붙었다. 한편 에베레스트가 어떤 곳인지도 모르고 따라 붙었던 동사진 요원은 베이스캠프에서 신체 조건이 악화해서 본인은 물론 그를 돌보던 대원들까지 애를 먹였다.

원정에 국산품을 애용 겸 시험 삼아 써보려 해도 그런 물건조차 없었다. 다만 에베레스트 산록 표고 5,400미터 부근까지 가는 동안 쓸 수 있는 신발과 취사용 소형 난로 그리고 개인이 손으로 만들고 있던 천막과 방풍의 정도가 국내에서 도움을 받거나 조달됐을 뿐이었다. 그러나 원정을 밀고 나간 대장으로서 가장 다행이었다고 생각한 것은 1억 3천만 원이라는 막대한 비용의 조달이 뜻밖에 단숨에 풀렸던 일이다. 한국일보 장기영 사주가 그 가운데 반을 신문사가 낼 테니 나머지 반을 정부에서 받아내라고 했다.

나는 이 일을 하루 몇 시간 사이에 즉 경제기획원과 청와대를 들러 끝냈다. 장기영 사주는 그로부터 3일 뒤 작고했다. 에베레스트에 등정했을 때 제일 먼저 머리에 떠오른 것은 장기영 어른이었다. 그분이 살아계셨으면 얼마나 좋아했을까 하는 아쉬움이었다.

그로부터 어언 30년의 세월이 흘렀다. 에베레스트에 대해서는 이제 산악계에서 조차 화제에 오로지 않는다. 너무 일반화했기 때문이다. 예전에는 원정대가 한 사람을 올려도 대성공이라고 했는데 하루 100명이 오르는 오늘이다. 1970년대만 해도 에베레스트 원정기가 나오면 그 권말에 그때까지의 각나라 원정대 기록이 올랐는데 지금은 그러한 정리도 하지 않는다.

에베레스트 원정은 초창기에 '대원정'이라고 했다. 인원, 물자, 일수, 자금 등 필요한 것들의 규모가 큰 데서 이런 말이 나왔다. 그러던 것이 1978년 라인홀트 메스너와 페터 하벨러 2인 조가 무산소로 등정하고 나서부터 이 최고봉 등반의 양상이 달라졌다.

뿐만 아니라 입산 규정이 완화되어 등반 계절도, 루트도 모두 개방되어 이를테면 전천후 시대가 됐다. 이러한 흐름은 장점도 있지만 약점도 많다. 연중 봄과 가을로 한 루트에 1개 등반대씩 오르던 것이 한꺼번에 10여 개 대가 몰리면서 등반 기지인 베이스캠프에 식수난과 오물 처리, 무질서 등 그전에 없었던 일들이 일어나 등반대가 서로 피해를 입게 되었다.

이렇게 등반 환경이 바뀔 때 제일 문제 되는 것은 에베레스트가 그 절대적 존재 이유를 즉 고고했던 자연적 특권을 잃었다는 것이다. 이에 대해 '에베레스트는 이제 산악인의 산이 아니다'라고 '77 에베레스트 대원이었고 '86년 K2 원정대 대장을 했던 김병준 씨가 글을 썼다.

세계 등반의 역사는 알피니즘이라는 이름으로 18세기 후반 서구 알프스에서 시작했지만, 그로부터 250년이 지나고 있는 지금 지구상의 고산은 더 이상 오를 데가 없어졌으며 등산은 보편화하면서 완전히 세속화 했다.

현대 문명의 혜택이 자연을 잠식하기 시작한 지 오래며 사람들은 지구 안에서 갈 곳이 없어졌다.

에베레스트를 체험한지 30년이 되고 있는 지금 지난 날을 생각하고 혼자 감회에 젖을 따름이다. 지금은 누가 에베레스트 간다고 하고 다녀왔다고 해도 관심이 없으며 그런 기사가 신문에 한 줄도 비치지 않는다.

불과 한 세대 전이었는데, 즉 1971년 에베레스트 입국 신청을 네팔 행정부에 내고 73년에야 받은 통보는 1977년 포스트 몬순기에 오라는 내용이었다. 그 무렵 프랑스에서 사정으로 1974년에 갈 수 없다며 우리와 바꿀 수 없겠는가 연락이 오기도 했다. 당시 우리는 부랴부랴 전국에서 젊은이들을 모아 1차 훈련으로 엄동설한에 지리산 칠선계곡으로 떠났으며, 76년 3차 훈련에서는 설악산 눈사태로 대원 3명이 희생되기까지 했다. 그러면서 얻어낸 1977년의 등정이었다.

원정대가 귀국했을 때 국회가 열리고 있었다. 나는 국회

의원 신분이어서 바로 국회에 나갔는데 그날 회의 첫머리 앞에 나가 귀국 인사를 하게 되어 모두의 환영을 받았다. 국회가 원정 대장에게 이런 기회까지 준 것은 에베레스트 등정이 연일 신문 1면에 보도되고 환호로 떠들썩했기 때문이었다.

사실 국회는 내가 대장으로 에베레스트로 떠날 때 만해도 전혀 관심이 없었다. 국회는 매년 9월 20일 개원으로 돼있다. 원정대는 그해 7월 초 출국했는데 국회에서는 나더러 늦어도 국회 개원 전, 그러니까 9월 20일 전에 돌아와야 한다고 했다. 당연한 이야기였다.

그러데 대원들이 야단이었고 특히 장문삼 등반대장이 절대로 그럴 수 없다며 애원하고 나섰다. 지금까지 에베레스트 원정 일을 거의 혼자 주관해온 사람이 대장 자리에서 물러앉는다면 어떻게 하겠느냐는 것이다.

그러나 나는 마음을 굳히고 있었다. 즉 에베레스트 베이스캠프까지 가서 원정 활동의 진행과정을 보고 혼자 하산할 생각이었다. 다행히 날씨가 좋았고 행동 개시부터 모든 일이 순조로웠다. 시간이 걸릴 것으로 보았던 아이스폴 루트 공작부터 고소 캠프를 전진시키는 일들이 예상 외로 빨랐다.

아닌게 아니라 원정대는 운도 좋았다. 프랑스제 산소통 (50개)의 부실 문제가 현지에서 발견되어 일대 소란이 벌어졌지만 아이스폴 눈 속에서 13개의 산소통을 발견해서 절대적 도움을 받았던 일과, 1차 공격에 실패하고도 희생자 없이 2차 공격에 나서 드디어 9월 15일 등정에 성공했으니 말이다.

일이 이렇게 되자 국회에서 전보가 왔다. 국회 개원 날까지 오지 않아도 되니 원정대의 뒷수습에 만전을 기하라는 격문이었다.

그때 우리 원정은 오늘날의 원정과 근본적으로 다른 체험들을 했다. 카트만두를 떠나서 람상고로부터 에베레스트 산록까지 380킬로미터의 산길을 20여 일 동안 걸어간 것과 아이스폴 빙폭 지대에 길이 3미터 되는 알루미늄 사다리 100개를 가설했던 일이다.

그런데 지금은 380킬로미터의 산길을 걸어가거나 아이스폴에 루트 공작을 하는 원정대가 하나도 없다. 모두 카트만두에서 루클라까지 비행기로 가고, 아이스폴은 이미 돼있는 길을 미화 2,000달러 정도 내고 지나간다. 이것을 이름도 '톨 로드(toll road)'라 한다. 하기야 하루에 100명 정도의 사람이 그 정상에 서는 시대니 새삼 이런 것 가지고 시시비비 할 것도 없어 보인다.

인간이 히말라야 같은 고산 지대에 가는 까닭은 등정의 기록 이상으로 과정의 체험이 중요하다. 고생을 싫어하고 효율만 따지는 오늘의 세계에서 우리에게 값진 것은 인류

문명사회에서 잠시라도 벗어나 대자연에 들어가 그 순수 무구한 세계를 맛보는 일이다. 사람에게 필요한 것은 결국 지식과 체험이다.

이 지식과 체험은 각자의 의식과 행위로 얻지 않으면 구할 수가 없다. 그것이 우리 인간의 존재 이유라고 나는 생각한다. 의식과 행위가 약할 때 인간은 벌써 삶에서 후퇴하고 있는 셈이다.

내가 1971년 히말라야 로체샤르 원정대를 파견하고 이어서 에베레스트 등정에 성공하는 등 갑자기 해외 원정 열기가 일자 한국산악회 일각에서 지난 날 나를 회원으로 입회시키지 못한 것을 후회하며 그때 전적으로 입회를 반대한 사람이 있었다는 이야기까지 들려왔다.

물론 그가 누구인지 아는 사람은 알고 있었지만, 나 자신의 입장에서는 그때 한국산악회 입회를 조금도 그런 각도에서 보고 싶지 않았다. 다시 말해서 입회원서의 기재 사항이 부실했던 것이 사실이니 준회원 자격으로 충분했다고 보며, 정치 단체의 요직에 있다고 거기 역점을 두었다면 그것도 순수 산악단체로서 취할 태도가 아니라고 생각한다.

그밖에도 이유는 또 있었다. 저마다 권위자요, 대선배를 자처하고 있는 조직 속에 뒤늦게 산악계 문외한이 들어가서 자기 주장을 펴고 능력을 발휘할 수 있었겠는가 하는 것도 의문이었다.

이런 일 아니고도 한국산악회와 나와의 인연은 끝내 석연치 않았다. 그것은 당시 우리나라의 외화 부족과 사회 계층 간의 위화감을 고려해서 해외여행이 전면 금지되고 있던 일로 인한 것이다. 즉 외무부는 대한산악연맹이 심사하고 추천하는 경우에만 해외여행을 허가하고 있었다.

그 무렵 한국산악회는 법인체가 아니어서 해외에 나가려면 대산련의 추천을 받아야 했다. 그런데 마침 한국산악회에서 프랑스 국립스키등산학교에 연수생을 보내게 되어 대산련은 이를 추천했고 그 성과가 좋아 이듬해에도 연수생을 파견했다. 인원은 1차 때와 같이 6명이었다.

프랑스 국립스키등산학교가 있는 곳은 샤모니로 만년설에 덮인 알프스의 최고봉인 몽블랑 (4,807m)을 비롯해서 알프스 3대 북벽의 하나인 그랑드 조라스와 드뤼 그리고 알프스의 딴 지역에서 볼 수 없는 침봉군(針峰群)이 하늘을 찌르듯 그 위용을 자랑하는 곳으로 세계적으로 알려진 관광도시이기도 했다.

이런 곳에 우리나라 젊은이들이 처음 갔다.

물론 한국산악회의 1차 연수생들은 연수가 끝나는 대로 모두 돌아와서 2차 연수생이 가게 됐는데, 두 번째로 간 6명 가운데 두 사람이 현지에서 떨어져 결국 돌아오지 않

324

는 사건이 벌어졌다.

이것은 이른바 여권법 위반으로 관계 당국이 가만있을
리가 없었다. 이 일로 앞으로 한국산악회에서 해외로 나가
기는 어렵게 됐다.

한국산악회의 대한산악연맹에 대한 원망이 이때부터 싹
튼 셈이다. 그런데 귀국하지 않은 젊은이 하나가 우리가
에베레스트에 가 있을 때 알프스 등반 중 조난사 하고 남
은 하나는 그뒤 캐나다로 갔다는 이야기다.

한국산악회는 이러한 해외여행의 규제에서 벗어나려고
학술조사를 목적으로 하는 산악단체로 문교부에 따로 등
록했다. 그러자 얼마 안 되어 사회 전체가 여행 자유화가
됐다.

나는 에베레스트를 다녀와서 그 이듬해인 1978년 북극
탐험 차 그린란드에 갔다. 이때의 극지 탐험은 원래 남극
점을 가자는 것이었는데, 남극대륙까지 건너가기 위한 쇄
빙선을 구할 수가 없어 북극으로 방향을 돌리게 됐다.

요즘 이러한 극지 탐험은 모두 항공기 편으로 남극대륙
에 건너가 거기서 도보로 가지만 당시만 해도 그것은 생
각할 수가 없었다.

극점 도달 경쟁은 1909년 피어리의 북극점 도달에 이은
1911년의 노르웨이의 아문센과 영국의 스코트의 남극점

선착 싸움에서 비롯되었다.

이때 아문센은 북극 사람으로 처음부터 개썰매로 달렸고, 영국의 스코트 일행은 산업혁명의 나라답게 모터가 달린 썰매로 갔는데, 도중에 그것이 망가지고 수송 수단으로 믿었던 개와 말까지 죽는 바람에 하는 수 없이 걸어갔다. 그리고 끝내 귀로에 일행 5명이 조난사하는 극지 탐험사상 유례없는 비극을 맞았다.

우리가 그린란드 북위 80도까지 진출한 일은 일대 사건이었다. 그런데 사회에서는 전해의 에베레스트 등정에 가리어 사람들의 화제에 그다지 오르지 않았다. 그러나 그린란드는 지구 꼭대기에 있는 섬인지 대륙인지 분명치 않으며 그것이 어느 나라 것인지도 사람들은 모른다. 이때의 체험은 나로서는 에베레스트와 같이 평생 잊을 수 없는 독특한 것이었다.

1979년, 여름 서울의 찜통더위를 벗어나 그곳 툴레(Thule)에 내렸을 때 기온은 영상 3도였고 앙상한 공항 건물 꼭대기의 'Top of the World'라는 글귀가 인상적이었다. 그린란드는 크기가 우리나라의 20배가 넘는데 인구는 고작 5만 명, 전체가 아이스캡, 즉 빙모(氷帽)지대니 '그린란드'라는 이름부터가 잘못 됐다. 실은 '화이트랜드'래야 옳다.

훗날 한·덴마크협회 모임에 나갔을 때 내가 이런 이야

기를 해서 주한 덴마크 대사를 비롯해 사람들이 모두 웃었던 일이 있다.

우리는 이런 '화이트랜드'를 북위 80도까지 개썰매를 타고 올라갔다.

1977년 에베레스트 원정, 1978년 그린란드 탐험을 끝으로 79년 국회에서 나왔으니 이렇게 이어진 70년대 후반의 한때를 나는 나의 생의 특수 체험의 시기로 생각한다. 그런데 그 마지막 국회 때 남들이 모르는 일이 있었다.

국회의원 임기 6년 동안 나는 재무위원회에 속해 있었다. 그 마지막 회기 때 예산안이 본회에 넘어가기 전에 소위원회가 1차 심사를 하게 되어 내가 그 위원의 한사람으로 끼었다.

그때 안건 중 하나가 외국 수입품에 따라 중과세를 부과하는 것이 들어있었고 그 대상 품종 속에 스키가 있었다. 당시 심사 의원은 넷이었으며 나를 제외한 세 사람은 스키를 전혀 몰랐으며, 스키라면 외제 고가품이고 부유층의 사치품으로 밖에 생각하지 않았다.

그래서 그들은 처음부터 이 물건은 고려의 여지가 없다고 보고 중과세 대상 속에 넣으려고 했다. 이때 내가 반대하고 나섰다. 스키란 올림픽 종목의 하나로 우리나라 선수를 키울 생각이 있다면 반드시 고려해야 한다고 했더니,

그들은 용평 스키장이 돈 많은 사람들의 놀이터라며 내 말에 귀를 기울이려고 하지 않았다.

나는 국내 산업이 아직 스키를 만들지 못하는 것만도 억울한데 정부가 이렇게 막으면 젊은이들의 건전한 야외 활동을 무엇으로 도모할 수 있느냐고 물러서지 않았다.

그러자 정부 측에서 모처럼 김영도 의원의 말씀이니 받아주자고 마치 동정이나 하듯이 내 안에 동의했다. 그런데 나는 이것이 업자에게 어떤 영향을 주든지 몰랐다.

국회위원은 1년에 한 번 있는 예산 심의가 끝나면 사실상 휴무 상태나 다름없으니, 1979년 9대 국회는 이것으로 끝난 셈이다. 나는 동숭동 대한산악연맹 사무실에 나가 있었다. 그러던 어느날 국회 재문위원회의 전문위원이 전화를 걸어왔다. 그전까지 없었던 일이다.

그는 지난 번 예산안 소위원회 때 참여한 사람으로 잠깐 드릴 말씀이 있어 사무실로 오겠다고 했다. 그럴 것 없이 내가 간다고 하고 여의도로 갔다.

전문위원은 텅 빈 국회의사당 사무실에 혼자 있었는데 내가 들어가자 출입문을 잠갔다. 그러나 나는 그의 행동에 별로 신경을 쓰지 않았다. 그는 흰 봉투를 내놓으며, 지난 번 스키에 대한 관세 문제가 나왔을 때 김 의원의 수고가 많았다고 업자들이 보내온 것이니 받으라고 했다.

나는 무슨 영문인지 몰랐으나 그렇다고 자세히 물어볼

생각도 없었다. 나는 봉투를 내던지고 그 자리에서 일어나 밖으로 나갔다. 물론 봉투에 얼마가 들어 있었으며 그 돈이 그뒤 어떻게 됐는지 알려고 하지도 않았다.

나는 1973년 국회에 들어가서 6년의 임기를 마치고 1979년 비로소 홀가분한 몸이 됐다. 9대는 임기가 2년 더 길었지만 그렇다고 내게 돈이 생긴 것은 없었다. 뿐만 아니라 이렇다 할 저축도 없었다.

그 무렵 기업들이 활발한 사원 연수 활동을 시작해서 나는 여기 저기 불리어 다니느라 그뒤 10여 년간 바쁜 인생을 보냈다. 이렇게 해서 국회의원 자리와 동시에 10년 동안 몸담았던 대한산악연맹의 회장 자리에서도 물러났다. 비로소 직접 책임져야 하는 무거운 짐들을 모두 벗어버린 셈이다.

내가 후기 인생에서 특별히 시작한 것이 있었다면 등산 관계 외국 서적들을 우리말로 옮기며 산악 수필을 써나간 일이다. 이것은 사회 공직에서 물러나고 개인적으로 등산 연구소 간판을 내걸며 비롯했다.

처음에 연구소에서 하고 싶었던 일은 널리 선진 등산국에서 나오고 있는 등산 전문지들을 수시로 입수해서 주요 정보를 우리 산악계에 제공하려는 것이었다. 그 일은 말은 간단해도 실제 어려운 작업이었다.

외국에서 발간되는 등산 잡지는 영·독·불·이 등 4개

나라 것인데 영어는 그렇다 치더라도 나머지 나라 언어에 대해선 맡아서 일할 만한 사람이 없었다.

우리나라 산악계는 역사적으로 보자면 1945년 일본이 패전하며 그때까지 주도해오던 조선산악회가 간판을 내린 뒤 한국산악회가 창립되면서 시작했다. 한국산악회가 역사와 전통을 내세우는 까닭이다.

그로부터 한 세대가 흐른 오늘날 산악계는 크게 달라진 것이 없다. 우선 등산계의 용어가 모두 지난날 일본을 거쳐 들어왔고, 등산서적도 일본 것이 대부분이고 그밖에 이렇다 할 것이 없다.

그런데 등산계는 역시 선진 등산국이 주도하고 있으며 새로운 정보도 거기서 얻고 있는 실정이었다. 결국 나는 등산 서적의 번역부터 손대기로 했다.

외국 서적 번역에는 우선 판권을 사야 했는데, 그 당시 우리나라는 출판문화 면에서도 후진국이어서 제대로 판권을 얻는 일이 없었고 그것이 조금도 문제가 되지 않았다.

그러나 나는 평화출판사에서 라인홀트 메스너의 「낭가 파르바르 단독행」을 옮길 때 독일 출판사와 정식 계약을 맺었다. 당시 우리나라 산악계는 아직 히말라야 자이언트 14개 봉 가운데 하나인 '낭가 파르바트'가 생소하고 '단독행'이라는 개념도 잘 모를 때여서 표제를 「검은 고독 흰 고독」이라고 했다. 이것을 시작으로 그 뒤 20여 년 사이에 영어와 독일어 책을 여러 권 옮겼고, 나 자신 산악 수필집도 내면서 총 15권을 우리 산악계에 보냈다.

물론 나는 중학 시절부터 책에 대한 관심과 애착이 컸지만 이렇게 내 자신 책을 내게 될 줄은 미처 생각하지 못했다. 이것은 전적으로 내가 산악계와 관계를 맺은 것이 계기가 됐다.

산악계에 들어가서 산악 관계 서적들을 들추고 우리글로 옮기며 배우고 느낀 것이 하나 둘이 아니다. 그 세계를 나는 '등산의 세계'로 보고 등산 관계를 공부하는 것을 인생에서 일종의 전공 과제라고 생각하게 됐다.

지금도 산악 관계 저술 면에서 우리나라는 선진국에 비해 뒤지고 있는데 어찌된 셈인지 그 점을 느끼고 노력하는 사람이 없다시피 하다.

일본의 경우는 물론 우리와 여건이 크게 다르다고는 하지만 우리보다 앞서있었다. 그것은 1905년 창립한 일본산악회가 창립 70주년 기념사업으로 그때까지 자기 나라에서 나온 산악 서적으로 고전적 위치를 차지하고 있는 책들만 모아 이른바 '복각'을 해서 내놓은 적이 있다. 말하자면 출판 당시의 책 그대로 만든 것이다. 그리고 일본에는 이른바 〈일본산악명저전집〉 13권이 나온 지도 오래다. 만일 우리나라 산악계가 앞으로 언젠가 기념사업을 벌인다면 이렇게 책들을 만들어 낼 수 있을까 극히 의심스럽다.

우리 사회에서 산악인 또는 등산가 하면 단순히 산 좋아하는 산사람으로 알 뿐, 그들이 속해 있는 등산의 세계에 대해선 거의 모른다.

이것은 사실 일반 사회에게 책임이 있다기보다 산악계스스로가 책임 질 일이다. 산악계에는 일종의 배타적인 분위기가 있었는데 그것은 산사람들이 스스로의 권위와 긍지를 지키려는 데서 온 것이 아니라 산에 다니는 일 자체가 사회생활과 이어져 있지 않은 데 그 원인이 있었다고 본다.

프랑스의 등산가 뽈 베시에르 같은 사람은 그의 저서「알피니즘」에서 등산은 심판과 룰, 무대, 경기 그리고 관중면에서 일반 스포츠와 다르다고 했다. 또 특수한 장비와기술 그리고 용어 등을 가진 별세계라며 아울러 지식욕과탐험욕과 정복욕의 소산이라고도 말했다. 이렇게 볼 때 등산이야말로 독특한 인간 활동인 것이 틀림없다.

등산은 산 좋아하는 사람들이 산에 가기만 하면 그만인것이 아니다. 등산에는 고소 지향성이 있어 일단 그 세계에 발을 들여놓으면 더욱 높은 데로 가게 돼 있다. 그리고위험에 부딪치는 것은 하나의 정도(正道)인 셈이다. 등산은 배워야 하고 등산학교가 있는 까닭이다.

1980년대 초 내가 등산연구소 문을 열고 외국책들을 우리말로 옮기기 시작했을 무렵 우리나라의 대표적인 레저 상품 제조업체인 KOLON상사가 처음으로 등산학교를 개설하며 나에게 교장을 맡아 달라는 요청이 있었다. 그때 나도 그 자리가 중요하고 할 일 많은 곳으로 알고 있었지만 사양했다.

나는 이제 아무 데도 매이지 않고 조용히 책 읽고 글 쓰며 살고 싶었다. 그러면서 등산학교의 교과목 가운데 한 강좌를 맡았다. '알피니즘'이란 제목으로 '등산이란 무엇인가?'를 가르치고 싶었기 때문이다. 그렇게 시작한 등산학교가 2005년 창립 20주년을 맞았으니 명실 공이 크게 발전했다.

등산학교는 시간과 돈과 노력을 요구하는 곳이고 자발적이며 자율적인 곳이다. 여기에 사회 인사들이 남녀노소를 막론하고 자원해서 들어올 때 학교에는 사회적 책임이 있다. 등산이 사회생활과 직결되고 있다는 증거로 산악인들이 새로운 자각을 해야 하는 시대가 됐다.

등산연구소를 열고 여러 가지 관계 자료들을 살피면서 느낀 것이 적지 않다. 모르는 사람들은 등산이나 등산 서적이란 그저 그런 것으로 알기 쉬우나 선진 등산국의 등산가들의 산행기는 대체로 문장들이 뛰어나며 내용이 충실하고 일반적으로 수준이 높다.

서양에서도 등산가들은 이른바 고등 교육을 받은 사람이 적다. 그런데 그들의 산에 대한 인식과 행동에는 이른바 제도교육에서 얻을 수 없는 구체적 생의 문제가 결부되어 높고 깊은 세계에서의 체험이 잘 조화된 기조를 이루고 있다. 그것은 고소 등산이 어려움의 극치고 위험과 직결되어 있기 때문이라고 생각된다.

　그러니 2,000미터를 밑도는 낮은 산악 지대에서 만년설도 없는 열악한 자연 조건 하에 우리나라 등산가들이 체험하는 차원이 다를 수밖에 없다. 그들의 산행기의 특색은 그런 측면에서 보아야 할 것이며 우리는 그들의 서적을 통해서 그들의 체험과 의식을 추체험(追體驗)해야 한다고 본다. 등산가일수록 책을 읽고 글을 써야 한다는 이야기다.

　지난날 우리나라 등산계는 일본의 등산 사조를 그대로 이어받았기 때문에 그 세계가 그쪽으로 제한돼 있었고 지식이나 기술이 일방적인 감이 있다. 그런 관점에서 가장 두드러진 예의 하나를 '코펠'이라는 용어에서 볼 수 있다.

　이 용어는 우리나라에서 오늘날 완전히 굳어버려 구제 불능 상태에 놓여있다. 즉 등산 용구 제조 업계에서까지도 '코펠'을 음식 조리용 냄비로 알고 뚜껑에 아예 그 자모를 새겨놓았으며 메이커 광고에도 그렇게 나와 있다. 그리고 산악인들도 물론 그렇게 알고 있다.

그런데 실은 이것은 독일어 Kocher에서 온 말로 영어의 cooking stove를 말한다. 나는 그 구체적 예문을 외국 서적에서 발췌해 글을 쓴 일이 한두 번 있는데 아무런 반응도 효과도 없다.

이밖에 또 한 가지 오용되고 있는 것이 '버너'의 경우다. 이것을 거의 '스토브'라는 말 대신 쓰고 있으니 '코펠'을 냄비로 완전히 착각하고 있는 것보다는 낫다고 웃어넘길 수밖에 없다. 이 두 가지 오용은 전 세계에서 우리나라 밖에 없다.

이것이 우리나라 등산계의 실정이다 보니 행위는 그런대로 따라가되 의식과 사상 면에서 우리는 언제나 제 자리 걸음을 하고 있는 것 같아 안타깝다.

내가 산악계와 인연을 맺게 된 것은 그야말로 우연이었다. 1970년으로 되돌아간다. 당시 나는 여당인 민주공화당 중앙사무국 선전부 책임자로 있었다.

그러던 어느날 사무총장이 국민에게 어필할 수 있는 무슨 아이디어가 없겠는가 물어왔다. 정치 마당에서 선거 때가 되면 으레 공약(公約) 아닌 빈 공약(空約)을 내놓는 것을 나는 싫어했는데, 이왕 하는 바에는 실속 있는 일을 해보고 싶었다.

그래서 생각한 것이 전국 주요 산악지대에 산장이나 대

피소 시설을 세우는 일이었다. 사실 이런 시설은 외국에는 일찍부터 있었으나 우리나라의 경우는 산도 크지 않고 도처에 암자들이 있어 산장의 역할을 대신해 왔다고 할 수도 있다.

그러나 산에 가는 사람은 날로 늘고 산은 크지 않아도 언제 어디서 조난 사고가 일어날지 모르는 일이니 그런 의미에서 본격적인 산장이나 대피 시설이 필요하다고 생각됐다.

무슨 일이나 추진하는 데는 계획과 소요 예산이 문제가 되는데 이점을 고려해서 적절한 안을 세웠다.

될 수록 돈이 안 드는 방향에서 시설물 설계도를 고등학교 때 가르친 학생으로 한양공대 건축과를 나온 김춘웅 씨에게 부탁하고 소요 자료는 주 골격이 되는 석재를 산악 지대 현지에서 채취하도록 했다.

산장과 대피소 규모를 60평, 30평, 15평 세 가지로 하고 각각 산록과 산중턱 그리고 정상 부근으로 배치하는 것을 원칙으로 삼았다. 전체 35동, 예산은 총 7,000만원이었다. 이런 계획을 기안해서 청와대 대통령 재가까지 무난히 마쳤다. 이제 남은 일은 위치 선정이었다.

당시 산악계에는 두 개의 큰 조직체로 법인체인 대한산악연맹과 사적 단체인 한국산악회가 있었는데 나는 역시 법인체 쪽을 택해서 그곳의 전무이사 윤현필 씨와 사무국장 심동구 씨를 불러 같이 상의했다. 산악계가 놀라고 좋아한 것은 물론이다.

산장 건립은 1970년 초 11개 시 도 내무국장을 중앙당에 소집해서 대통령 재가가 난 계획서를 나누어주었다. 자금은 청와대에서 직접 시도로 내려갔으며 각 산장 준공은 70년 말에서 71년 초가 되었다. 그리고 71년 초에 개장하게 되는 서울 북한산 도선사 근처의 우이산장(60평)을 위해 대통령으로부터 '산은 인생의 도장'이라는 휘호를 받았다.

나는 1970년 말부터 71년 초에 걸쳐 생전 처음으로 대만, 홍콩, 일본 등지로 시찰 여행을 하게 되어 우이산장 개장식에는 당시 국회의장이었던 이효상 경상북도 산악연맹 회장이 참석했다.

전국에 산장을 짓고 나서 그 이야기가 널리 알려졌던지 설악산 축제에 초청을 받았다. 속초에서 외과를 개업 중인 이기섭 박사가 그해 설악산 화채봉 능선 길을 개척하고 제1회 설악제를 열며 우리 부부를 초대한다며 왕복 항공표를 보내왔다.

아내도 한창 젊었을 때라 우리는 뜻밖에 멀리 나들이를 하고 아내는 첫 설악산 등산을 체험했다.

이렇게 전국에 산장이 설립되자 대한산악연맹에서 나에게 연맹 부회장을 맡아달라는 연락이 왔다.

당시 연맹에는 현직 국회의원 모씨가 회장으로 있었는데, 그분은 이름만 걸어 놓았을 뿐 한달에 한 번 있는 이사회에도 얼굴을 보인 적이 없었다고 한다. 나는 산악회가 무엇을 하는 곳인지도 몰랐고 이에 대해 관심도 없었으나 지난날 한국산악회 입회 문제도 있었고 해서 요청대로 부회장을 맡았다.

그러자 바로 이사회가 열렸다. 이때 히말라야 로체샤르 원정 이야기가 나왔는데 문제는 자금이 모자라 떠나지 못하고 있었다. 총예산 1,200만원에 400만원밖에 없는 실정이었다.

나는 중앙사무국으로 돌아오자 바로 대통령께 품신하며 대한 남아들이 처음으로 세계의 지붕 히말라야 8,000미터급 봉우리에 태극기를 꽂겠다고 하는데 … 하고 호소했다. 청와대가 400만원 수표 두 장을 바로 보내주어 원정대는 의기양양해서 출국했다.

그때 원정대가 에베레스트 입산 허가 신청서를 같이 가지고 떠났던 것이 후일 우리가 에베레스트에 가는 계기가 됐다.

그런데 이 허가 신청 서류 제출 이야기가 나왔을 때 나는 놀랐다. 로체샤르 원정이 그 얼마 안 되는 자금 때문에 그토록 애를 먹은 처지에 세계 최고봉을 노린다는 것은 한마디로 머리가 돈 사람들이라고 보았다.

하지만 그들 이야기에도 일리가 있었다. 에베레스트 입산 허가는 지금 신청해도 언제 나올지 모르고 마침 원정대가 네팔로 가니 그편에 보내두자는 것이었다.

로체샤르 원정은 4,500미터 고소에서 대원 하나가 고산병으로 쓰러지는 바람에 원정 활동이 지장을 받았지만 원래 취약했던 원정대여서 제대로 해보지도 못한 채 후퇴하고 말았다.

나는 청와대에 대해 면목도 없고 실망과 멸시 속에 그 원정대를 귀국 즉시 해산시켜 버렸다. 대원들은 사방으로 흩어지고 다시는 모이는 일이 없었다.

그러나 그 가운데 최수남, 장문삼, 박상렬, 강호기 등 당대의 산악인들이 훗날 우리나라 산악계에서 주요 역할을 했던 것은 로체샤르 원정에서 얻은 큰 수확이었다.

특히 최수남은 로체샤르 등반에서 한국인이 처음 8,000미터 플라토까지 진출했던 당대에 으뜸가는 산악인이었는데, 1976년 에베레스트 원정을 위한 동계 훈련 때 설악산에서 눈사태로 사망했고, 강호기도 산악계 각종 활동에서 주도적 역할을 하다 끝내 병사했다. 오직 장문삼이 77년 에베레스트 원정에서 등반대장이라는 중책을 맡아 큰 역할을 했으며, 박상렬도 부대장으로 활약하며 1차 공격에 나서 죽음의 지대 8,700미터 고소에서 산소 부족으로 쓰러졌다가 기적적으로 생환하는 쉽지 않은 체험과 기록을 남겼다.

대한산악연맹은 1962년 당시 군사정권이 사회의 혼란상을 정리하는 의미에서 난립돼 있던 각종 유사 단체들을 통합하라는 지시에 따라 단체들이 한데로 모이게 됐는데 한국산악회는 계속 독자적 위치를 고수해 그대로 사적 단체로 남았다. 초대 회장은 서울대학교 이숭녕 교수가 맡았고 국회의원 최두고 씨가 그 뒤를 이었으나 운영 자금이란 한 푼도 없었다.

아무리 산악운동이라 해도 돈이 필요했는데 그래서 생각한 것이 실제 일은 부회장이 하되 운영비 정도를 대는 회장을 모시기로 하고 당시 '갑을' 재벌로 이름 있던 박재을 씨와 '유신 고속'의 박창원 사장 등을 영입하기도 했으나 그들은 1년 남짓해서 모두 그만두었다.

내가 산악연맹에 몸을 담았던 만 10년 동안에 나는 결국 회장을 대행하고 부회장직 6년과, 에베레스트 원정 및 북극탐험 때 회장 4년을 맡았던 것을 끝으로 산악회 공직에서 물러났다.

이 글을 맺으며

나는 북한산과 도봉산이 가까이 바라다 보이는 수유리에서 한창 때 한 세대를 살았다. 1960년대 초부터 1990년대 중반까지 나의 30대 후반에서 60대 초반까지 살았다면 그곳이 바로 나의 전성기를 뒷받침 한 터전이었던 셈이다. 그런데 주변이 세월 따라 날로 세속화 하고 생활 정서란 찾아볼 수 없게 됐다.

그토록 좋았던 넓은 뜰이 주위에 집들이 들어서고 큰길 작은 길 할 것없이 오가는 찻소리 사람소리에 더 이상 견딜 수가 없었다.

오랜 세월 풍설 속에 서있던 자작나무와 낙엽송들이 어느새 거목이 되어 봄이면 파릇파릇 새순이 돋아나고 가을에는 잎이 떨어져 앙상한 모습을 드러냈다.

그리고 겨울에는 눈에 눌려 가지들이 축 늘어져 그 모습이 그렇게 내 마음을 사로잡을 수가 없었다. 마치 깊은 산 속에 있는 느낌이었다.

언제가 독일 친구와 프랑스 아가씨가 10여일씩 요새 말로 홈스테이 한 적이 있었다. 그때 독일 친구는 집이 마치 알프스의 산장 같다고 했다. 겉으로는 그저 집일뿐이었으나 그 외모와 정원이 마치 서구식 산장같이 보였던 모양이다.

이 집에서 아이들이 자라고 막내딸이 세상에 나왔다. 훗날 장남과 차녀가 독일과 프랑스로 유학을 떠나고 돌아온 곳도 이 집이었다. 우리 부부는 결국 여기서 노년기를 맞았고, 아이들이 독립해서 따로따로 나갔다. 한 세대가 흐른 것이다. 우리도 그토록 가꾸며 정들었던 독립 주택을 떠날 수밖에 없게 됐다.

이렇게 수락산 산록 아파트로 옮겨 16층에 자리 잡은 지도 벌써 10여년. 창 너머 수락산 북쪽 봉우리와 그 능선이 적당한 눈높이에 보이고 한쪽으로 멀리 도봉산의 선인과 만장, 자운봉이 그런 대로 시야에 들어온다.

남들은 누구나 강남의 고급 호화 아파트를 선망하고 있다. 보통 10억에서 30억이나 되는 그런 주택이 사람들의 입에 자주 오르내리는 시대가 됐다. 그러나 주택에 대한 나의 가치관은 예나 지금이나 다름이 없다. 나는 신혼 초 전세집을 찾아다니며 단칸방에 창문 하나 있으면 그것으로 족했다. 집이란 당연히 거주성이 문제 되겠지만 그 거주성도 사람 따라 다르다고 본다.

임어당(林語堂)의 「생활의 발견」에 명창정궤(明窓淨几)라는 말이 있다. 밝은 창가에 책상 하나 있으면, 그리고 그 위에서 글을 읽고 쓰며 차나 커피를 마실 수 있다면 그 이상 무엇을 또 바라겠는가?

나는 그저 그렇고 그런 집에서 살며 책들을 여러 권 쓰고 옮기고 했다. 어렸을 때 고향집은 가난해서 그야 말로 집이라고 할 것도 없을 정도로 누추했어도 방안에는 큰 책장과 많은 책이 있어 마음이 흡족했다.

지난날 알몸으로 가정을 꾸몄을 무렵, 책장이라곤 빈 과일 상자를 여러 개 포개 올려놓은 것이었고 그것으로 충분했다.

지금 살고 있는 수락산 산록 집은 그 값이 예나 지금이나 변동이 없으니 재산 증식에는 실패한 셈이다. 그러나 여기서 서울 시내까지 교통은 그런 대로 편하고, 무엇보다 좋은 것은 앞산이 내 정원이나 다를 바 없다는 점이다. 적당한 높이에 맑은 옹달샘이 있어 더욱 좋고 골짜기가 겨울에 얼어붙어 그 운치도 그만이다.

겨울이면 어린 것 데리고 아이젠 달고 얼어붙은 계곡을 오르내리며 빙하를 간다고 한다. 아무도 이 골짜기를 찾는 사람이 없으니 바로 우리 세상이다. 나는 이런 것이 생활이라고 본다. 독일의 유명한 승용차 BMW를 '베 엠 베'라고 불러야 하는 것도 모르는 사람들, 그런 생활 문화 속에서 주택을 요새 흔한 말로 재테크 수단으로만 알고 사는 인생들과 나와는 관계가 없다.

이러한 생활 의식이나 감정을 나는 일찍이 잠재적으로 가지고 있었겠지만, 그것이 구체성을 띠게 된 것은 등산

세계에 발을 들여놓고부터다.

등산은 처음에 미지의 세계에 대한 도전과 이에 따른 모험적 요소가 컸다. 그러던 등산이 20세기에 들어와 모험 아닌 탈출 의식이 강해지고 근자에는 특수 스포츠나 레저 개념으로까지 발달했다. 그러나 나는 생각이 다르다. 나는 등산의 기조를 철학 정신에 둔다. 언제나 산 속에 자기를 자기 속에 산을 의식한다.

등산은 의·식·주 세 가지 생활 조건의 이동이며, 산중 막영은 이런 생활이 구체화 한 예다. 이러한 천막생활을 일종의 이동식 콘도 생활과 다를 바 없다고 보고, 이런 의식과 감정과 형태를 나는 평소 자기 주거에 기초로 삼고 있다.

요는 그러한 매일 매일의 생활에서 우리는 무엇을 하며 무슨 생각을 하고 살고 있는가에 따라 그의 생의 보람이 있다. 장수도 좋고 건강도 중요하지만 그것만으로는 인생에 의미가 없다.

1990년대 초 장남이 스위스 취리히에 있는 연방공과대학(ETH)에서 공부하고 있을 때 아내랑 셋이서 동부 알프스 돌로미테의 섹스텐이라는 캠프촌에서 며칠 막영 생활을 한 적이 있다. 우리는 가옥형 천막 속에서 지냈는데 주위에는 복잡한 문명을 피해서 온 사람들이 많았다. 그들은 천막보다는 본바겐(Wohnwagen) 즉 트레일러 하우스에

묵고 있었지만 반드시 부유층으로 생활에 여유가 있어서 이렇게 시간을 보낸다고 말할 수는 없다. 생활 감정이 남다르다고 나는 보고 싶다.

서양 사람들의 등산책을 펼치면 'Serenity(정일·靜逸)'니 'Heiterkeit(청량·淸凉)'라는 영어, 독일어 낱말들이 이따금 눈에 띈다. 그들의 생활 의식이나 감정이 이런 글귀에 그대로 나타나고 있으며, 그것이 바로 그들의 생활의 질을 말해주고 있다.

세월이 가고 어느덧 80 고개를 넘은 지 수년이 되는 지금 나는 월간 산악 전문지에 그때그때 글을 쓰고 있다. 그런데 쓸 자료가 날로 줄어들어 조만간 그것도 그만둘 생각이다.

글이란 원래 글재주보다 그 안에 담긴 내용이 생명이다. 그리고 그것은 언제나 새로운 지식과 체험에서 오는데, 이런 지식과 체험은 건강한 정신과 육체를 바탕으로 비로소 생기는 것이다. 이제 이 나이 이 몸으로 그 일을 감당하기는 무리며 고집인 것 같다. 그래도 밀고 나간다면 자기 기만이고 자기에 대한 불충실이다.

유유자적이라는 좋은 말이 있다. 누구인들 이 말을, 이런 처지를 마다할 리 없겠으나 이것은 정신없이 바삐 살아온 사람일수록 그런 처지가 돋보인다고 나는 생각한다. 사람들은 그런 노후란 돈만 있으면 해결된다고 할런지 모르나 나는 그렇게 생각하지 않는다.

한때 나도 음악을 좋아했다. 그런데 이제는 그런 인조물보다 천연자연이 그립다. 하늘에 뜬 구름, 고산의 야생화 군락, 쏟아지는 비, 저녁 노을과 한밤의 고요함 …

그래서 헤르만 헷세의 「페터 카멘친트」에 나오는 구름에 대한 글을 좋아하며, 안톤 체호프의 「시베리아 나그네 길」의 '타이가(Taiga)' 묘사를 즐겨 읽곤 한다.

문명의 혜택과 너무 친숙해지고 그 속에서의 생활이 편하다 보니 사람들은 이제 거기서 벗어나기가 쉽지 않으리라고 본다. 인간이 문명에 병들고 있다는 이야기다.

그러나 그것을 이제 한탄한들 소용없으며, 그저 사는 데까지 살 수밖에 없다. 다만 하고 싶은 일을 하며 살아가는 것이 중요하다.

그래서 이렇다 할 재주없는 나는 글을 쓰고 있다. 누가 읽어주길 바라서가 아니라 내가 쓰고 싶어 혼자 쓰고 혼자 읽을 생각이다.

어려서 놀기만 하다 공부를 잘하지 못해, 그러지 않아도 생활이 궁했던 부모의 마음을 아프게 한 나였다. 중학교를 나오며 비로소 제 길을 찾아 공부하려고 38선을 넘었는데 그것이 부모와의 영원한 이별이 되었다.

인생은 셰익스피어 말대로 역시 한 막의 극이었다.

나의 이력서

1924년 평북 정주 가까운 시골에서 태어나

1929년 이 무렵 평양으로 나왔다.

1937년 평양 종로보통학교를 졸업, 그해 평양고등보통학교에 들어가려다 못 들어갔다.

1938년 평양고보에 재도전 했으나 역시 실패하고

1939년 개성 송도중학에 들어갔다.

1941년 3학년 되며 평양 제2공립중학교로 전학.

1944년 평2중을 나왔다. 일본 가기가 어려워 만주 여순고등학교에 응시했으나 실패, 평양역 부속 건물 신축 공사장에서 노동. 이것을 중학교 때 담임선생이 알고 평양도립병원 약제국에 취직시켜 주었다.

1945년 일본군 징병 1기로 입대했다가 8·15 광복으로 직장 복귀. 서울에 경성대학이 개교, 그 예과가 신입생을 모집한다는 소식에 혼자 38선을 넘었다.

1946년 경성대학예과 입시에 합격, 여름에 동생과 함께 38선을 넘고 집에 잠시 왔으나, 이남에 갔었다고 평양경찰서에 3일 구류, 석방되자 다시 38선을 넘다.

1947년 서울 청량리 회기동 하숙에서 대학 기숙사로 옮겼다.

1948년 예과 과정 2년을 마치고 서울대학교 문리과대학 철학과에 진학. 영어학원 강사로 생활비 벌다.

1950년 대학 3학년 때 6·25가 터져 피난길 대전에서 자원 입대,
　　　　9월 14일 안강 전선에서 동생과 친구를 잃다.
　　　　그뒤 인천상륙작전에 참가, 서울로 진격, 일신국민학교
　　　　주둔 때 통역 장교가 되다.
1951년 1·4 후퇴로 대구로 이동, 보병 제9사단에 배속되어 현
　　　　리, 금화, 철원 등지로 전전하다.
1953년 광주 육군보병학교로 보직, 대위가 되다.
　　　　후방으로 오면서 무일푼으로 결혼.
1954년 서울 미 8군사령부 관내에서 KMQT 연구 참여,
　　　　팀장인 미군 장교와 의견 충돌로 대구 육군본부로 소환
　　　　당하다. 장남 태어나다.
1955년 학창 복귀로 제대.
1956년 서울대 문리과대학을 나와 성동고등학교 교사가 되다.
1958년 장녀 태어나다.
1962년 민주공화당 사전 조직에 끌려 들어가다.
1963년 민주공화당 선전부 차장이 되고, 차녀 태어나다.
1967년 선전부장으로 승진.
1970년 전국 유명 산에 산장과 대피소 등 35개 동 건립을 추진
　　　　했다.
1971년 사단법인 대한산악연맹 부회장이 되어, 히말라야 8,000m
　　　　고봉 로체샤르 원정을 추진, 에베레스트 입산 허가 신청
　　　　을 네팔 행정부에 내다.
　　　　첫 해외 시찰로 대만, 홍콩, 일본을 여행하다.

1972년 민주공화당 기획조정실장 겸 사무차장 직을 맡았다.

1973년 유신정우회 의원으로 제9대 국회에 들어가다.

네팔 행정부로부터 에베레스트 입산 허가를 얻다.

1974년 에베레스트 원정에 대비 1차 훈련을 지리산에서 실시.

1975년 국회 재무위 구미 지역 시찰에 참가.

에베레스트 2차 훈련을 설악산에서 실시.

1976년 설악산에서 에베레스트 원정을 위한 훈련 중 눈사태로 3명 사망.

1977년 대한산악연맹 회장이 되다.

정부와 한국일보 지원으로 9월 15일 에베레스트 등정에 성공, 국민훈장 청룡장을 받다.

1978년 남극탐험 자료 수집 차 뉴질랜드 방문.

국회 재무위 2차 유럽 시찰에 참가.

장남이 독일로 유학.

북극 탐험으로 그린란드에 가다.

1979년 국회의원 임기 6년 마치다.

1980년 대한산악연맹 회장 임기 끝내고 한국등산연구소를 열다.

1982년 장녀가 프랑스로 유학.

1990년 국제산악연맹 연차 총회로 스위스에 가다.

1997년 네팔 국제산악인회의 참석, 20년 만에 카트만두 방문.

2000년 부산 · 경남 산악인대회에서 강연하다.

2001년 부산 21세기 산악포럼에서 강연하다.

2002년 일본 나가노 현 관광협회 초청으로 도일.

2004년 중국 칭따오(青島) 산악인대회에서 강연하다.
2005년 평양고보 총동창회 신년하례 모임에서 '평고보는 살아
있는가'를 주제로 강연하다.

내가 쓴 책과 옮긴 책들

1980년 『나의 에베레스트』
1983년 라인홀트 메스너의 『검은 고독 흰 고독』
1985년 라인홀트 메스너의 『죽음의 지대』
1986년 이반 슈나드의 『아이스 클라이밍』
1988년 에드워드 윔퍼의 『알프스 등반기』
1989년 라인홀트 메스너의 『제7급』
1990년 산악수필 제1집 『우리는 산에 오르고 있는가』
1993년 예지 쿠쿠츠카의 『14번째 하늘에서』
1995년 산악수필 제2집 『산의 사상』
1996년 헤르만 불의 『8,000m 위와 아래』
1997년 『에베레스트, 77 우리가 오른 이야기』
        『등산 시작』
2000년 외국 산서 편역 『하늘과 땅 사이』
2005년 산악수필 제3집 『우리는 왜 산에 오르는가』
2006년 라인홀트 메스너의 『내 마음이 비친 13개 거울』
2007년 산악수필 제4집 『우리는 왜 산에 오르는가 Ⅱ』

나는 이렇게 살아왔다

글쓴이 · 김영도
펴낸이 · 이수용
펴낸곳 · 수문출판사

2007년 4월 10일 초판인쇄
2007년 4월 15일 초판발행

출판등록 1998. 2. 15. 제7-35호
132-890 서울 도봉구 쌍문1동 152-23
Tel. 904-4774, 994-2626 Fax. 906-0707

ISBN 89-7301-417-X